한자

능력 검정시험 사전

8-4급

한자능력검정시험 **사전** 8-4급

초판 1쇄 발행 2005년 11월 15일
초판 3쇄 발행 2007년 2월 10일

지은이 한자한문교육연구회
펴낸이 조윤숙
펴낸곳 문자향
신고번호 제300-2001-48호
주소 서울 서대문구 남가좌동 124-313 / 2층
전화 02-303-3491
팩스 02-303-3492
이메일 munjahyang@korea.com

값 10,000원
ISBN 89-90535-20-4 63710

한자

능력 검정시험 사전

8-4급

한자한문교육연구회 지음

문자향

일러두기

o 8급에서 4급까지의 해당 漢字 1,000자를 수록.

o 급수별로 구성하여 단계별로 漢字를 학습할 수 있도록 함.

o 상위 급수 한자는 하위 급수 한자를 모두 포함.

o 하나의 漢字를 공부하면서 대표 훈음, 부수, 총획수, 필순, 약자, 유의자, 상대자, 틀리기 쉬운 한자, 장단음, 활용 단어(뜻풀이 포함), 고사성어(사자성어) 등을 함께 익힐 수 있도록 구성.

o 활용 단어는 해당 급수에 맞는 것으로 정리(예외적으로, 해당 급수보다 상위 급수의 한 자일 경우에는 아라비아 숫자로 급수를 표기하였음).

o 첫 음절에서 장단長短 두 가지로 발음되는 漢字의 경우, 해당 漢字에 (:)표시를 하고 활용 단어에도 장음으로 발음되는 단어에 :표시를 함. 다만, 첫 음절에서 장음長音으로만 발음되는 漢字의 경우에는 해당 漢字에만 :표시를 하고 활용 단어에는 별도로 표시하지 않음.

예) 校 학교 교: 大 큰 대(:)

o 두음법칙頭音法則이 적용되어 첫 소리가 'ㄴ'이 'ㅇ'으로, 'ㄹ'이 'ㅇ'으로, 'ㄹ'이 'ㄴ'으로도 발음되는 한자는 ( ) 안에 해당 음음을 표기함.

예) 女 계집 녀(여) 六 여섯 륙(육)

o 부록으로 가나다 순 색인을 만들어 찾고자 하는 漢字를 쉽게 찾을 수 있도록 함.

※약호略號

: – 첫 음절에서 장음으로 발음되는 한자

(:) – 첫 음절에서 장단長短 두 가지로 발음되는 한자

🈂️ – 약자

😀 – 유의자·동의자

😀 – 반대자·상대자

😀 – 고사성어·사자성어

○주관

사단법인 한국어문회

주소 : (137-879) 서울특별시 서초구 서초1동 1627-1 교대벤처타워 501호

전화 : 02-6003-1400, 팩스 : 02-6003-1441

홈페이지 : www.klls.or.kr

○시행

한국한자능력검정회

주소 : (137-879) 서울특별시 서초구 서초1동 1627-1 교대벤치디워 401호

전화 : 1566-1400, 팩스 : 02-6003-1414

홈페이지 : www.hanja.re.kr

○응시자격

· 모든 급수에 누구나 응시 가능.

· 재학 여부, 학력, 소속, 연령, 국적 등에 상관없이 원하는 급수에 응시 가능.

○시험일정

· 1년에 3차례 시행

· 교육급수(4급~8급)와 공인급수(1급~3Ⅱ급)로 분리 시행.

○응시원서

· 응시원서는 방문접수 기간에 각 고사장의 해당 접수처에서 교부(1인당

50매 이하만 접수 가능).

· 응시원서를 복사해서 사용할 경우, 전산처리가 불가능하여 응시가 무효 처리됨.

· 응시원서 작성은 반드시 검정색 펜(수성펜, 볼펜 등. 연필 제외)을 사용해야 함.

· 급수증 기재 주소는 급수증 수령 주소이며, 오기로 인해 급수증이 반송될 경우 재발급 수수료를 부담해야 함.

· 지원자는 원서의 굵은 실선 안의 내용만 기재하면 됨(접수처 기입 부분은 ※표시가 되어 있음).

○ 접수방법

〈방문접수〉

· 모든 급수 지원자 접수 가능.

· 각 고사장 지정 접수처에 직접 방문하여 접수.

· 준비물 : 반명함판 사진 3매(3×4cm · 무배경 · 탈모), 급수증 수령 주소, 응시자 주민번호, 응시자 이름(한글 · 한자), 응시료(현금).

〈인터넷접수〉

· 모든 급수 지원자 접수 가능.

· 접수처 : www.hangum.re.kr

〈우편접수〉

· 1급 지원자만 접수 가능.

· 해당 회차 인터넷 또는 창구접수 기간 내 발송한 우편물에 한하여 접수 가능(접수 마감일 소인 유효).

· 준비물 : 반명함판 사진 3매(3×4cm · 무배경 · 탈모), 급수증 수령 주소, 응시자 주민번호, 응시자 이름(한글 · 한자), 1급 응시료(우편환), 항시 연락 가능한 연락처, 희망 응시 고사장.

· 보낼 주소 : (137−879)서울특별시 서초구 서초1동 1627−1 교대벤처타워 401호 한국한자능력검정회

O 시험시간

1급	2급 · 3급 · 3급Ⅱ	4급 · 4급Ⅱ · 5급 · 6급 · 6급Ⅱ · 7급 · 8급
90분	60분	50분

O 급수배정

· 상위 급수 한자는 하위 급수 한자를 모두 포함함.

· 쓰기 배정한자는 한두 급수 아래의 읽기 배정한자이거나 그 범위 내에 있음.

급수	읽기	쓰기	수준 및 특성 급수별 배정한자
8급	50	–	미취학생 또는 초등학생의 학습 동기 부여를 위한 급수
7급	150	–	한자 공부를 처음 시작하는 사람을 위한 초급 단계
6급Ⅱ	300	50	한자 쓰기를 시작하는 첫 급수
6급	300	150	기초 한자 쓰기를 시작하는 급수
5급	500	300	학습용 한자 쓰기를 시작하는 급수
4급Ⅱ	750	400	5급과 4급의 격차를 해소하기 위한 급수
4급	1,000	500	초급에서 중급으로 올라가는 급수
3급Ⅱ	1,500	750	4급과 3급의 격차를 해소하기 위한 급수
3급	1,817	1,000	신문 또는 일반 교양서를 읽을 수 있는 수준
2급	2,355	1,817	일상 한자어를 구사할 수 있는 수준
1급	3,500	2,005	국한 혼용 고전을 불편 없이 읽고, 공부할 수 있는 수준

○출제기준

구분	8급	7급	6급II	6급	5급	4급II	4급	3급II	3급	2급	1급
讀音	24	32	32	33	35	35	30	45	45	45	50
漢字쓰기	0	0	10	20	20	20	20	30	30	30	40
訓音	24	30	29	22	23	22	22	27	27	27	32
完成型	0	2	2	3	4	5	5	10	10	10	15
反義語	0	2	2	3	3	3	3	10	10	10	10
뜻풀이	0	2	2	2	3	3	3	5	5	5	10
同音異義語	0	0	0	2	3	3	3	5	5	5	10
部首	0	0	0	0	0	3	3	5	5	5	10
同義語	0	0	0	2	3	3	3	5	5	5	10
長短音	0	0	0	0	0	0	0	5	5	5	10
略字	0	0	0	0	3	3	3	3	3	3	3
筆順	2	2	3	3	3	0	0	0	0	0	0
出題問項(計)	50	70	80	90	100	100	100	150	150	150	200

* 출제자의 의도에 따라 차이가 있을 수 있음.

○출제예시

독음(讀音)	※한자의 소리를 묻는 문제. 독음은 두음법칙 · 속음 현상 · 장단음과도 관련 있음. ▶다음 漢字語의 訓音을 쓰시오. · 學校( )
훈음(訓音)	※한자의 뜻과 소리를 동시에 묻는 문제. 특히 대표 훈음 익히기를 권장. ▶다음 漢字의 訓과 音을 쓰시오. · 敎( )

한자쓰기	※제시된 뜻·소리·단어 등에 해당하는 한자를 쓸 수 있는지를 확인하는 문제. ▶다음의 밑줄 친 漢字語를 漢字로 쓰세요. · 내일은 친구의 생일이다.(　　　) ▶다음 漢字語를 漢字로 쓰시오. · 청산 : 풀과 나무가 무성한 푸른 산.(　　　) ▶다음의 訓과 음을 지닌 漢字를 쓰시오. · 마디 촌(　　　)
부수(部首)	※한자의 부수를 묻는 문제. ▶다음 한자의 부수를 쓰시오. · 外(　　　)
필순(筆順)	※한 획 한 획의 쓰는 순서를 알고 있는지를 묻는 문제. ▶中에서 ㉠획의 쓰는 순서를 아래에서 골라 번호를 쓰세요. 中㉠ ①첫 번째 ②두 번째 ③세 번째 ④네 번째
장단음 (長短音)	※한자 단어의 첫소리 말음이 길고 짧음을 구분하고 있는지를 묻는 문제. (4급 이상에서만 출제.) ▶다음 각 문항에서 첫 音節이 長音으로 發音되는 것을 골라 그 기호를 쓰시오. ▶윗글에서 밑줄 친 漢字語 중 첫 音節이 길게 發音되는 것을 4개 가려 그 번호를 쓰시오.
반의어 (反義語/反意語) · 상대어 (相對語)	※어떤 글자(단어)와 반대 또는 상대되는 글자(단어)를 알고 있는지를 묻는 문제. ▶다음 漢字의 상대 또는 반대되는 漢字를 〈例〉에서 골라 그 번호를 쓰세요. ▶다음 漢字와 뜻이 상대 또는 반대되는 한자를 쓰세요. · 近 ↔ (　　　) ▶다음 漢字와 뜻이 반대 또는 상대되는 漢字를 (　　)에 넣어 漢字語를 만드시오. · 增(　　　)
동의어 (同義語/同意語) · 유의어 (類義語)	※어떤 글자(단어)와 뜻이 같거나 유사한 글자(단어)를 알고 있는지를 묻는 문제. ▶다음 漢字와 뜻이 비슷한 漢字를 골라 그 번호를 쓰세요. · 木 : ①樹 ②學 ③水 ④火 ▶다음 漢字와 뜻이 같거나 비슷한 漢字를 (　　)에 넣어 漢字語를 만드시오. · 虛(　　　)

동음이의어 (同音異義語)	※소리는 같고, 뜻은 다른 단어를 알고 있는지를 묻는 문제. ▶다음에서 소리는 같으나 뜻이 다른 漢字를 골라 그 번호를 쓰세요. ·教：①生 ②車 ③口 ④校 ▶다음 漢字와 音은 같은데 뜻이 다른 漢字를 〈例〉에서 찾아 그 번호를 쓰세요. ▶다음 漢字語와 讀音은 같으나 뜻이 다른 漢字語를 쓰시오(同音異議語). ·士氣(　　) : 역사적 사실을 적은 책. ▶다음 漢字語의 同音異議語를 쓰되 제시된 뜻에 맞게 하시오. ·意思(　　) : 의협심이 있고 절의를 지키는 사람.
뜻풀이	※고사성어나 단어의 뜻을 제대로 알고 있는지를 묻는 문제. ▶다음 漢字語의 뜻을 쓰세요. ·校門
약자(略字)	※한자의 획을 줄여서 만든 약자를 알고 있는지를 묻는 문제. ▶다음 한자의 略字를 쓰시오. ·國
완성형 (完成型)	※고사성어나 단어의 빈칸을 채우도록 하여 단어와 성어의 이해력 및 조어력을 묻는 문제. ▶다음 (　)에 알맞은 漢字를 써서 漢字語를 완성하시오. ·十(　)八九 : 열 가운데 여덟이나 아홉이 그러하다는 뜻으로, 거의 예외 없이 그러할 것이라는 추측을 나타내는 말.

○합격기준

구분	8급	7급	6급II	6급	4급·4급II·5급	2급·3급·3급II	1급
출제문항	50	70	80	90	100	150	200
합격문항	35	49	56	63	70	105	160

· 1급은 출제 문항의 80% 이상, 2급~8급은 70% 이상 득점하면 합격.

· 1문항당 1점으로 급수별 만점은 출제문항 수이며, 백분율 환산 점수를 사용하지 않음.

· 합격발표 시 제공되는 점수는 응시 급수의 총 출제문항 수와 합격자의 득

점 문항 수임.

○국가공인 한자능력급수 취득자 우대사항

· 자격기본법 제27조에 의거 국가자격 취득자와 동등한 대우 및 혜택을 받음.
· 교육인적자원부 훈령 제616호 「학생생활기록부 전산처리 및 관리지침」에
  의거 학교생활기록부에 등재, 입시에 활용됨.
· 육군 간부 승진 고과에 반영됨(부사관 5급, 위관장교 4급, 영관장교 3급
  이상).
· 경제5단체, 신입사원 채용 때 전국한자능력검정시험 응시 권고(3급 응시
  요건, 3급 이상 가산점).
· 2005학년도 대학수학능력시험부터 '漢文'이 선택과목으로 채택됨.
· 전국한자능력검정시험의 한자능력급수 취득 시 대입 면접 가산점, 학점,
  졸업인증에 반영됨.

○합격발표

· ARS 060-800-1100
· 인터넷접수 사이트 www.hangum.re.kr

8급

수준 및 특성						읽기배정	쓰기배정	출제문항수	합격문항수	시험시간
미취학생 또는 초등학생의 학습동기 부여를 위한 급수						50	0	50	35	50분

출제 기준	독음	훈음	한자 쓰기	완성형	반의어	뜻풀이	동음 이의어	부수	동의어	장단음	약자	필순	문제 (합계)
	24	24	0	0	0	0	0	0	0	0	0	2	50

| 校 | 학교 교:
 木, 총10획 | 一 十 十 才 木 杧 校 校 校 校
 장교, 조사하다, 교정하다 |

- 校門(교문) : 학교의 문.
- 校外(교외) : 학교의 밖.
- 校長(교장) : 초등학교·중학교·고등학교의 으뜸 직위.
- 女學校(여학교) : 여자만 가르치는 학교.

| 教 | 가르칠 교:
 攵(攴), 총11획 | 丿 ㄨ ㄹ 孝 孝 考 孝 敎 敎 敎 敎
 가르침, 종교 |

 教

訓(가르칠 훈, 6)

學(배울 학)

- 敎大(교대) : 교육대학의 줄임말.
- 敎生(교생) : 교육실습생의 줄임말.
- 敎室(교실) : 학교에서 수업하는 방.
- 敎人(교인) : 종교를 믿는 사람.
- 敎學(교학) : 가르치는 일과 배우는 일.

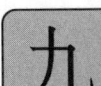

| 九 | 아홉 구
 乙, 총2획 | 丿 九 |

- 九十(구십) : 아흔.
- 九月(구월) : 한 해 가운데 아홉째 달.
- 九日(구일) : 아흐레.
- 九寸(구촌) : 아홉 치. 삼종 숙질간의 촌수.

十中八九(십중팔구)

國 나라 국

口, 총11획

丨 冂 冂 冂 冂 冂 同 國 國 國 國

약 国

유

상

성

· 國軍(국군) : 나라의 군대. 우리나라의 군대.
· 國民(국민) : 나라를 이루고 있는 사람들.
· 國土(국토) : 한 나라의 영토.
· 大韓民國(대한민국) : 우리나라의 국호.

軍 군사 군

車, 총9획

丶 冖 冖 冖 冒 冒 冒 宣 軍

약

유

상

성

· 軍人(군인) : 군대에 복무하는 사람.
· 白軍(백군) : 빛깔로 편을 갈랐을 때, 하얀 쪽의 편.
· 水軍(수군) : 물위를 방비하던 군사.
· 女軍(여군) : 여자 군인.
· 青軍(청군) : 빛깔로 편을 갈랐을 때, 푸른 쪽의 편.

金 쇠 금, 성姓 김

金, 총8획

丿 人 𠆢 亼 全 全 金 金

쇠, 금, 돈, 화폐

약

유

상

성

· 萬金(만금) : 썩 많은 돈.
· 年金(연금) : 정부나 회사 또는 단체가 일정한 기간 동안 어떠한 개인에게 해마다 주는 돈.
· 一金(일금) : 일정한 돈의 액수를 표시하는 수의 앞에 쓰이어, 돈의 뜻을 나타내는 말.

| 南 | 남녘 남
十, 총9획 | 一 十 ㅑ ㅑ ㅑ ㅑ ㅑ ㅑ 南 南 南 |

北(북녘 북)

- 南大門(남대문) : '숭례문'을 '남쪽에 있는 큰 문'이란 뜻으로 일컫는 말.
- 南山(남산) : 남쪽에 있는 산. 서울에 있는 산 이름.
- 南韓(남한) : 국토 분단 이후의 한국의 남쪽 부분.
- 東南(동남) : 동쪽과 남쪽. 동쪽과 남쪽 사이의 방위.

| 女 | 계집 녀(여)
女, 총3획 | 〈 ㄝ 女
여자, 딸 |

男(사내 남, 7), 子(아들 자, 7)

- 女王(여왕) : 여자 임금.
- 女人(여인) : 어른이 된 여자.
- 女學生(여학생) : 여자 학생.
- 母女(모녀) : 어머니와 딸.
- 長女(장녀) : 맏딸.

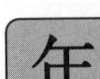

| 年 | 해 년(연)
干, 총6획 | 丿 ㄏ ㅑ ㅑ ㅑ 年
나이, 시대 |

歲(해 세, 5)

- 年年生(연년생) : 해마다 아이를 낳음. 또는 그러한 아이.
- 十年(십년) : 열 해.
- 一年(일년) : 한 해.
- 靑年(청년) : 청춘기에 있는 젊은 사람. 특히, 남자를 일컬음.

大	큰 대(:)	一 ナ 大
	大, 총3획	훌륭하다, 존경 · 찬미하는 말

유 巨(클 거, 4), 偉(클 위, 5)

상 細(가늘 세, 4Ⅱ), 小(작을 소)

※첫 음절에서 장음과 단음 두 가지로 발음됨.
· 大國(대:국) : 국력이 강하거나 국토가 넓은 나라.
· 大門(대:문) : 큰 문.
· 大斗(대두) : 열 되들이 큰 말. * 斗(말 두, 4Ⅱ)
· 大田(대전) : 충청도에 있는 광역시. * 田(밭 전, 4Ⅱ)

東	동녘 동	一 丆 后 盲 亩 审 東 東
	木, 총8획	동쪽, 동양

상 西(서녘 서)

· 東西(동서) : 동쪽과 서쪽. 동양과 서양.
· 東小門(동소문) : 서울의 여덟 성문 가운데 하나인 '혜화문'의 속칭.
· 東學(동학) : '천도교'의 다른 이름.
· 中東(중동) : 유럽에서 보아 극동과 근동의 중간 지역.

六	여섯 륙(육)	丿 亠 亣 六
	八, 총4획	

· 六十(육십) : 예순.
· 六月(유월←육월) : 한 해 가운데 여섯째 달.
· 五六月(오뉴월←오륙월) : 오월과 유월.

| 萬 | 일만 만:
艸(++), 총13획 | `' + + ++ ++ ++ ++ 萬 萬 萬 萬`
※ ++ 의 한국어문회 권장 필순은 ` ' + ++ ++ 임`
여럿, 많다 |

 万
- 萬國(만국) : 온갖 나라. 세계의 모든 나라.
- 萬年(만년) : 썩 많은 햇수. 늘 한결같은 상태.
- 萬民(만민) : 모든 백성. 또는 모든 사람들.
- 萬人(만인) : 뭇 사람
- 萬一(만일) : 있을지도 모르는 뜻밖의 경우.

| 母 | 어미 모:
毋, 총5획 | `ㄴ 口 口 母 母` *필순주의
근원, 밑천 |

父(아비 부), 子(아들 자, 7)
- 母校(모교) : 자기가 졸업한 학교.
- 母國(모국) : 외국에 가 있을 때, '자기 나라'를 가리키는 말.
- 母子(모자) : 어머니와 아들.
- 國母(국모) : '임금의 아내 또는 임금의 어머니'를 일컫는 말.
- 生母(생모) : 자기를 낳은 어머니.

| 木 | 나무 목
木, 총4획 | `一 十 才 木` |

林(수풀 림, 7), 樹(나무 수, 6)
- 校木(교목) : 학교를 상징하는 나무.
- 大木(대목) : 큰 건축 일을 하는 목수.
- 土木(토목) : 흙과 나무. '토목공사'의 줄임말.

門	문 문	ㅣ ㅣ ㅏ ㅏ ㅐ ㅐ 門 門 門
	門, 총8획	집안

- 門外(문외) : 문밖.
- 門人(문인) : 문하에서 배우는 제자. 문하생門下生.
- 門中(문중) : 성과 본이 같은 가까운 집안.
- 大門(대문) : 집으로 드나드는 주가 되는 큰 문.
- 外門(외문) : 바깥문.

民	백성 민	ㄱ ㄱ ㄸ ㄸ 民
	氏, 총5획	

官(벼슬 관, 4Ⅱ), 君(임금 군, 4),
士(선비 사, 5)

- 民生(민생) : 일반 국민의 생활.
- 軍民(군민) : 군대와 민간인.
- 人民(인민) : 나라를 이루고 있는 일반 사람들.
- 自國民(자국민) : 제 나라 백성.

白	흰 백	' ㅣ ㅏ ㅒ 白
	白, 총5획	깨끗하다, 아뢰다, 비다

黑(검을 흑, 5)

- 白金(백금) : 연성과 전성이 많고 녹슬지 않는 귀금속의 하나로서, 회백색을 띠는 무거운 금속 원소.
- 白人(백인) : 백색 인종. 날 때부터 터럭과 살갗이 하얀 사람.
- 白日(백일) : 구름이 끼지 않은 밝은 해. 대낮.

父	아비 부 父, 총4획	ノ ハ グ 父

- 父女(부녀) : 아버지와 딸.
- 父母(부모) : 어버이. 아버지와 어머니.
- 父子(부자) : 아버지와 아들.
- 生父(생부) : 자기를 낳은 아버지.
- 學父兄(학부형) : 취학중의 아동이나 학생의 부형.

母(어미 모), 子(아들 자, 7)

北	북녘 북, 달아날 배 匕, 총5획	ㅣ ㅓ ㅓ 北 北

- 北門(북문) : 북쪽으로 낸 문.
- 北西(북서) : 서쪽과 북쪽. 서쪽과 북쪽의 사이가 되는 방위.
- 北韓(북한) : 국토 분단 이후 한국의 북쪽 부분.
- 南北(남북) : 남쪽과 북쪽. 남한과 북한.

南(남녘 남)

四	넉 사: 囗, 총5획	ㅣ 冂 匹 匹 四

- 四大門(사대문) : 서울의 네 대문.
- 四人(사인) : 네 사람.
- 四日(사일) : 나흘.
- 四寸(사촌) : 네 치. 어버이의 친형제자매의 아들이나 딸.

| 山 | 메 산
山, 총3획 | ㅣ 丄 山
능, 절 |

음

유 江(강 강, 7), 野(들 야, 6),
川(내 천, 7), 河(물 하, 5),
海(바다 해, 7)

상

훈

· 山門(산문) : 산의 어귀. 절에 있는 바깥문, 또는 '절'.
· 山水(산수) : '자연의 경치'를 일컫는 말.
· 山中(산중) : 산속.
· 土山(토산) : 돌이나 바위가 없이 흙으로만 이루어진 산.

| 三 | 석 삼
一, 총3획 | 一 二 三 |

음

유

상

훈 三三五五(삼삼오오)

· 三十(삼십) : 서른.
· 三月(삼월) : 한 해 가운데 셋째 되는 달.
· 三寸(삼촌) : 세 치. 아버지의 형제.
· 三韓(삼한) : 상고시대에 한반도 남쪽에 있던 세 나라. 마한 · 진한 · 변한.

| 生 | 날 생
生, 총5획 | ノ 广 丶 牛 生
살다, 삶, 날것 |

음

유 活(살 활, 7)

상 死(죽을 사, 6), 殺(죽일 살, 4Ⅱ)

훈

· 生水(생수) : 샘에서 흘러나오는 맑은 물.
· 生日(생일) : 세상에 태어난 날.
· 生長(생장) : 나서 자람.
· 中學生(중학생) : 중학교에 다니는 학생.

西	서녘 서	一 冂 冂 冇 西 西
	襾, 총6획	서쪽, 서양

- 약
- 유
- 상 東(동녘 동)
- 혼

- 西大門(서대문) : 돈의문敦義門을 달리 일컫는 말.
- 西山(서산) : 서쪽에 있는 산. 해 지는 쪽의 산.
- 西小門(서소문) : 소의문昭義門을 달리 일컫는 말.
- 東西南北(동서남북) : 동쪽ㆍ서쪽ㆍ남쪽ㆍ북쪽의 사방.

先	먼저 선	丿 亠 爿 丼 失 先
	儿, 총6획	옛, 돌아가신 이

- 약
- 유
- 상 後(뒤 후, 7)
- 혼

- 先金(선금) : 값이나 삯의 일부 또는 전부를 먼저 치르는 돈.
- 先山(선산) : 조상의 무덤. 조상의 무덤이 있는 곳.
- 先生(선생) : 가르치는 사람. 남을 높여 부르는 말.
- 先人(선인) : 선친. 앞사람.

小	작을 소:	丨 小 小
	小, 총3획	소인, 조금

- 약
- 유
- 상 大(큰 대), 巨(클 거, 4)
- 혼

- 小國(소국) : 작은 나라.
- 小室(소실) : 첩을 달리 일컫는 말.
- 小人(소인) : 몸집이 작은 사람. 간사하고 도량이 좁은 사람.
- 小學校(소학교) : 전날에 '초등학교'를 일컫던 말.
- 大小(대소) : 사물의 크고 작음.

水	물 수 水, 총4획	亅 ⺄ ⺆ 水

陸(뭍 륙, 5), 火(불 화)

· 水國(수국) : 바다의 세계. 물나라.
· 水門(수문) : 물이 드나들도록 낸 문.
· 水生(수생) : 물에서 남.
· 水中(수중) : 물속.
· 水火(수화) : 물과 불. '매우 곤란한 환경'을 비유하는 말.

室	집 실 ⼧, 총9획	᠂ ᠂ ⼧ 宀 宀 宓 㝧 㝮 室 방, 아내

家(집 가, 7), 舍(집 사, 4Ⅱ),
屋(집 옥, 5), 宅(집 택, 5)

· 室人(실인) : 자기 아내를 일컫는 말.
· 室長(실장) : 그 방의 장. 일실—室의 장.
· 校長室(교장실) : 교장이 사무를 보는 방.
· 王室(왕실) : 임금의 집안.

十	열 십 十, 총2획	一 十

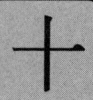

十中八九(십중팔구)

· 十萬(십만) : 만의 열 배 되는 수효.
· 十月(시월—십월) : 한 해 가운데 열째 달.
· 十日(십일) : 열흘.
· 十長生(십장생) : 오래 살고 죽지 않는다는 열 가지 물건.

24

1
2
3Ⅱ
4
4Ⅱ
5
6
7
8

五	다섯 오:	一 丁 五 五
	二, 총4획	

 三三五五(삼삼오오)

· 五六(오륙) : 다섯이나 여섯 가량.
· 五十(오십) : 쉰.
· 五月(오월) : 한 해 가운데 다섯째 달.
· 六二五(육이오) : 6 · 25 한국전쟁.

王	임금 왕	一 二 干 王
	玉, 총4획	

帝(임금 제, 4), 皇(임금 황, 3Ⅱ)

· 王國(왕국) : 임금이 다스리는 나라.
· 王女(왕녀) : 왕의 딸.
· 國王(국왕) : 나라의 임금. 곧 왕국의 주권자.
· 大王(대왕) : '선왕先王'의 높임말. '임금'의 높임말.
· 十王(시왕←십왕) : 불교에서 저승에 있다는 열 명의 대왕.

外	바깥 외:	丿 ク タ 列 外
	夕, 총5획	외국, 외가

內(안 내, 7), 中(가운데 중)

· 外國(외국) : 다른 나라.
· 外國人(외국인) : 다른 나라의 사람.
· 外四寸(외사촌) : 외종사촌. 외삼촌의 아들이나 딸.
· 外三寸(외삼촌) : 어머니의 남자 형제.
· 外人(외인) : 한 단체의 성원이 아닌 사람. 외국인.

月	달 월 月, 총4획	㇆ 刀 月 月

음

상 日(날 일)

- 月日(월일) : 달과 해. 달과 날.
- 四月(사월) : 한 해 가운데 네 번째 달.
- 十一月(십일월) : 한 해 가운데 열한 번째 달.

二	두 이: 二, 총2획	一 二

음
유
상
합

- 二三年(이삼년) : 두세 해. 2년이나 3년.
- 二三月(이삼월) : 이월이나 삼월.
- 二十(이십) : 스물.
- 二日(이일) : 이틀, 또는 이틀 동안. 초이튿날.

人	사람 인 人, 총2획	㇒ 人 남, 백성, 인품

상 天(하늘 천, 7)

- 人山(인산) : 사람이 산처럼 많이 모인 상태.
- 人生(인생) : 이 세상에서의 인간 생활.
- 人中(인중) : 코의 밑과 윗입술 사이의 우묵한 곳.
- 二人(이인) : 두 사람.
- 日人(일인) : 일본 사람.

一	한 일	一
	一, 총1획	하나, 첫째, 오로지, 어느

· 一生(일생) : 살아 있는 동안.
· 一月(일월) : 한 해 가운데 첫째 달. 정월正月.
· 一人(일인) : 한 사람. 한 명.
· 一日(일일) : 초하룻날. 하루.

日	날 일	ㅣ 冂 日 日
	日, 총4획	해, 낮, 나날이

月(달 월)

· 日月(일월) : 해와 달. 날과 달. '세월'을 이르는 말.
· 日日(일일) : 날마다.
· 五日(오일) : 그 달의 다섯째 날. 닷새.

長	긴 장(ː)	ᅳ 厂 厂 厂 툐 토 툔 틍 長
	長, 총8획	길다, 낫다, 자라다, 어른, 길이

镸

短(짧을 단, 6), 幼(어릴 유, 3Ⅱ)

※ 첫 음절에서 장음과 단음 두 가지로 발음됨.
· 長官(장ː관) : 행정 각 부의 으뜸 관직. *官(벼슬 관, 4Ⅱ)
· 長成(장ː성) : 자라서 어른이 됨. *成(이룰 성, 6)
· 長短(장단) : 깊과 짧음. 길이. 박자. *短(짧을 단, 6)
· 長篇(장편) : 긴 글. *篇(책 편, 4)

弟	아우 제:	` ` ` ` ` ` `弟弟
	弓, 총7획	나이 어린 사람, 다만, 공경하다

 · 王弟(왕제) : 임금의 아우.

 師(스승 사, 4Ⅱ), 兄(형 형)

中	가운데 중	` ` ` 中
	丨, 총4획	안, 사이, 진행, 마음, 맞다

약 · 中國(중국) : 유라시아 대륙의 동남부에 있는 나라.

유 央(가운데 앙, 3Ⅱ) · 中小(중소) : 규모·수준 등이 중간인 것과 그 이하인 것.

상 外(바깥 외) · 中外(중외) : 안과 바깥. 우리나라와 딴 나라. 서울과 시골.

성 十中八九(십중팔구) · 中學校(중학교) : 초등학교와 고등학교 사이 단계의 학교.

靑	푸를 청	` ` ` ` ` ` ` ` 靑靑靑
	靑, 총8획	푸르다, 젊다

· 靑年(청년) : 스물 또는 서른 살 안팎에 있는 젊은 사람.

· 靑山(청산) : 풀과 나무가 무성한 푸른 산.

寸	마디 촌: 寸, 총3획	一 十 寸 치(길이 단위), 약간, 촌수, 적다

약
유
상
형

· 五寸(오촌) : 다섯 치. 아버지의 사촌이나 아들의 사촌.
· 六寸(육촌) : 여섯 치. 사촌의 아들딸들 사이의 촌수.

七	일곱 칠 一, 총2획	一 七

약
유
상
형

· 七十(칠십) : 일흔.
· 七月(칠월) : 한 해 가운데 일곱째 달.
· 七日(칠일) : 이레.
· 七八月(칠팔월) : '칠월과 팔월' 을 아울러 이르는 말.

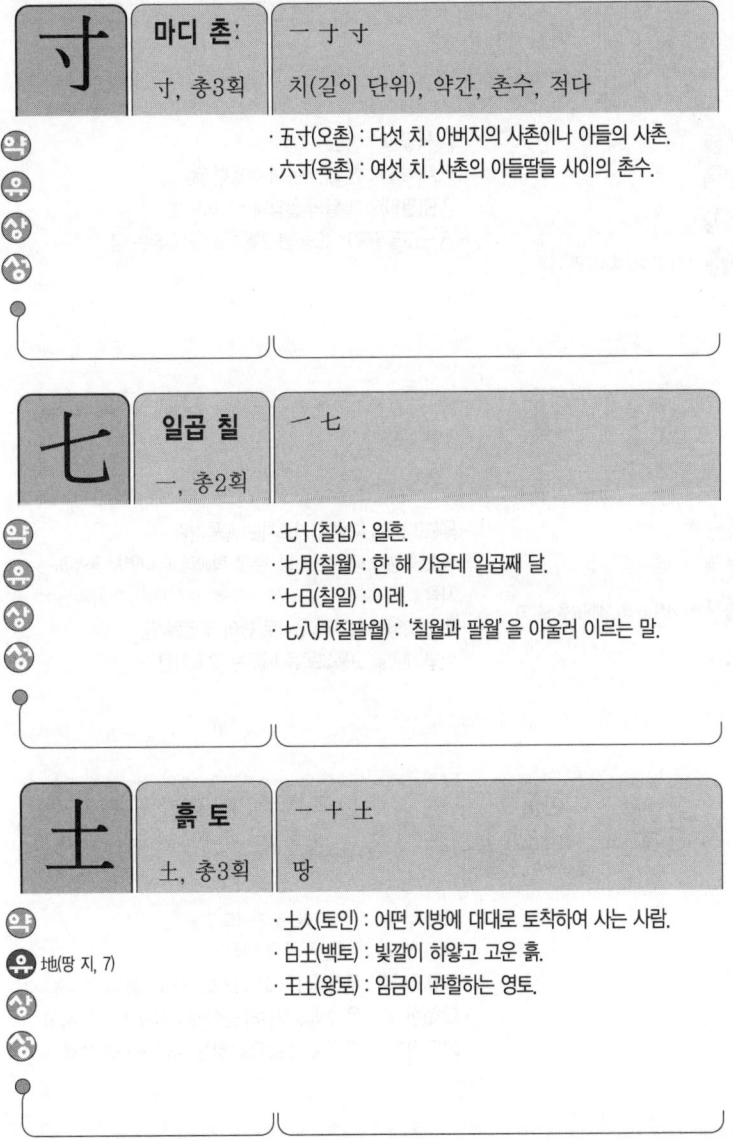

土	흙 토 土, 총3획	一 十 土 땅

약
유 地(땅 지, 7)
상
형

· 土人(토인) : 어떤 지방에 대대로 토착하여 사는 사람.
· 白土(백토) : 빛깔이 하얗고 고운 흙.
· 王土(왕토) : 임금이 관할하는 영토.

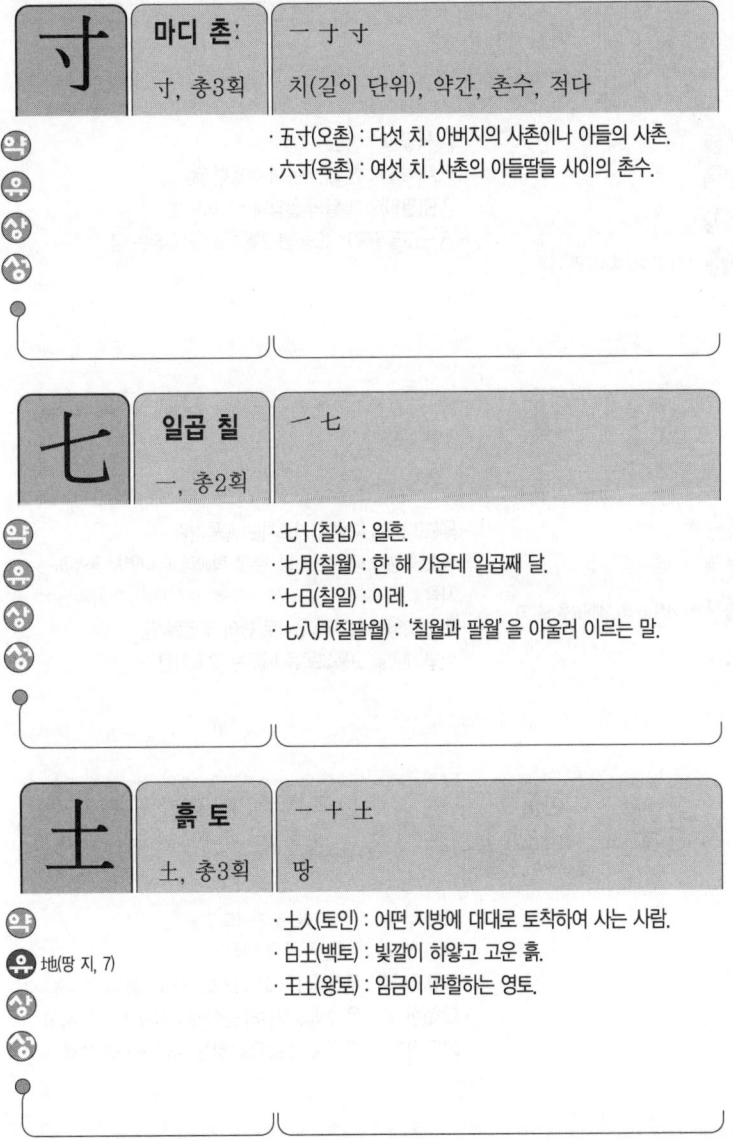

1
2
3
3Ⅱ
4
4Ⅱ
5
6
7
8

| 八 | 여덟 팔
八, 총2획 | ノ 八 |

 약

유

상

음 十中八九(십중팔구)

· 八十(팔십) : 여든.
· 八月(팔월) : 한 해 가운데 여덟째 달.
· 八日(팔일) : 그 달의 열여덟째 날. 여드레.
· 八一五(팔일오) : 1945년 8월 15일을 일컫는 말.

| 學 | 배울 학
子, 총16획 | 　´ ⺊ ⺊ ⺊ ⺊ ⺊ ⺊ ⺊ ⺊ ⺊ ⺊ ⺊ ⺊
學 學
학자, 학문 |

약 学

유

음 敎(가르칠 교), 問(물을 문, 7)

상

· 學校(학교) : 학생을 가르치는 교육기관.
· 學生(학생) : 배우는 사람. 주로 학교에 다니면서 공부하는 사람.
· 學兄(학형) : 학우끼리 서로 높여 부르는 말.
· 大學(대학) : 고등교육을 베푸는 교육기관.

| 韓 | 한국/
나라 한(:)
韋, 총17획 | 一 十 ナ 古 古 古 古 直 卓 卓' 卓ʰ 卓ʰ 卓ʰ 卓ʰ 韓
韓 韓 韓 |

 약

유

상

음

※ 첫 음절에서 장음과 단음 두 가지로 발음됨.
· 韓國(한:국) : '대한민국' 의 약칭.
· 韓服(한:복) : 우리나라 고유한 옷. * 服(옷 복, 6)
· 韓食(한:식) : 우리나라 고유의 음식이나 식사. * 食(밥 식, 7)
· 韓氏(한씨) : '한韓' 을 성姓으로 하는 사람. * 氏(각시 씨, 4)

兄	형 형 儿, 총5획	⺊ ⼝ ⼝ ⼞ 兄 맏이, 벗을 높여 부르는 말

· 兄弟(형제) : 형과 아우.
· 大兄(대형) : 친구 사이에 편지 쓸 때, 친구를 높여 쓰는 말.
· 學兄(학형) : 학우學友나 선후배끼리 서로 높이는 말.

弟(아우 제)

火	불 화(:) 火, 총4획	⼀ ⼂ ⼃ 少 火 *필순주의 급히다, 불사르다

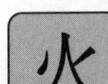

※ 첫 음절에서 장음과 단음 두 가지로 발음됨.
· 火氣(화:기) : 불기운. 가슴이 번거롭고 답답해지는 기운.
　　　　　　　　　　　　　　　　　　　　　*氣(기운 기, 7)
· 火力(화:력) : 불의 힘. * 力(힘 력, 7)
· 火病(화:병) : 울화병. 울화로 난 병. *(병 병, 6)
· 火曜日(화요일) : 일요일부터 셋째 되는 날. *曜(빛날 요, 5)

水(물 수)

7급

수준 및 특성						읽기배정	쓰기배정	출제문항수	합격문항수	시험시간
한자 공부를 처음 시작하는 분을 위한 초급 단계						150	0	70	49	50분

출제 기준	독음	훈음	한자 쓰기	완성형	반의어	뜻풀이	동음 이의어	부수	동의어	장단음	약자	필순	문제 (합계)
	32	30	0	2	2	2	0	0	0	0	0	2	70

家	집 가 宀, 총10획	`丶 丶 宀 宀 宇 宇 家 家 家 家` 집안, 가족, 문벌, 전문가

약

유 舍(집 사, 4Ⅱ), 室(집 실),
屋(집 옥, 5), 宅(집 택/댁, 5)

상

반

· 家口(가구) : 집안 식구. 각살림을 하는 가정.
· 家門(가문) : 집안. 또는 그 집안의 사회적 지위.
· 家長(가장) : 집안의 어른. '남편' 을 일컫는 말.
· 國家(국가) : 나라.
· 王家(왕가) : 왕실.

歌	노래 가 欠, 총14획	`一 哥 哥 哥 哥 哥 哥 哥 哥 哥 哥 歌 歌 歌`

약

유 曲(굽을/악곡 곡, 5),
謠(노래 요, 4Ⅱ)

상

반

· 歌手(가수) : 노래 부르는 것을 직업으로 삼은 사람.
· 歌人(가인) : 노래를 부르거나 짓는 사람.
· 國歌(국가) : 한 나라에서 정한 노래.
· 軍歌(군가) : 군대에서 사기를 북돋우기 위해 부르는 노래.
· 長歌(장가) : 장편으로 된 노래.

間	사이 간(ː) 門, 총12획	`丨 冂 冂 冃 冃 門 門 門 門 閂 間 間` 틈, 동안, 섞이다, 이간하다, 몰래

약

유 隔(사이뜰 격, 3)

상

반

※첫 음절에서 장음과 단음 두 가지로 발음됨.
· 間食(간ː식) : 군음식. 샛밥.
· 間接(간ː접) : 중간에 다른 것을 거쳐 통하는 관계.
　　　　　　　　　　　　*接(이을 접, 4Ⅱ)
· 間隔(간격) : 두 물체의 떨어진 사이. *隔(사이뜰 격, 3)
· 間隙(간극) : 두 물체 사이의 틈. 시간이나 때의 틈.
　　　　　　　　　　　　*隙(틈 극, 1)

江	강 강 水(氵), 총6획	、 、 氵 汀 江 江

- 훈
- 음
- 상 山(메 산)
- 반

- 江北(강북) : 강의 북쪽 지방. 한강의 북쪽 지방.
- 江山(강산) : 강과 산. 자연. 나라의 영토.
- 江村(강촌) : 강가에 있는 마을.
- 長江(장강) : 물줄기가 긴 강.

車	수레 거/차 車, 총7획	一 厂 厅 戸 宣 亘 車

- 훈
- 음
- 상
- 반

- 車道(차도) : 찻길.
- 車線(차선) : 차량이 다닐 수 있는 너비로 도로에 그어놓은 선
- 車主(차주) : 차의 주인.
- 電車(전차) : 전동기를 써서 궤도 위로 굴러가게 만든 차.
- 下車(하차) : 차에서 내림.

工	장인 공 工, 총3획	一 丅 工 공업, 공교하다, 만들다

- 훈
- 음
- 상
- 반

- 工夫(공부) : 학문과 기술 등을 배우고 익히는 것.
- 工場(공장) : 원료나 재료를 가공하여 물건을 만들어내는 곳.
- 工學(공학) : 공업에 관한 것을 연구하는 학문.
- 木工(목공) : 목수. 나무를 다루어 물건을 만들어내는 일.
- 人工(인공) : (사람이) 만든 것. 사람의 힘.

空	빌 공	丶 丷 宀 穴 空 空 空 空
	穴, 총8획	헛되다, 하늘, 공중

약

유 虛(빌 허, 4Ⅱ)

상 陸(뭍 륙), 實(열매 실, 5), 海(바다 해)

성

- 空間(공간) : 빈 곳이나 빈 자리.
- 空軍(공군) : 공중에서 전투 임무를 수행하는 군대.
- 空氣(공기) : 지구를 둘러싸고 있는 모든 기체.
- 空中(공중) : 하늘과 땅 사이의 빈 곳.
- 時空(시공) : 시간과 공간을 아울러 이르는 말.

口	입 구(:)	丨 冂 口
	口, 총3획	어귀, 인구

약

유

상

성

※첫 음절에서 장음과 단음 두 가지로 발음됨.

- 口腔(구:강) : 입 안. * 腔(빈속 강, 1)
- 口辯(구:변) : 말솜씨. * 辯(말씀 변, 4)
- 口文(구문) : 흥정을 붙여주고 그 보수로 받는 돈.
- 口錢(구전) : =구문口文. * 錢(돈 전, 4)

旗	기(깃발) 기	丶 亠 方 方 方 方 方 方 旂 旃 旃 旗 旗 旗
	方, 총14획	

약

유

상

성

- 旗手(기수) : 대열에서 기를 드는 사람.
- 校旗(교기) : 학교의 상징으로 정한 기.
- 國旗(국기) : 나라의 상징으로 정한 기.
- 軍旗(군기) : 군대의 각 단위 부대를 상징하는 기.
- 白旗(백기) : 흰 빛깔의 기.

氣	기운 기	´ ⌒ ⌒ 气 气 气 气 氣 氣 氣
	气, 총10획	숨, 힘, 자연현상, 기체

약 気

유

상

반

- 氣力(기력) : (사람이) 몸으로 활동할 수 있는 힘.
- 氣色(기색) : 마음의 작용으로 드러나는 얼굴빛.
- 同氣(동기) : 형제와 자매, 남매를 통틀어 이르는 말.
- 日氣(일기) : 날씨.

記	기록할 기	` ⌐ ⌐ ⌐ 言 言 言 記 記 記
	言, 총10획	적다, 기억하다, 표지

약

유 錄(기록할 록, 4Ⅱ)

상

반

- 記名(기명) : 이름을 적음.
- 記事(기사) : 신문 · 잡지 따위에서, 사실을 알리는 글.
- 記入(기입) : 장부 따위에 적어 넣음.
- 日記(일기) : 날마다 생긴 일을 적은 기록.
- 前記(전기) : 앞에 적은 기록.

男	사내 남	ı 冂 冂 田 田 男 男
	田, 총7획	아들

약

유

상 女(계집 녀)

반

- 男女(남녀) : 남자와 여자.
- 男女老少(남녀노소) : 남자와 여자와 늙은이와 젊은이.
- 男同生(남동생) : 남자 동생.
- 男子(남자) : 남성으로 태어난 사람.
- 長男(장남) : 맏아들.

內	안 내:	ㅣ ㄇ ㄌ 內 *필순 주의
	入, 총4획	속, 부녀자, 몰래

음
유
상 外(바깥 외)
형

· 內面(내면) : 안쪽 면. 마음속이나 속생각.
· 內室(내실) : 아낙네들이 거처하는 안방.
· 內心(내심) : 속마음.
· 內外(내외) : 안팎. 아내와 남편을 아울러 지칭하는 말.
· 年內(연내) : 그해의 안.

農	농사 농	ㅣ ㄇ ㄇ 由 曲 曲 曲 農 農 農 農 農 農
	辰, 총13획	

음
유
상 都(도읍 도, 5)
형

· 農民(농민) : 농사를 짓는 백성.
· 農夫(농부) : 농사를 짓는 사람.
· 農事(농사) : 논밭에 농작물을 심어 가꾸고 거두어들이는 일.
· 農村(농촌) : 농토를 끼고 농사를 짓는 사람들이 사는 마을.
· 農土(농토) : 농사짓는 땅.

答	대답 답	′ ′ ′ ⺮ ⺮ ⺮⺮ ⺮⺮ 灷 竺 竺 答 答
	竹, 총12획	

음
유
상 問(물을 문)
형 東問西答(동문서답),
自問自答(자문자답)

· 答問(답문) : 물음에 대답함.
· 答紙(답지) : 답을 쓰는 종이. 답안지.
· 名答(명답) : 썩 잘한 대답.
· 正答(정답) : 옳은 답, 바른 답.

道	길 도:	` ´ ¥ ¥ ¥ ¥ ¥ 首 首 首 首 道 道
	辶(辶), 총13획	도리, 재주, 행정구역 이름, 말하다

- 道立(도립) : 도에서 설립 · 운영하는 일.
- 道民(도민) : 그 도 안에 사는 사람.
- 道人(도인) : 도를 닦는 사람.
- 人道(인도) : 사람이 지켜야 할 도리. 사람이 다니는 길.

途(길 도, 3Ⅱ), 路(길 로, 6)

冬	겨울 동(:)	´ ク 久 冬 冬
	冫, 총5획	

夏(여름 하)

※ 첫 음절에서 장음과 단음 두 가지로 발음됨.
- 冬期(동:기) : 겨울 동안. 겨울철. *期(기약할 기, 5)
- 冬天(동:천) : 겨울 하늘. 겨울날.
- 冬至(동지) : 24절기의 스물두 번째 절기. 양력 12월 22일이나 23일.
- 三冬(삼동) : 겨울의 석달. 세 해의 겨울.

動	움직일 동:	´ ´ ㄷ 亓 斤 育 盲 盲 重 重 動 動
	力, 총11획	동요하다, 감응하다, 시작하다

運(옮길 운, 6)
靜(고요할 정, 4), 止(그칠 지, 5)

- 動力(동력) : 어떠한 물체를 움직이게 하는 힘.
- 動物(동물) : 스스로 움직이며 감각을 하는 생물.
- 手動(수동) : 손으로 움직임. 손으로 움직이게 되어 있는 것.
- 自動(자동) : 스스로 움직임.

40

同	한가지 동 口, 총6획	丨 冂 冂 冃 同 同 같다, 같이하다, 회동하다, 무리

· 同名(동명) : 같은 이름. 이름이 서로 같음.
· 同門(동문) : 동창.
· 同時(동시) : 같은 때.
· 同一(동일) : 똑같음. 하나임.
· 不同(부동) : 서로 같지 않음.

洞	골 동:, 꿰뚫을 통 水(氵), 총9획	丶 冫 冫 氵 汀 泂 洞 洞 洞 동네, 골짜기

· 洞口(동구) : 동네 어귀.
· 洞里(동리) : 지방 행정구역인 동과 리. 마을.
· 洞名(동명) : 동네의 이름. 동의 이름.
· 洞民(동민) : 한 동네 안에서 사는 사람. 동의 주민.
· 洞長(동장) : 한 동네의 우두머리. 동사무소의 우두머리.

登	오를 등 癶, 총12획	癶 癶 癶 癶 癶 癶 癶 癶 登 登 登 登

· 登校(등교) : 학생이 학교에 출석함.
· 登記(등기) : 민법에서의 권리나 사실을 널리 밝히려고 일정한 사항을 적어 놓은 장부.
· 登山(등산) : 산에 오름.
· 登場(등장) : 어떤 곳에 나타남.

來	올 래(내)(:)	一 ㅜ ㅜ ㅜ ㅉ ㅉ 來 來 來
	人, 총8획	돌아오다, 그 이후로, 미래

역 来

음

상 去(갈 거, 5), 往(갈 왕, 4Ⅱ)

유

※ 첫 음절에서 장음과 단음 두 가지로 발음됨.
· 來客(내:객) : 찾아온 손님. *客(손 객, 5)
· 來世(내:세) : 죽은 뒤에 가서 산다는 미래의 세상.
· 來年(내년) : 올해의 다음해.
· 來日(내일) : 오늘의 다음날. '미래'나 '장래'를 일컫는 말.

力	힘 력(역)	ㄱ 力 *필순주의
	力, 총2획	

역

음

상

유

· 國力(국력) : 나라의 힘.
· 水力(수력) : 물의 힘.
· 全力(전력) : 모든 힘.
· 地力(지력) : 땅이 식물을 기르는 힘.
· 活力(활력) : 살아 움직이는 힘.

老	늙을 로(노):	一 十 土 耂 耂 老
	老, 총6획	익숙하다, 숙달하다, 늙은이, 노자의 학설

음

음

상 少(적을 소)

유 月下老人(월하노인)

· 老母(노모) : 늙은 어머니.
· 老少(노소) : 늙은이와 젊은이.
· 老人(노인) : 늙은이.
· 父老(부로) : 한 동네에서 나이가 많은 남자 어른.
· 年老(연로) : 나이가 많음.

1
2
3
3Ⅱ
4
4Ⅱ
5
6
7
8

42

里	마을 리(이): 里, 총7획	丨 冂 日 日 旦 甲 里 리(거리 단위)

약

유

상

성

· 里長(이장) : 행정구역인 이里의 사무를 맡아보는 사람.
· 萬里(만리) : 천 리의 열 갑절. 매우 먼 거리.
· 十里(십리) : 열 리. 보통 4km 거리를 십리라 일컬음.
· 村里(촌리) : 촌락.
· 海里(해리) : 해상의 거리를 나타내는 단위.

林	수풀 림(임) 木, 총8획	一 十 才 木 木 村 材 林 숲, 많다

약

유 木(나무 목), 樹(나무 수, 6)

상

성

· 林地(임지) : 나무가 많이 자라고 있는 땅.
· 國有林(국유림) : 나라가 차지하여 관리하는 산림.
· 農林(농림) : 농업과 임업.
· 山林(산림) : 산과 숲. 또는 산에 있는 수풀.
· 人工林(인공림) : 파종 · 묘목 같은 인위적 작업을 가한 삼림.

立	설 립(입) 立, 총5획	' 亠 亣 立 立 세우다, 곧

약

유 建(세울 건, 5)

상

성 不立文字(불립문자), 安心立命(안심입명)

· 立秋(입추) : 24절기의 하나로, 양력 8월 8일경.
· 立春(입춘) : 24절기의 하나로, 양력 2월 4일경.
· 王立(왕립) : 왕이 세움.
· 自立(자립) : 제 힘으로 해나가는 것.
· 中立(중립) : 대립되는 두 편 가운데 중간의 처지를 지킴.

每	매양 매(:)	ノ 亠 仁 与 句 每 每
	毋, 총7획	

※첫 음절에서 장음과 단음 두 가지로 발음됨.
· 每年(매:년) : 한 해 한 해.
· 每時(매:시) : 모든 한 시간 한 시간.
· 每月(매:월) : 한 달 한 달.
· 每日(매일) : 각각의 개별적인 나날.

面	낯 면	一 一 丆 丆 币 而 而 面 面
	面, 총9획	얼굴, 행정구역, 면전, 방향, 앞

背(등 배, 4Ⅱ)

· 面民(면민) : 면에 사는 주민.
· 面長(면장) : 면의 행정을 보는 책임자.
· 面前(면전) : 대하여 보고 있는 앞.
· 平面(평면) : 평평한 표면.

名	이름 명	ノ クタ 夕 名 名
	口, 총6획	공적, 사람, 이름나다

· 名家(명가) : 훌륭하다고 이름이 난 집안.
· 名山(명산) : 이름난 산.
· 名手(명수) : 어떤 일에 훌륭한 소질과 솜씨를 가진 사람.
· 名人(명인) : 이름이 난 사람.
· 有名(유명) : 이름이 있음. 이름이 널리 알려져 있음.

<table>
<tr>
<td rowspan="2">命</td>
<td>목숨 명:</td>
<td>ノ ㅅ ㅅ ㅅ ㅅ ㅅ 命 命</td>
</tr>
<tr>
<td>口, 총8획</td>
<td>운수, 명령하다</td>
</tr>
</table>

· 命名(명명) : 사람이나 물건에 이름을 지어 붙임.
· 命數(명수) : 운명과 재수.
死(죽을 사, 6)
· 命中(명중) : 겨냥한 곳에 바로 맞음.
安心立命(안심입명)
· 生命(생명) : 목숨. 살아 움직이고 있는 힘.
· 天命(천명) : 타고난 목숨. 타고난 운명.

<table>
<tr>
<td rowspan="2">文</td>
<td>글월 문</td>
<td>丶 ㅗ ナ 文</td>
</tr>
<tr>
<td>文, 총4획</td>
<td>글자, 무늬, 문서, 책</td>
</tr>
</table>

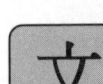

· 文物(문물) : 문화의 산물.
章(글 장, 6)
· 文人(문인) : 문예에 종사하는 사람.
武(호반 무, 4Ⅱ)
· 文學(문학) : 정서와 사상을 글로 나타내는 예술 및 그 작품.
不立文字(불립문자)
· 長文(장문) : 아주 긴 글.
· 天文(천문) : 천체에서 일어나는 온갖 현상.

<table>
<tr>
<td rowspan="2">問</td>
<td>물을 문:</td>
<td>丨 冂 冂 冂 冂 門 門 門 門 問 問</td>
</tr>
<tr>
<td>口, 총11획</td>
<td>문초하다, 방문하다, 소식, 물음</td>
</tr>
</table>

· 問答(문답) : 물음과 대답.
· 問安(문안) : 웃어른에게 안부를 여쭘.
答(대답 답), 學(배울 학)
· 不問(불문) : 캐묻지 않음. 물어 밝히지 않는 것.
東問西答(동문서답),
自問自答(자문자답)
· 自問(자문) : 제 자신에게 물음.
· 下問(하문) : 윗사람이 아랫사람에게 물음.

物	물건 물 牛, 총8획	´ ㅏ ㅓ ㅓ ㅓ 物 物 物 만물, 사물

약
유
상 心(마음 심)
상

· 物色(물색) : 물건의 빛깔. 무엇을 찾거나 고름.
· 物心(물심) : 물질적인 것과 정신적인 것.
· 萬物(만물) : 세상에 있는 모든 것. 갖가지 수많은 물건.
· 有生物(유생물) : 생명이 있는 것.
· 人物(인물) : 사람의 생김새나 됨됨이.

1
2
3
3Ⅱ
4
4Ⅱ
5
6
7
8
⋮

方	모 방 方, 총4획	' ㅗ ㅎ 方 *필순주의 네모, 방향, 방법, 바야흐로, 바르다

약
유
상 圓(둥글 원, 4Ⅱ)
상

· 方面(방면) : 어떤 지역이 있는 방향.
· 方外人(방외인) : 국외자. 그 일에 전혀 관계없는 사람.
· 方正(방정) : 행동이 바르고 점잖음. 네모지고 반듯함.
· 方寸(방촌) : 사방으로 한 치. '마음'을 달리 일컫는 말.
· 東方(동방) : 동녘. 동쪽에 있는 지방.

百	일백 백 白, 총6획	一 ㄱ ㄱ 丆 百 百 여러

약
유
상
상

· 百年(백년) : 한 해의 백 배. 썩 많은 햇수나 세월.
· 百方(백방) : 온갖 방법.
· 百日(백일) : 백 날 동안.
· 數百萬(수백만) : 백만의 두서너 배가 되는 수효.

夫	지아비 부	一 二 ≠ 夫
	大, 총4획	남편, 사내, 일하는 남자

- 夫人(부인) : 남의 아내의 높임말.
- 人夫(인부) : 품삯을 받고 일하는 사람.
- 弟夫(제부) : 아우의 남편.
- 兄夫(형부) : 언니의 남편.

婦(며느리 부, 4Ⅱ)

不	아닐 불/부	一 プ オ 不
	一, 총4획	

- 不正(부정) : 옳지 않음.
- 不便(불편) : 순조롭지 않거나 거북하거나 하여 편하지 않음.
- 不孝(불효) : 어버이를 잘 섬기지 않음.

不立文字(불립문자)

事	일 사:	一 ア ァ ョ ョ ヨ 亘 事
	亅, 총8획	일삼다, 섬기다

業(업 업, 6)

世上萬事(세상만사)

- 事前(사전) : 일이 생기기 전이나 일을 시작하기 전.
- 事後(사후) : 일이 지난 뒤.
- 工事(공사) : 토목 · 건축 따위의 일.
- 國事(국사) : 나랏일.
- 萬事(만사) : 온갖 일.

算	셈 산:	′ ⌐ ⌐ ⌐ ⌐ ⌐ ⌐ ⌐ ⌐ ⌐ 竹 笞 笞 笪 笪 算 算
	竹, 총14획	계산, 슬기, 셈하다

計(셀 계, 6)

· 算數(산수) : 수의 간단한 성질과 셈의 기초를 가르치는 과목.
· 算出(산출) : 계산해냄.
· 電算(전산) : 전자계산기.

上	윗 상:	ㅣ ㅏ 上
	一, 총3획	위, 앞, 첫째, 임금, 오르다

下(아래 하)

世上萬事(세상만사)

· 上中下(상중하) : 위와 가운데와 아래.
· 上下(상하) : 위아래. 윗사람과 아랫사람.
· 北上(북상) : 북쪽으로 올라감.
· 水上(수상) : 물위.
· 地上(지상) : 땅위.

色	빛 색	′ ⌐ ⌐ ⌐ ⌐ 色
	色, 총6획	색, 색정, 낯

· 月色(월색) : 달빛.
· 有色(유색) : 빛깔이 있음.
· 一色(일색) : 모두 같은 빛깔. 특별히 뛰어난 미인.
· 正色(정색) : 얼굴에 엄정한 빛을 나타냄. 또는 그 표정.
· 靑色(청색) : 푸른빛.

48

夕	저녁 석 夕, 총3획	ノ タ 夕

약

유

상 旦(아침 단, 3Ⅱ), 朝(아침 조, 6)

반

- 日夕(일석) : 저녁.
- 一夕(일석) : 하루 저녁.
- 秋夕(추석) : 우리나라 명절의 하나. 음력 8월 보름.
- 七夕(칠석) : 음력 7월 7일의 명절.

姓	성 성: 女, 총8획	ㄑ ㄥ ㄥ 女 女 奵 姓 姓

약

유

상

반

- 姓名(성명) : 성과 이름.
- 同姓(동성) : 같은 성.
- 百姓(백성) : 일반 국민. 또는 '일반 국민'을 예스럽게 일컫는 말.
- 父姓(부성) : 아버지의 성씨.

世	인간 세: 一, 총5획	一 十 卅 卅 世 세대, 세상, 대를 잇다

약 卋

유

상

반 世上萬事(세상만사)

- 世上(세상) : 인류 사회나 온 나라.
- 世人(세인) : 세상 사람.
- 二世(이세) : 다음 세대. 세대를 이을 어린아이.
- 中世(중세) : 고대에서 근대에 이르는 그 중간의 시대.

少	적을 소:	ㅣ ⺉ 小 少
	小, 총4획	젊다, 젊은이

· 少女(소녀) : 어린 계집아이.
· 少年(소년) : 어린 사내아이.
· 少數(소수) : 적은 수효.
· 多少(다소) : 많음과 적음. 조금.
· 年少(연소) : 나이가 적음.

老(늙을 로), 多(많을 다, 6)

所	바 소:	㇀ ㇀ ㇁ 戶 戶 所 所 所
	戶, 총8획	것, 곳, 처소

· 所生(소생) : 자기가 낳은 아들이나 딸.
· 所有(소유) : 가지고 있음. 소유물.
· 所出(소출) : 논밭에서 나는 곡식 따위. 또는 그것의 양.
· 便所(변소) : 대소변을 볼 수 있게 만들어놓은 곳.
· 場所(장소) : 곳. 자리. 처소.

處(곳 처, 4Ⅱ)

手	손 수(:)	㇀ ㇁ ㇁ 手
	手, 총4획	재주, 쥐다, 손수

※첫 음절에서 장음과 단음 두 가지로 발음됨.
· 手巾(수:건) : 얼굴 · 손 · 몸 따위를 닦는 천으로 만든 물건.
  * 巾(수건 건, 1)
· 手足(수족) : 손발. '손발과 같이 긴하게 부리는 사람'을 비유.
· 手中(수중) : 손 안. 자기가 권력을 부릴 수 있는 범위.
· 手話(수화) : 농아들이 구화口話 대신 손짓으로 하는 말.

足(발 족)

| 數 | 셈수, 자주삭, 촘촘할 촉
攵(攴), 총15획 | ⺊ ⺊ ⺊ ⺊ ⺊ ⺊ ⺊ ⺊ 婁 婁 婁 婁 婁 數 數
數
운수, 꾀, 재주, 기술, 몇, 셈하다 |

약 数

음

상

성

· 數年(수년) : 몇 년.
· 數日(수일) : 두서너 날.
· 數學(수학) : 수와 양 또는 공간의 도형에서 서로 이루어지는 관계나 성질을 연구하는 학문.
· 人口數(인구수) : 인구의 수효.

| 市 | 저자 시:
巾, 총5획 | ⺊ ⺊ ⺊ ⺊ 市 |

약

음

상

성

· 市立(시립) : 시에서 설립함.
· 市民(시민) : 시내에 사는 사람들. 공민권을 가지는 국민.
· 市場(시장) : 갖가지 물건을 사고 파는 일정한 곳.
· 市長(시장) : 市의 행정을 맡아보는 우두머리.
· 市中(시중) : 도시의 안. 시내.

● **틀리기 쉬운 한자**
市(슬갑膝甲 불, 급수 외 글자임)

| 時 | 때 시
日, 총10획 | ⺊ ⺊ ⺊ ⺊ ⺊ ⺊ ⺊ ⺊ 時 時
철, 때를 맞추다 |

약

음 期(기약할 기, 5)

상

성

· 時間(시간) : 어떤 시각에서 어떤 시각까지의 사이.
· 時事(시사) : 당시에 생기는 여러 가지 세상 일.
· 日時(일시) : 날과 때. 날짜와 시간.
· 一時(일시) : 한때. 한동안. 같은 때.
· 平時(평시) : 평상시. 특별한 일이나 사고가 없는 보통 때.

植	심을 식 木, 총12획	一 十 才 才 才 栌 枦 枦 枦 栒 栒 植 植 세우다, 식물

약
유
상
송

- 植木(식목) : 나무심기.
- 植木日(식목일) : (나라에서 정한) 나무 심는 날. 4월 5일.
- 植物(식물) : 보통 뿌리·줄기·잎을 갖추고 난 자리에서 이동하지 못하고 감각이 거의 없는 생물.
- 植生(식생) : 어떤 장소에 모여 살고 있는 특유한 식물 집단.

食	밥/먹을 식, 밥/먹일 사 食, 총9획	丿 人 人 人 合 合 合 合 食 食 음식

약
유
상
송

- 食事(식사) : 끼니로 먹는 음식. 끼니를 먹음.
- 食水(식수) : 먹는 물.
- 食前(식전) : 아침밥을 먹기 전. 식사하기 전.
- 外食(외식) : 가정 밖에서 끼니를 사 먹음. 또는 그런 끼니.
- 主食(주식) : 끼니때마다 주로 먹는 음식. 밥이나 빵 따위.

心	마음 심 心, 총4획	丶 心 心 心 생각, 염통, 가운데, 가슴

약
유 情(뜻 정, 5)
상 物(물건 물), 身(몸 신, 6)
송

- 心中(심중) : 마음속.
- 心火(심화) : 마음속에서 북받쳐 일어나는 화.
- 民心(민심) : 백성의 마음.
- 安心(안심) : 걱정이 없이 마음을 편안히 가짐.
- 人心(인심) : 사람의 마음.

安	편안 안 宀, 총6획	ㆍ ㆍ ㆍ ㆍ 安 安 편안하다, 안존하다, 어찌

(음)
(유) 康(편안 강, 4Ⅱ), 便(편할 편),
주(평평할 평)
(상) 否(아닐 부, 4), 危(위태할 위, 4)
(성) 安心立命(안심입명)

· 安全(안전) : 탈이나 위험성이 없음.
· 安住(안주) : 편안하게 삶.
· 問安(문안) : 웃어른에게 안부를 여쭘.
· 不安(불안) : 마음이 놓이지 않고 조마조마함.

語	말씀 어: 言, 총14획	ㆍ ㆍ ㆍ ㆍ ㆍ ㆍ ㆍ ㆍ ㆍ ㆍ 語 語 語 語

(음)
(유) 辭(말씀 사, 4), 言(말씀 언, 6)
(상) 行(다닐/행할 행, 6)
(성)

· 語氣(어기) : 말에 나타나는 기운.
· 語文(어문) : 말과 글. 어문학.
· 語學(어학) : 어떤 나라의 말을 공부하는 학문. '언어학' 의
  준말.
· 國語(국어) : 나랏말. 한국어.
· 日語(일어) : 일본어. 일본 말.

然	그럴 연 火(灬), 총12획	ㆍ ㆍ ㆍ ㆍ ㆍ ㆍ 妖 然 然 然 然 然 그러하다, 그러나, 상태를 나타내는 접미사

(음)
(유)
(상)
(성)

· 大自然(대자연) : 넓고 큰 자연. 위대한 자연.
· 不自然(부자연) : (말이나 행동이) 자연스럽지 못함.
· 自然(자연) : 사람의 힘을 더하지 않은 천연 그대로의 상태.
· 天然(천연) : 사람의 힘을 가하지 않고 저절로 이뤄진 상태.

午	낮 오:	ノ ノ ト 午
	十, 총4획	일곱째지지

- 午前(오전) : 자정으로부터 낮 열두 시까지의 동안.
- 午後(오후) : 정오로부터 밤 열두 시까지의 동안.
- 正午(정오) : 낮 열두 시.
- 下午(하오) : 정오로부터 밤 열두 시까지의 동안.

● **틀리기 쉬운 한자**
牛(소 우, 5)

右	오른 우:	ノ ナ オ 右 右 *주의 : 左(왼 좌)와 필순이 다름
	口, 총5획	오른쪽

- 右軍(우군) : 정부의 군사. 우익군.
- 右手(우수) : 오른손.
- 右心室(우심실) : 심장 안의 오른쪽 아랫부분.
- 右中間(우중간) : 정면과 오른쪽의 가운데가 되는 쪽.

左(왼 좌)

有	있을 유:	ノ ナ ナ 右 有 有
	月, 총6획	가지다, 어떤, 소유

- 有名(유명) : 이름이 있음. 이름이 널리 알려져 있음.
- 有夫女(유부녀) : 남편이 있는 여자.
- 有足(유족) : 넉넉함.
- 國有(국유) : 국가의 소유.

無(없을 무, 5)

育	기를 육 肉(月), 총8획	' ㄊ ㄊ ㄊ ㄊ ㅊ 育 育 育

음
훈
상
형
· **教育**(교육) : 지식 · 기술 등을 가르치며 인격을 길러주는 일.
· **生育**(생육) : 낳아서 기르는 일. 살며 자라는 일.

邑	고을 읍 邑, 총7획	' ㄇ ㅁ ㅁ ㅁ 吕 吕 邑 도읍, 행정구역

음
훈
상
형
· **邑內**(읍내) : 읍의 안.
· **邑民**(읍민) : 읍내에 사는 사람.
· **邑長**(읍장) : 지방 행정구역인 읍의 우두머리.
· **邑村**(읍촌) : 읍에 딸린 마을. 읍과 촌.
· **小邑**(소읍) : 작은 고을.

入	들 입 入, 총2획	ノ 入 *필순주의 들이다, 수입

음
훈
 落(떨어질 락, 5), 出(날 출)
형
· **入金**(입금) : 은행 따위에 돈이 들어오거나 돈을 넣음.
· **入山**(입산) : 산에 들어감.
· **入場**(입장) : 장내로 들어감.
· **入住**(입주) : 새로 들어가 삶.
· **入學**(입학) : 학교에 들어감.

| 子 | 아들 자 | ㄱ 了 子 |
| | 子, 총3획 | 첫째지지, 당신, 경칭, 접미사 |

父(아비 부), 母(어미 모), 女(계집 녀)

· 子正(자정) : 밤 열두 시.
· 母子(모자) : 어머니와 아들.
· 父子(부자) : 아버지와 아들.
· 王子(왕자) : 임금의 아들.
· 長子(장자) : 맏아들.

● 틀리기 쉬운 한자
子(나 여, 3)

| 字 | 글자 자 | ㆍ ㆍ ㅍ ㅎ 宁 字 |
| | 子, 총6획 | |

不立文字(불립문자)

· 字數(자수) : 글자의 수효.
· 文字(문자) : 글자.
· 十字(십자) : 한자의 '十(열 십)' 자를 일컫는 말.
· 正字(정자) : 자체가 바르게 또박또박 쓴 글자.

| 自 | 스스로 자 | ㆍ ㆍ 冂 臼 自 自 |
| | 自, 총6획 | 저절로, 자기, 몸소, 부터 |

至(이를 지, 4Ⅱ), 他(다를 타, 5)

自問自答(자문자답)

· 自家(자가) : 자기 집.
· 自動(자동) : 스스로 움직임.
· 自足(자족) : 스스로 만족하게 여김.
· 自主(자주) : 남의 보호나 간섭 없이 제 일을 제 힘으로 함.

1
2
3
3Ⅱ
4
4Ⅱ
5
6
7
8

場	마당 장 土, 총12획	一 十 土 圹 圹 圹 坦 坦 坦 場 場 場 곳, 장소

- 場內(장내) : 어떠한 장소의 안.
- 場面(장면) : 영화나 연극 등의 한 정경.
- 場外(장외) : 어떠한 장소의 바깥.
- 工事場(공사장) : 공사를 하고 있는 현장.
- 立場(입장) : 처하여 있는 사정이나 형편.

全	온전 전 入, 총6획	丿 人 人 仝 全 全 온전하다, 모두

完(완전할 완, 5)

- 全校(전교) : 한 학교의 전체.
- 全國(전국) : 온 나라.
- 全軍(전군) : 한 군대의 전체.
- 全南(전남) : 전라남도.
- 全面(전면) : 어떤 범위의 전체.

前	앞 전 刀(刂), 총9획	丶 丷 丷 广 扩 前 前 前 前 먼저, 앞서다

先(먼저 선)

後(뒤 후)

- 前面(전면) : 앞쪽. 앞면.
- 前月(전월) : 지나간 달.
- 前日(전일) : 전날.
- 前後(전후) : 앞뒤.
- 生前(생전) : 살아 있는 동안. 살아오는 동안.

57

電	번개/전기 전:	一 厂 戶 币 币 币 币 币 币 哥 雷 雷 雷 電
	雨, 총13획	

· 電氣(전기) : 물질 안에 있는 전자의 이동으로 생기는 에너지.
· 電動車(전동차) : 전동기의 힘으로 궤도 위를 달리는 차.
· 電力(전력) : 전기력. 대전체 사이에 작용하는 전기의 힘.
· 電文(전문) : 전보의 내용이 되는 글귀.
· 電車(전차) : 전기의 힘으로 궤도 위를 다니는 차.

正	바를 정(:)	一 丁 下 正 正
	止, 총5획	순수하다, 맏아들, 본, 정월, 처음

直(곧을 직)

反(돌이킬 반, 6), 副(버금 부, 4Ⅱ), 誤(그르칠 오, 4Ⅱ)

※첫 음절에서 장음과 단음 두 가지로 발음됨.
· 正面(정:면) : 앞으로 향한 쪽의 면. 마주보는 쪽의 방면.
· 正直(정:직) : 거짓이나 꾸밈이 없이 성품이 바르고 곧음.
· 正月(정월) : 음력으로 한 해의 첫째 달.
· 正朝(정조) : 설날 아침. *朝(아침 조, 6)

祖	할아비 조	一 二 丁 示 示 礻 礻 租 租 祖
	示, 총10획	선조, 조상, 시초

孫(손자 손, 6)

· 祖國(조국) : 조상 때부터 살던 나라.
· 祖母(조모) : 할머니.
· 祖父(조부) : 할아버지.
· 祖上(조상) : 한 집안이나 한 민족의 옛 어른들.
· 先祖(선조) : 먼 대의 조상. 조상祖上.

足

발 족, 지날 주

足, 총7획

丨 ㄇ 口 尸 㫖 ⻊ 足

넉넉하다, 족하다

약

유

상 手(손 수)

성

· 不足(부족) : 모자람.
· 力不足(역부족) : 힘, 기량 등이 모자람.
· 自足(자족) : 스스로 만족하게 여김.

左

왼 좌:

工, 총5획

一 ナ 大 左 左 ＊주의 : 右(오른 우)와 필순이 다름

왼쪽, 낮다, 내치다

약

유

상 右(오른 우)

성

· 左手(좌수) : 왼손.
· 左右(좌우) : 왼쪽과 오른쪽. 옆, 측근.

主

임금/주인 주

丶, 총5획

丶 亠 亠 丰 主

우두머리, 주체, 주되다

약

유

상 客(손 객, 5), 從(좇을 종, 4)

성

· 主動(주동) : 어떠한 일에 주장이 되어 행동함.
· 主力(주력) : 중심 되는 힘.
· 主食(주식) : 끼니때마다 주로 먹는 음식.
· 主人(주인) : 물건의 임자.
· 地主(지주) : 땅임자.

住	살 주:	ノ　イ　イ　イ　仁　住　住
	人(亻), 총7획	머무르다

· 住民(주민) : 그 땅에 사는 백성.
· 住所(주소) : 사는 곳.
· 入住(입주) : 새로 들어가 삶.

유 居(살 거, 4)

● 틀리기 쉬운 한자
　往(갈 왕, 4Ⅱ)

重	무거울 중:	一　二　千　千　千　币　舌　重　重
	里, 총9획	중하다, 거듭하다, 심히, 무게, 존중하다

· 重大(중대) : 매우 중요하게 여김.
· 重大事(중대사) : 중대한 사건.
· 重力(중력) : 지구 위의 물체를 지구의 중심 방향으로 끌어당기는 힘
· 所重(소중) : 매우 귀중함.
· 二重(이중) : 두 겹. 거듭함.

유 尊(높을 존, 4Ⅱ)

상 輕(가벼울 경, 5)

地	땅 지	一　十　土　圵　地　地
	土, 총6획	곳, 처지, 바탕

· 地下(지하) : 땅속.
· 大地(대지) : 넓고 큰 땅.
· 天地(천지) : 하늘땅. '세상', '우주', '세계' 의 뜻.
· 平地(평지) : 바닥이 평평한 땅.
· 土地(토지) : 땅.

유 陸(뭍 륙, 5), 土(흙 토)

상 天(하늘 천)

紙	종이 지 糸, 총10획	` ㄠ ㄠ ㅂ ㅂ ㅂ ㅂ ㅂ ㅂ 紅 紅 紙 紙

- 紙面(지면) : 종이의 표면. 글이 실린 면.
- 白紙(백지) : 빛깔이 흰 종이. 아무것도 쓰지 않은 종이.
- 全紙(전지) : 온 장의 종이.
- 休紙(휴지) : 밑씻개나 코를 풀거나 하는 데 쓰는 종이.

直	곧을 직 目, 총8획	一 ナ ナ 古 古 有 有 直 바르다, 겨우, 바로, 번 들다

正(바를 정)
曲(굽을 곡, 5)

- 直立(직립) : 꼿꼿이 섬. (산 같은 것이) 우뚝 솟음.
- 直前(직전) : 바로 앞. 일이 생기기 바로 전.
- 直後(직후) : 바로 뒤. 무슨 일이 있은 뒤.
- 日直(일직) : 그날 그날의 당직.
- 正直(정직) : 거짓이나 꾸밈이 없이 성품이 바르고 곧음.

千	일천 천 十, 총3획	一 二 千 여러, 많다

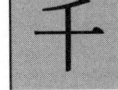

- 千古(천고) : 썩 먼 옛적. 영구한 세월.
- 千年(천년) : 아주 오랜 세월.
- 千萬(천만) : 만의 천 곱절. 썩 많은 수.
- 千秋(천추) : 썩 오랜 세월.
- 數千(수천) : 여러 천. 몇 천.

天	하늘 천 大, 총4획	一 二 チ 天

- 天國(천국) : (죽어서 간다는) 하늘에 있다고 믿는 나라.
- 天然色(천연색) : 만물이 가지고 있는 자연 그대로의 빛깔.
- 天下(천하) : 하늘 아래 온 세상.
- 靑天(청천) : 푸른 하늘.

人(사람 인), 地(땅 지)

川	내 천 巛(川), 총3획	ノ 기 川

河(물 하, 5)

山(메 산)

山川草木(산천초목)

- 山川(산천) : 산과 내. '자연'을 일컫는 말.
- 河川(하천) : 강과 시내.

草	풀 초 艸(艹), 총10획	' ∸ ㅗ 艹 艹 艹 苔 苩 苩 草 ※ 艹 의 한국어문회 권장 필순은 ' → 艹 → 艹 임 초서, 초잡다, 거칠다

山川草木(산천초목)

- 草家(초가) : 볏짚·밀짚 등으로 지붕을 인 집. 초가집.
- 草木(초목) : 풀과 나무.
- 草食動物(초식동물) : 풀을 주로 먹는 포유동물.
- 民草(민초) : '백성'을 달리 일컫는 말.
- 水草(수초) : 물속에서 자라는 풀, 물풀.

村	마을 촌: 木, 총7획	一 十 寸 木 杧 村 村

약

유 落(떨어질/사람 사는 곳 락, 5)

상

반

· 村家(촌가) : 시골집.
· 村民(촌민) : 시골에 사는 백성.
· 村長(촌장) : 한 마을의 우두머리.
· 南村(남촌) : 남쪽에 있는 마을.
· 北村(북촌) : 북쪽에 있는 마을.

秋	가을 추 禾, 총9획	一 二 千 禾 禾 利 利 秒 秋
		때, 세월

약

유

상 春(봄 춘)

반 一日三秋(일일삼추)

· 秋月(추월) : 가을밤의 달.
· 秋日(추일) : 가을날.
· 中秋(중추) : 음력 팔월 보름. 추석秋夕. 한가위.

春	봄 춘 日, 총9획	一 二 三 声 夫 夫 春 春 春

약

유

상 秋(가을 추)

반

· 春三月(춘삼월) : 봄의 끝 달인 음력 3월.
· 春秋(춘추) : 봄과 가을. '어른의 나이'를 높이는 말.
· 春風(춘풍) : 봄바람.
· 靑春(청춘) : 젊고 건강한 시절.

| 出 | 날 출
凵, 총5획 | 丨 屮 屮 出 出
낳다, 나가다, 뛰어나다, 자손 |

음

음

 缺(이지러질 결, 4Ⅱ), 納(들일 납, 4),
沒(빠질 몰, 3Ⅱ), 入(들 입)

상

· 出家(출가) : 가정을 버리고 수도자나 중이 됨.
· 出力(출력) : 일정한 입력이 기계적으로 처리되어 정보로서 나타나는 일, 또는 그 정보.
· 出入(출입) : 드나듦. 나들이.
· 出土(출토) : (땅에 묻힌 물건이) 저절로 나오거나 파냄.
· 外出(외출) : (집이나 직장 등에서) 일을 보러 나감. 출타出他

1
2
3
3Ⅱ
4
4Ⅱ
5
6
7
8

| 便 | 편할 편(:),
똥/오줌 변
人(亻), 총9획 | 丿 亻 亻 𠂉 佢 佢 佢 佢 便
아첨하다, 쉬다, 곧(변) |

음

음 安(편안 안)

상

상

※음이 '편' 일 때, 첫 음절에서 장음과 단음 두 가지로 발음됨.
· 便紙(편:지) : 소식을 서로 알리거나, 용건을 적어 보내는 글.
· 便利(편리) : 편하고 쉬움. * 利(이로울 리, 6)
· 便安(편안) : 몸과 마음이 거북하지 않고 걱정 없이 좋음.
· 大小便(대소변) : 똥과 오줌.

| 平 | 평평할 평
干, 총5획 | 一 丆 丆 죠 平
화평하다, 고르다, 쉽다, 보통, 평안하다 |

음

음 均(고를 균, 4), 安(편안 안)

상

상

· 平年(평년) : 농사가 보통으로 된 해. 윤년이 아닌 해.
· 平民(평민) : 벼슬 없는 일반 사람. 상사람.
· 平生(평생) : 일생.
· 平安(평안) : 무사히 잘 있음. 무사하여 걱정 없음.
· 平日(평일) : 평상시. 휴일이나 기념일이 아닌 날.

下	아래 하:	一 丁 下
	一, 총3획	밑, 낮추다, 내리다, 떨어지다, 아랫사람

· 下校(하교) : 공부를 끝내고 학교에서 집으로 돌아옴.
· 下山(하산) : 산에서 내려옴.
· 南下(남하) : 남쪽으로 내려감.
· 年下(연하) : 자기보다 나이가 적음.

高(높을 고, 6), 上(윗 상)

月下老人(월하노인)

夏	여름 하:	一 丁 丌 万 万 百 百 百 夏 夏
	夊, 총10획	중국, 하나라

· 春夏秋冬(춘하추동) : 봄 · 여름 · 가을 · 겨울.
· 立夏(입하) : 24절기의 하나로 양력 5월 5~6일경.

冬(겨울 동)

漢	한수/ 한나라 한:	丶 丶 氵 厂 广 汢 汢 汢 漢 漢 漢 漢 漢 漢
	水(氵), 총14획	종족 이름, 은하수, 사나이, 놈

· 漢江(한강) : 강원도에서 시작하여 서울을 지나 서해로 흐르는 강.
· 漢文(한문) : 한자로 쓴 글.
· 漢字(한자) : 중국에서 만들어진 글자.
· 門外漢(문외한) : 어떤 일에 전문 지식이나 조예가 없는 사람.

海	바다 해: 水(氵), 총10획	゛ ゛ ゛ ゛ ゛ ゛ ゛ 海 海 海 海

· 海軍(해군) : 바다에서 전투를 맡아 하는 군대.
· 海水(해수) : 바닷물.
· 海外(해외) : '외국'을 일컫는 말.
· 東海(동해) : 동쪽 바다.
· 西海(서해) : 서쪽 바다.

약

유 洋(큰바다 양), 河(물 하, 5)

상 空(빌 공), 陸(뭍 륙, 5), 山(메 산)

혼 人山人海(인산인해)

花	꽃 화 艹(艹), 총8획	' ⺌ ナ サ ガ ガ 花 花

약

· 花木(화목) : 꽃나무.

유

· 國花(국화) : 나라꽃.

상

· 百花(백화) : 온갖 꽃.

혼

· 生花(생화) : 살아 있는 초목에서 꺾은 꽃.

話	말씀 화 ' 言, 총13획	ー ー ー ᆖ ᆖ ᆿ 言 言 言 訂 話 話 話
		말하다, 이야기

약

유 談(말씀 담, 5)

상

혼

· 口話(구화) : 농아들이 교육을 받아 남이 말하는 입술 모양 따위로 알아듣고 자기도 소리내어 말하는 일.
· 民話(민화) : 예로부터 말로 민간에 전해오는 이야기.
· 電話(전화) : 전화기로 말을 주고받는 일. 전화기.

66

活	살 활 水(氵), 총9획	丶 丶 氵 扩 厂 汗 活 活 活 생기 있다, 응용하다, 생활, 생계

약

유 生(날 생)

상 死(죽을 사, 6), 殺(죽일 살, 4Ⅱ)

성

- 活氣(활기) : 활동하는 원기. 활발한 기운.
- 活動(활동) : 기운차게 움직임. 일의 성과를 거두려고 움직임.
- 活字(활자) : 활판을 짜려고 낱낱이 떼어 만든 글자.
- 生活(생활) : 살아서 활동함. 살림하는 일.
- 自活(자활) : 제 스스로의 힘으로 살아감.

孝	효도 효: 子, 총7획	一 十 土 耂 少 孝 孝

약

유

상

성 事親以孝(사친이효)

- 孝女(효녀) : 어버이를 잘 섬기는 딸.
- 孝道(효도) : 부모를 잘 섬기는 도리.
- 孝心(효심) : 효성스러운 마음.
- 孝子(효자) : 어버이를 잘 섬기는 아들.

後	뒤 후: 彳, 총9획	丿 丿 彳 彳 产 徉 갷 後 後 뒤떨어지다, 뒤로 미루다

약

유

상 先(먼저 선), 前(앞 전)

성

- 後面(후면) : 뒷면.
- 後方(후방) : 뒤쪽.
- 後食(후식) : 식사 뒤에 먹는 과일 따위의 간단한 먹을 것.
- 老後(노후) : 늙은 뒤.
- 先後(선후) : 먼저와 나중.

1
2
3
3Ⅱ
4
4Ⅱ
5
6
7
8

休	쉴 휴	´ ㇒ 亻 亻 什 休 休
	人(亻), 총6획	아름답다, 그치다, 휴가

· 休校(휴교) : 학교가 수업을 한동안 쉬는 일.
· 休日(휴일) : 일을 쉬고 노는 날.
· 休學(휴학) : 학업을 쉼.

필순筆順이란 붓으로 쓰는 순서를 말한다. 이것을 획(畫)을 긋는 순서(順)라는 뜻에서 '획순畫順'이라고도 하고, 붓(筆)을 대는 순서(順)라는 뜻에서 '필순筆順'이라고도 한다. 이 필순을 제대로 이해하고 있으면 자연스럽게 한자를 써 내려갈 수 있으며, 한자의 구조를 이해하거나 글자의 균형미를 이루는 데 큰 도움이 된다.

한자의 필순에는 다음과 같은 몇 가지 기본 원칙이 있다.

1. 위에서 아래로 쓴다 : 三(셋 삼) → 三 一 二 三

2. 왼쪽에서 오른쪽으로 쓴다 : 川(내 천) → 川 丿 刂 川

3. 가로획과 세로획이 교차할 때는 가로획을 먼저 쓴다 : 十(열 십) → 十 一 十

4. 왼쪽과 오른쪽이 대칭일 때는 가운데를 먼저 쓴다 : 小(작을 소) → 小 亅 小 小

5. 삐침(왼쪽으로 비스듬하게 내려쓰는 획)은 파임(오른쪽으로 비스듬하게 내려쓰는 획)보다 먼저 쓴다

   六(여섯 륙) → 六 丶 亠 宀 六

6. 글자의 가운데를 꿰뚫는 획은 맨 나중에 쓴다 : 中(가운데 중) → 中 丨 冂 口 中

7. 에워싸는 획은 바깥 부분부터 먼저 쓴다

   國(나라 국) → 國 丨 冂 冂 冃 同 同 國 國 國 國

8. 오른쪽 위의 점은 맨 나중에 쓴다 : 戈(창 과) → 戈 一 弋 戈 戈

9. 받침의 경우 夂 · 辶 등은 나중에 쓰지만(建 · 道), 走 · 是와 같은 것이 받침으로 쓰일 때는 먼저 쓴다(起 · 題).

   建(세울 건) → 그 글 글 글 글 建 津 律 建

   道(길 도) → 丶 丷 쓰 쓰 首 首 首 首 首 道 道

   起(일어날 기) → 一 十 土 キ キ 走 走 起 起 起

   題(제목 제) → 丨 冂 日 日 旦 早 早 是 是 是 是 題 題 題 題 題 題

6급Ⅱ, 6급

6級Ⅱ 수준 및 특성							읽기배정	쓰기배정	출제문항수	합격문항수	시험시간
한자 쓰기를 시작하는 첫 급수							300	50	80	56	50분

출제기준	독음	훈음	한자쓰기	완성형	반의어	뜻풀이	동음이의어	부수	동의어	장단음	약자	필순	문제(합계)
	32	29	10	2	2	2	0	0	0	0	0	3	80

※쓰기는 50자(8급 배정한자 50자)임

6級 수준 및 특성							읽기배정	쓰기배정	출제문항수	합격문항수	시험시간
기초 한자 쓰기를 시작하는 급수							300	150	90	63	50분

출제기준	독음	훈음	한자쓰기	완성형	반의어	뜻풀이	동음이의어	부수	동의어	장단음	약자	필순	문제(합계)
	33	22	20	3	3	2	2	0	2	0	0	3	90

※쓰기는 150字(7급 배정한자 150자)임

各	각각 각 口, 총6획	ノ ク タ タ 冬 各 各

- **各各**(각각) : 제각기. 따로따로.
- **各界**(각계) : 사회의 각 방면.
- **各國**(각국) : 각 나라.
- **各自**(각자) : 제각각.
- **各地**(각지) : 각 지방.

各自圖生(각자도생)

角	뿔 각 角, 총7획	ノ ク ク 勺 角 角 角 구석, 모퉁이, 각도, 총사, 견주다

- **角度**(각도) : 한 점에서 갈려 나간 두 직선의 벌어진 정도. 생각의 방향이나 관점.
- **角木**(각목) : 네모지게 다듬은 나무.
- **四角**(사각) : 네모.
- **一角**(일각) : 한 귀퉁이.
- **直角**(직각) : 서로 만나는 두 직선이 이루는 90도의 각.

感	느낄 감: 心, 총13획	ノ 厂 厂 厂 斤 乕 咸 咸 咸 咸 感 感 感 감동하다, 감응, 느낌

- **感氣**(감기) : 추위에 상하여 일어나는 호흡기 계통의 염증성 질환.
- **感動**(감동) : 느끼어 마음이 움직임.
- **反感**(반감) : 반대하거나 반항하여 품는 나쁜 감정.
- **語感**(어감) : 말맛. 말이 주는 느낌.
- **直感**(직감) : 사물의 진상을 곧바로 느낌.

強	강할 강(ː)	ㄱ ㄱ ㄹ ㄹ ㄹㄱ ㄹㄹ 弨 弨 弨 强 强 强
	弓, 총11획	굳세다, 힘쓰다, 강제로 하다

 약

운

상 弱(약할 약)

종

속자
强

※첫 음절에서 장음과 단음 두 가지로 발음됨.
· 強勸(강ː권) : 억지로 권함. *勸(권할 권, 4)
· 強賣(강ː매) : 강제로(억지로) 팖. *賣(팔 매, 5)
· 強力(강력) : 강한 힘.
· 強者(강자) : 힘에 세거나 세력이 강한 생물.

開	열 개	ㅣ ㄱ ㄱ ㄱ ㄲ 門 門 門 門 門 閂 開 開
	門, 총12획	피다, 펴다, 개척하다, 시작하다

약

운

상 閉(닫을 폐, 4)

종

· 開京(개경) : '개성開城'의 고려 때 이름.
· 開發(개발) : 개척하여 발전시킴. 고안하여 만들어냄.
· 開放(개방) : 터놓거나 열어놓음.
· 開會(개회) : 모임을 시작함.
· 公開(공개) : 어떤 사람에게 널리 터놓음.

京	서울 경	ㆍ ㅗ ㅗ ㆍㅗ ㆍㅗ ㆍㅎ ㆍㅎ 京
	亠, 총8획	

약

운

상 鄕(시골 향, 4Ⅱ)

종

· 上京(상경) : 시골에서 서울로 올라감.
· 西京(서경) : 고려 때 사경의 하나로, 지금의 평양을 가리킴.
· 在京(재경) : 서울에 있음.

界	지경 계:	㇐ ㇇ ㇇ ㇗ 田 界 界 界 界
	田, 총9획	경계, 둘레, 한계, 경계를 삼다

(약)
(유) 境(지경 경, 4Ⅱ)
(상)
(반)

· 美術界(미술계) : 미술에 관계하는 사람들의 사회.
· 世界(세계) : 지구상의 모든 나라. 어떤 분야나 영역.
· 新世界(신세계) : 새로운 세계.
· 自然界(자연계) : 인식의 대상이 되는 모든 외계.
· 學界(학계) : 학문을 하는 사회적 분야.

1
2
3
3Ⅱ
4
4Ⅱ
5
6
7
8
⋮

計	셀 계:	㇐ ㇐ ㇐ ㇐ ㇖ ㇕ 言 言 計 計
	言, 총9획	꾀하다, 셈하다, 꾀

(약)
(유) 算(셈 산)
(상)
(반) 百年大計(백년대계)

· 計算(계산) : 셈. 어떤 예상이나 고려.
· 時計(시계) : 시각을 나타내는 기계.
· 電力計(전력계) : 전력기를 측정하는 기계.
· 合計(합계) : 모두 합친 총계.
· 會計(회계) : 돈이 나가고 들어오는 것에 대한 셈.

古	예 고:	㇐ ㇐ ㇐ 古 古
	口, 총5획	옛날, 선조, 오래 되다, 예스럽다

(유)
(상) 今(이제 금), 近(가까울 근), 新(새 신)
(반)

· 古今(고금) : 옛날과 지금.
· 古代(고대) : 옛 시대.
· 古文(고문) : 옛 글.
· 古人(고인) : 옛 사람.
· 上古(상고) : 아주 오랜 옛날.

苦	쓸 고	一 + + + + + + + 苦 苦
	艸(⺾), 총9획	괴롭다, 애쓰다

- 음
- 유
- 상 甘(달 감, 4), 樂(즐길 락)
- 同苦同樂(동고동락)

- 苦樂(고락) : 괴로움과 즐거움.
- 苦待(고대) : 몹시 기다림.
- 苦生(고생) : 괴롭고 어려운 생활. 괴롭고 수고로운 것.
- 苦心(고심) : 마음과 힘을 다하여 애씀.
- 苦戰(고전) : 죽을힘을 다해 싸우는 힘든 싸움.

高	높을 고	一 亠 亠 卢 古 占 高 高 高 高
	高, 총10획	뛰어나다, 뽐내다, 높은 자리

- 음
- 유 崇(높을 숭, 4)
- 상 低(낮을 저, 4Ⅱ), 下(아래 하)
-

- 高級(고급) : 높은 계급이나 등급. 품질·수준 등이 높은 것.
- 高度(고도) : 높이. 높은 정도.
- 高等(고등) : 높은 등급이나 수준.
- 高山(고산) : 높은 산.
- 高速(고속) : 아주 빠른 속도.

公	공평할 공	一 ハ 公 公
	八, 총4획	공변되다, 귀인, 벼슬

- 음
- 유
- 상 私(사사로울 사, 4)
-

- 公式(공식) : 공적인 방식이나 형식. 계산 규칙을 나타내는 식.
- 公約(공약) : 사회적으로나 공적으로 하는 약속.
- 公用(공용) : 공적으로 씀.
- 公平(공평) : 어느 한쪽에 치우치지 않고 공정함.
- 公休日(공휴일) : 국가적으로나 사회적으로 다 함께 쉬는 날.

共	한가지 공:	一 十 卄 卅 井 共
	八, 총6획	함께, 같이

🔵
🟢 同(한가지 동)
🔴
🟠 共同生活(공동생활)

· 共感(공감) : (남의 생각이나 의견에) 자기도 그러하다고 느낌.
· 共同(공동) : 여럿이 함께하거나 관계를 가지는 것.
· 共生(공생) : 같이 삶.
· 共用(공용) : 함께 씀.
· 共有(공유) : 함께 가짐.

功	공 공	一 丅 工 巧 功
	力, 총5획	공적, 보람

🔵
🟢 勳(공 훈, 2)
🔴 過(지날/허물 과, 5)
🟠

· 功名(공명) : 공을 세워 이름을 떨침.
· 功名心(공명심) : 공을 세워 이름을 떨치려는 마음.
· 成功(성공) : 목적하는 바를 이룸.
· 有功者(유공자) : 공로가 있는 사람.
· 戰功(전공) : 싸움에 이겨서 세운 공로.

果	실과 과:	丨 冂 冃 曱 旦 甲 果 果
	木, 총8획	열매, 결과, 과연, 과단성 있다

🔵
🟢 實(열매 실, 5)
🔴 因(인할 인, 5)
🟠

· 果樹(과수) : 과일나무.
· 果樹園(과수원) : 과일나무를 심어 과일을 생산하는 밭.
· 果然(과연) : 정말로, 실지로.
· 百果(백과) : 온갖 과일.
· 成果(성과) : 이루어진 효과.

科	과목 과 禾, 총9획	´ ‐ ‐ 千 禾 禾 禾 科 科 품등, 조목, 법, 죄, 과거

- 科目(과목) : 공부할 지식 분야를 갈라놓은 것.
- 科學(과학) : 자연·사회 등에 대한 체계적인 지식과 학문.
- 工科(공과) : 대학에서 공업이나 공학을 전공하는 학과.
- 敎科(교과) : 가르치는 과목.
- 學科(학과) : 학문을 전문 분야별로 나누었을 때의 과목.

光	빛 광 儿, 총6획	′ ′ ′′ ′′′ 业 光 세월, 경치, 영화롭다

景(볕 경, 5)

夜光明月(야광명월),
電光石火(전광석화)

- 光明(광명) : 밝고 환한 빛. '밝고 환한 세상' 을 상징하는 말.
- 光線(광선) : 빛살. 뻗쳐 나가는 빛의 가닥.
- 光學(광학) : 빛의 성질과 현상을 연구하는 물리학의 한 분야.
- 發光(발광) : 빛을 냄.
- 夜光(야광) : 밤 또는 어두운 곳에서 빛을 냄, 또는 그 빛.

交	사귈 교 亠, 총6획	′ ′ ′ ′′ 六 交 交 섞이다, 바꾸다, 주고받다

- 交代(교대) : (일을) 번갈아 드는 것. 또는 번갈아 드는 사람.
- 交信(교신) : 통신을 주고받음.
- 交戰(교전) : 서로 맞붙어 싸움.
- 交通(교통) : 사람이 오고 가고 하는 일이나, 짐을 실어 나르는 일.
- 外交官(외교관) : 외국에 머물러 있으면서 외교를 맡은 관리.

| 區 | 구분할 구
匸, 총11획 | 一 丁 丌 굔 굔 굜 굜 굞 굞 品 品 區
구역, 지역, 행정구역, 나누다, 구구하다 |

 区

 分(나눌 분)

- 區別(구별) : 서로 다른 것끼리 갈라놓음.
- 區分(구분) : 구별하여 따로따로 나눔.
- 教區(교구) : 종교를 펴거나 감독하려고 정한 구역.
- 全國區(전국구) : 전국을 하나의 구역으로 하는 선거구.
- 特區(특구) : 특별 구역.

| 球 | 공 구
玉, 총11획 | 一 二 丰 王 王 环 玗 玚 玚 球 球
옥, 둥글다 |

- 球形(구형) : 공처럼 둥근 모양.
- 氣球(기구) : 수소·헬륨 등 공기보다 가벼운 기체를 넣어 공 중에 띄우는 큰 공 모양의 물건.
- 野球場(야구장) : 야구 경기에 따르는 시설을 갖춘 운동장.
- 電球(전구) : 전류를 통해 빛을 내는 기구.
- 地球(지구) : 인류가 살고 있는 천체.

| 郡 | 고을 군:
邑(阝), 총10획 | 一 ㄱ ㅋ 尹 尹 君 君 君 郡 郡
행정구역 |

- 郡内(군내) : 한 군의 지역 안.
- 郡民(군민) : 행정구역의 하나인 군 안에 사는 사람.
- 郡邑(군읍) : 군과 읍.
- 各郡(각군) : 행정구역상의 각각의 군.

根	뿌리 근	一 十 十 才 木 术 村 村 相 根 根
	木, 총10획	근본, 밑둥, 뿌리박다

역

유 本(근본 본)

상

형

· 根本(근본) : 사물의 본바탕. 자라온 바탕이나 환경.
· 根氣(근기) : 근본되는 힘. 참을성 있게 견디는 힘.
· 語根(어근) : 한 낱말의 중심 요소로서 더 가를 수 없는 부분.
· 一年根(일년근) : 한 해가 지나지 않은 뿌리, 한해살이뿌리.
· 草根(초근) : 풀뿌리.

近	가까울 근:	一 厂 厂 斤 斤 沂 沂 近 近
	辵(辶), 총8획	근처, 요사이, 근친

역

유 接(이을 접, 4Ⅱ)

상 古(예 고), 遠(멀 원)

형

· 近年(근년) : 요 몇 해 사이.
· 近代(근대) : 얼마 지나가지 않은 가까운 시대.
· 近來(근래) : 가까운 요즈음.
· 遠近(원근) : 멀고 가까움. 먼 데와 가까운 데.
· 親近(친근) : 사귀어 지내는 사이가 매우 가까움.

今	이제 금	丿 人 人 今
	人, 총4획	오늘, 바로

역

유

상 古(예 고), 昨(어제 작)

형

· 今年(금년) : 올해.
· 今世(금세) : 지금의 세상.
· 今月(금월) : 이 달.
· 今日(금일) : 오늘.
· 今後(금후) : 지금으로부터 뒤.

急	급할 급	⺈ ⺈ ⺈ ⺈ ⺈ ⺈ 急 急 急
	心, 총9획	중요하다, 재촉하다

- 急所(급소) : 몸 가운데 목숨과 관계되는 중요한 곳.
- 急速(급속) : 급하고 빠름.
- 急行(급행) : 급히 감.
- 時急(시급) : 몹시 급함.
- 火急(화급) : 걷잡을 수 없이 타는 불과 같이 썩 급함.

(약)
(유) 速(빠를 속)
(상) 緩(느릴 완, 3)
(훈)

級	등급 급	⺌ ⺌ ⺌ ⺌ 糸 糸 約 級 級 級
	糸, 총10획	위차, 층계, 목

- 級訓(급훈) : 학급의 교육 목표를 나타낸 가르침.
- 高級(고급) : 높은 계급이나 등급. 품질·수준 따위가 높은 것.
- 一等級(일등급) : 으뜸가는 등급.
- 特級(특급) : 특별한 등급.
- 下級(하급) : 아래 등급이나 계급.

(약)
(유)
(상)
(훈)

多	많을 다	⺈ ⺈ 夕 夕 多 多
	夕, 총6획	낫다, 아름답게 여기다

- 多讀(다독) : 많이 읽음.
- 多少(다소) : 많음과 적음. 조금.
- 多數(다수) : 많은 수효.
- 多重(다중) : 여러 겹으로 겹침.
- 多幸(다행) : 일이 좋게 됨.

(약)
(유)
(상) 少(적을 소)
(훈)

短	짧을 단(:)	ノ ト ヒ チ チ 矢 矢 矢 短 短 短 短 短
	矢, 총12획	모자라다, 흉보다, 일찍 죽음, 허물

長(긴 장)

一長一短(일장일단)

※첫 음절에서 장음과 단음 두 가지로 발음됨.
· 短歌(단:가) : 짧은 형식의 시가. 흔히 시조를 일컬었음.
· 短刀(단:도) : 짧고 작은 칼.
· 短命(단:명) : 명이 짧음.
· 短距離(단거리) : 짧은 거리. *距(상거할 거, 3Ⅱ), 離(떠날 리, 4)

堂	집 당	` ⺌ ⺌ ⺌ 尚 尚 尚 堂 堂 堂 堂
	土, 총11획	대청, 당당하다

· 別堂(별당) : 몸채의 곁이나 뒤에 따로 지은 채.
· 書堂(서당) : (지난날) 한문을 사사로이 가르치던 곳.
· 食堂(식당) : 식사 설비를 갖춘 방. 음식을 만들어 파는 가게.
· 神堂(신당) : 신령을 모신 집.
· 天堂(천당) : 하늘 위 신의 궁전.

代	대신 대:	ノ 亻 仁 代 代
	人(亻), 총5획	대신하다, 번갈아, 시대, 대금

子孫萬代(자손만대)

· 代身(대신) : 남을 대리함.
· 代用(대용) : 대신으로 씀.
· 代表(대표) : 단체나 여러 사람을 대신하여 생각이나 일을 드러냄.
· 時代(시대) : 역사적으로 구분한 어떤 기간.
· 現代(현대) : 이 시대.

對	대할 대:	`  ` `` `` `` `` `` `` `` `` `` `` `` 對 對
	寸, 총14획	대답하다, 상대

 약 対

· 對答(대답) : 묻거나 시키는 말에 대하여 제 뜻을 나타냄.
· 對面(대면) : 얼굴을 마주 대함.
· 對外(대외) : 외부 또는 외국에 대한 것.
· 對話(대화) : 마주 대하여 주고받는 이야기.
· 反對(반대) : 두 사물이 맞서 있는 상태. 무엇에 맞서 거스름.

待	기다릴 대:	` ` ` ` ` ` ` ` 待 待
	彳, 총9획	대접하다

· 待人(대인) : 사람을 기다림. 무엇을 기다리는 사람.
· 待合室(대합실) : 정거장이나 병원 같은 곳에서 손님이 기다리도록 마련해놓은 곳.
· 下待(하대) : 낮게 대접함. 상대자에게 낮은말을 씀.

● **틀리기 쉬운 한자**
侍(모실 시, 3Ⅱ)

度	법도 도(:), 헤아릴 탁	` ` 广 广 广 广 度 度
	广, 총9획	자, 정도, 단위, 모양, 재다(탁), 셈하다(탁)

※음이 '도'일 때 첫 음절에서 장음과 단음 두 가지로 발음됨.
· 度外(도외) : 어떤 한도나 범위 밖.
· 高度(고도) : 높이. 높은 정도.
· 今年度(금년도) : 올해의 연도.
· 速度(속도) : 빠르기.
· 溫度(온도) : 덥고 찬 정도. 또는 온도계가 나타내는 도수.

圖	그림 도	丨 冂 冂 冂 冈 冈 冈 罔 罔 圂 圖 圖 圖 圖
	口, 총14획	꾀하다, 그리다

약 図

유 畫(그림 화, 6)

상

반 各自圖生(각자도생)

· 圖書(도서) : 글씨 · 그림 · 책 등을 통틀어 일컫는 말.
· 圖表(도표) : 그림으로 그리어 나타낸 표.
· 圖畫紙(도화지) : 그림을 그릴 때 쓰는 종이.
· 全圖(전도) : 전체를 그린 그림이나 지도.
· 地圖(지도) : 지구 표면의 일부나 전부를 일정한 축척에 따라 평면 위에 나타낸 그림.

讀	읽을 독, 이두 두	丶 亠 亠 亖 亖 言 言 訇 訇 訇 訇 訇 譜 譜
	言, 총22획	讀 讀 讀 讀 讀 讀 讀 讀
		이해하다, 구절, 구두(두)

약 読

유

상

반

· 讀書(독서) : 책을 읽음.
· 讀者(독자) : 출판물을 읽는 이.
· 讀後感(독후감) : 책을 읽은 후의 느낌. 또는 그것을 적은 글.
· 代讀(대독) : 식사式辭나 축사 등을 대신 읽음.
· 一讀(일독) : 한 번 읽음.

● **틀리기 쉬운 한자**
牘(편지 독, 급수 외 글자임)

童	아이 동:	丶 亠 亠 产 产 产 音 音 音 音 童 童
	立, 총12획	

약

유 兒(아이 아, 5)

상

반

· 童心(동심) : 어린이 마음.
· 童子(동자) : 사내아이.
· 童話(동화) : 어린이를 위해 동심을 바탕으로 지은 이야기.
· 神童(신동) : 재주와 슬기가 남달리 썩 뛰어난 아이.
· 學童(학동) : 글방에서 글을 배우는 아이.

| 頭 | 머리 두
頁, 총16획 | `一 厂 ㄇ 丆 亓 亓 豆 豆 豆' 豆'' 頭 頭 頭 頭`
頭 頭
우두머리, 처음, 마리(동물을 세는 단위) |

· 頭角(두각) : 뿔. 뛰어난 학식 · 재능 · 기예.
· 頭目(두목) : 패거리의 우두머리.
· 頭上(두상) : 머리 위.
· 語頭(어두) : 말의 첫머리.
· 出頭(출두) : 어떠한 곳에 몸소 나감.

首(머리 수, 5)

尾(꼬리 미, 3)

| 等 | 무리 등:
竹, 총12획 | `丿 亇 亇 ㄅ ㄅ 竻 竻 竺 笙 笙 等 等`
같다, 등급, 따위 |

同(한가지 동)

· 等數(등수) : 등급을 따라 정한 차례.
· 等外(등외) : 정한 등급에 들지 못한 그 밖.
· 同等(동등) : 같은 등급이나 정도.
· 一等(일등) : 첫째 등급.
· 平等(평등) : 권리 · 의무 · 자격 따위가 모두에게 고르고 똑같음.

| 樂 | 즐길 락(낙),
노래 악, 좋아할 요
木, 총15획 | `丿 冂 冂 白 白 帛 绐 绐 幼 樂 樂 樂 樂 樂 樂`
樂 |

樂

苦(쓸 고), 哀(슬플 애, 3Ⅱ)

同苦同樂(동고동락),
樂山樂水(요산요수)

· 樂園(낙원) : 늘 편안하고 즐겁게 살기 좋은 곳.
· 安樂(안락) : 평안하고 즐거움.
· 行樂(행락) : 잘 놀고 즐겁게 지냄.
· 國樂(국악) : 그 나라의 고유한 음악.
· 音樂室(음악실) : 음악을 연주할 때 쓰이는 방.

例	법식 례(예):	ノ イ イ 炉 炉 伊 例 例
	人(亻), 총8획	조목, 본보기, 전례

 · 例外(예외) : 규칙이나 정례에서 벗어나는 일.
 · 例題(예제) : 보기로 들어주는 연습 문제.
· 事例(사례) : 일의 본보기.
 · 用例(용례) : 쓰고 있는 예. 용법의 보기.
· 一例(일례) : 하나의 보기.

禮	예도 례(예):	一 三 亍 亍 ｆ ｆ ｆ 秆 秆 秆 秆 禮 禮 禮 禮 禮 禮
	示, 총18획	예절, 예물, 예기禮記, 예우하다

 礼 · 禮式場(예식장) : 예식을 베푸는 곳.
 · 禮節(예절) : 예의에 관한 범절.
 · 答禮(답례) : 남의 인사에 답하여 인사를 함.
 · 失禮(실례) : 예절에 벗어남.
先禮後學(선례후학) · 主禮(주례) : 예식을 주장하여 진행하는 일. 또는 그 사람.

路	길 로(노):	丨 冂 冂 ｐ ｐ ｐ 趷 趵 趵 跦 路 路 路
	足, 총13획	사물의 조리, 중요한 자리

 · 農路(농로) : 농삿길.
途(길 도, 3Ⅱ), 道(길 도) · 道路(도로) : 사람이나 차들이 다니는 비교적 큰 길.
 · 車路(차로) : 찻길.
 · 通路(통로) : 통해서 다닐 수 있게 트인 길.
 · 活路(활로) : 살아나갈 길. 어려움을 이겨나가는 길.

綠	푸를 록(녹) 糸, 총14획	´ ㄠ ㄠ ㅡ ㅡ 糸 糸 紀 紀 絆 絆 絆 絆 綠

- 綠色(녹색) : 파랑과 노랑의 중간색, 곧 풀빛.
- 綠地(녹지) : 초목이 푸르게 자란 땅.
- 新綠(신록) : 늦봄이나 초여름 초목에 돋은 새 잎의 푸른 빛.
- 靑綠(청록) : 녹색과 파랑의 중간색.
- 草綠(초록) : 푸른 빛깔과 누른 빛깔의 중간색.

利	이로울 리(이): 刀(刂), 총7획	´ ㄧ 千 禾 禾 利 利 편리하다, 날카롭다, 이기다, 이자, 이익

- 利己心(이기심) : 자기의 이익만을 꾀하는 마음.
- 利用(이용) : 이롭게 쓸모 있게 씀.

상 害(해할 해)

- 利子(이자) : 빚돈에 대하여 일정한 비율로 무는 돈.
- 勝利(승리) : 겨루어 이김.
- 便利(편리) : 편하고 쉬움.

李	오얏/ 성姓 리(이): 木, 총7획	´ 十 才 木 本 李 李

- 李朝(이조) : '이씨조선李氏朝鮮'의 줄임말.
- 行李(행리) : 행장行裝. 길 가는 데 쓰는 물건이나 차림.

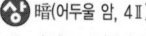
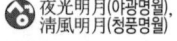

理	다스릴 리(이):	⁻ ² ₸ ₹ ₹ ₹¹ ₹¹ ₹¹ 理 理
	玉, 총11획	수선하다, 깨닫다, 사리, 이치

- 道理(도리) : 마땅히 행해야 할 바른 길. 어떤 방법이나 길.
- 事理(사리) : 사물의 이치. 일의 도리.
- 一理(일리) : 같은 이치. 한 가지의 이치.
- 地理(지리) : 땅의 형편과 이치.
- 合理(합리) : 이치에 맞음.

明	밝을 명	ㅣ ㄲ ㅐ ㅐ 明 明 明 明
	日, 총8획	똑똑하다, 밝히다, 날새다, 시력, 나라 이름

暗(어두울 암, 4Ⅱ)
夜光明月(야광명월),
淸風明月(청풍명월)

- 明月(명월) : 밝은 달.
- 明日(명일) : 내일.
- 分明(분명) : 틀림없이 확실하게.
- 失明(실명) : 눈이 어두워짐. 시력을 잃음.
- 自明(자명) : 저절로 드러나 분명함.

目	눈 목	ㅣ ㄲ ㅐ ㅐ 目
	目, 총5획	보다, 조목, 이름, 요점, 제목

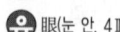
眼(눈 안, 4Ⅱ)

- 目前(목전) : 눈앞. 지금.
- 敎科目(교과목) : 가르치는 과목.
- 面目(면목) : 낯이나 얼굴. 체면.
- 人目(인목) : 사람의 눈. 사람이 보는 눈.
- 題目(제목) : 작품이나 글 등의 내용을 대표하는 이름.

88

聞	들을 문(:)	丨 丨 丨 厂 厂 門 門 門 門 門 門 閏 閏 聞
	耳, 총14획	들리다, 알려지다, 소문

약

유 聽(들을 청, 4)

상

반

※첫 음절에서 장음과 단음 두 가지로 발음됨.
· 聞見(문:견) : 듣고 보는 것으로 깨달아 얻은 지식.
· 聞慶(문경) : 경상북도의 한 도시 이름. * 慶(경사 경, 4Ⅱ)
· 後聞(후문) : 어떤 일이 끝난 뒤에 들리는 소문.
· 所聞(소문) : 사람들 사이에서 전하여 들리는 말.

米	쌀 미	丶 丷 丷 半 米 米 *필순주의
	米, 총6획	미터

약

유

상

반

· 大同米(대동미) : 대동법에 의하여 거두던 쌀.
· 大米(대미) : 쌀.
· 白米(백미) : 흰쌀.

美	아름다울 미(:)	丶 丷 丷 丷 半 美 美 美 美 *필순주의
	羊, 총9획	맛나다, 좋다, 미국

약

유

상 醜(추할 추, 3)

반 八方美人(팔방미인)

※첫 음절에서 장음과 단음 두 가지로 발음됨.
· 美人(미:인) : 아름다운 여자.
· 美食(미:식) : 좋은 음식을 먹음. 또는 좋은 음식.
· 美國(미국) : 북아메리카 한가운데 있는 나라.
· 美式(미식) : 미국의 방식.
· 美人(미인) : 미국 사람.

朴	성姓 **박**	一 十 才 木 村 朴
	木, 총6획	순박하다

· 古朴(고박) : 예스럽고 질박함.

素(본디 소, 4Ⅱ)

성

상

●

半	반 **반**:	′ ′ ⺍ ⺀ 半 *필순주의
	十, 총5획	절반, 가운데, 한창, 반쪽을 내다

성

상

●

· 半年(반년) : 한 해의 반인 여섯 달.
· 半身(반신) : 온몸의 절반.
· 半月(반월) : 반달.
· 前半(전반) : 반씩 둘로 나눈 것의 앞부분.
· 後半(후반) : 반씩 둘로 나눈 것의 뒷부분.

反	돌이킬 **반**:	一 厂 万 反
	又, 총4획	되풀이하다, 배반하다, 반대하다

성 正(바를 정), 贊(도울/찬성할 찬, 3Ⅱ)

· 反動(반동) : 반대로 움직임. 또는 그 동작.
· 反面(반면) : 어떠한 사실과 반대되거나 다른 방면.
· 反日(반일) : 일본에 반대하기.
· 反戰(반전) : 전쟁을 반대함.

1
2
3
3Ⅱ
4
4Ⅱ
5
6
7
8
‥‥‥

班	나눌 반 玉, 총10획	一 二 三 王 王 刬 班 班 班 班 차례, 지위, 양반

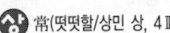
 常(떳떳할/상민 상, 4Ⅱ)

· 班家(반가) : 양반의 집안.
· 班長(반장) : '반' 이라는 집단의 통솔자 또는 책임자.
· 分班(분반) : 나뉜 각각의 반. 몇 반으로 나눔.
· 作業班(작업반) : 어떤 일을 하려고 짠 반.
· 合班(합반) : 반을 합침. 또는, 그 합친 반.

發	필 발 癶, 총12획	⼌ ⼌ ⼌' ⼌' ⼌' ⼌' 癶 癶 癶 發 쏘다, 일어나다, 떠나다, 드러내다, 들추다

 発

着(붙을 착, 5)
百發百中(백발백중)

· 發言(발언) : 의견을 나타내는 말. 의견으로 말을 함.
· 發電(발전) : 전기를 일으킴.
· 發表(발표) : 어떤 사실이나 내용을 널리 드러내어 알림.
· 發行(발행) : 출판물을 펴냄.
· 出發(출발) : 떠남. 어떤 일의 시작.

放	놓을 방(:) 攴(攵), 총8획	⼀ ⼂ ⽅ 方 方' 扩 扩 放 내쫓다, 방자하다, 내버려두다

釋(풀 석, 3Ⅱ), 解(풀 해, 4Ⅱ)

※ 첫 음절에서 장음과 단음 두 가지로 발음됨.
· 放心(방:심) : 마음을 놓아버림.
· 放出(방:출) : 널리 내놓음.
· 放火(방:화) : 불을 지름.
· 放學(방학) : 학기 · 학년이 끝난 뒤 한동안 수업을 쉬는 일.

番	차례 번 田, 총12획	一 ノ 口 四 平 来 来 番 番 番 番 번, 회수, 번갈다

약
유
상
상

· 番地(번지) : 땅을 조각조각 갈라서 매긴 번호.
· 番號(번호) : 차례를 나타내는 호수.
· 軍番(군번) : 군인 각 개인에게 부여된 일련번호.
· 每番(매번) : 번번이.
· 百番(백번) : 백 회.

別	다를/나눌 별 刀(刂), 총7획	丨 口 口 另 另 別 別 헤어지다, 분별하다, 갈래

약
유 分(나눌 분), 選(가릴 선, 5),
擇(가릴 택, 4), 特(특별할 특)
상
상

· 別數(별수) : 특별히 좋은 운수. 별나거나 별다른 방법.
· 月別(월별) : 달에 따라 나눈 구별.
· 作別(작별) : 서로 헤어짐.
· 特別(특별) : 예사롭지 않고 썩 다름.
· 特別市(특별시) : 지방자치단체의 한 가지.

病	병 병: 疒, 총10획	丶 亠 广 广 疒 疒 疒 病 病 病 병들다, 피로하다, 괴로워하다, 근심

약
유
상
상 生老病死(생로병사)

· 病名(병명) : 병의 이름.
· 病弱(병약) : 병에 시달려서 몸이 약함.
· 病者(병자) : 병을 앓는 사람.
· 萬病(만병) : 온갖 병.
· 發病(발병) : 병이 남.

服	옷 복	) 丿 月 月 月 肝 肥 服 服
	月, 총8획	입다, 일하다, 복종하다, 약 먹다

음

유 屈(굽힐 굴, 4), 衣(옷 의)

상

형

· 服用(복용) : 약을 먹음.
· 洋服(양복) : 서양식으로 만든 옷.
· 衣服(의복) : 옷.
· 作業服(작업복) : 일할 때 입는 옷.
· 夏服(하복) : 여름옷.

本	근본 본	一 十 才 木 本
	木, 총5획	주가 되는 것, 자기 자신, 책, 바탕

음

유 根(뿌리 근)

상 末(끝 말, 5)

형

· 本部(본부) : 어떤 조직의 중심이 되는 기관.
· 本社(본사) : 그 회사의 중심이 되는 사업체.
· 本心(본심) : 본디의 마음.
· 本業(본업) : 생활의 근본이 되는 주된 사업이나 직업.
· 本人(본인) : 자기. 바로 그 사람.

部	떼 부	' ㅗ ㅛ ㅑ ㅛ ㅠ 咅 咅 咅 部 部
	邑(阝), 총11획	나누다, 분류, 거느리다

음

유 隊(무리 대, 4Ⅱ)

상 單(홑 단, 4Ⅱ)

형

· 部分(부분) : 전체를 몇으로 나눈 것의 하나하나.
· 部長(부장) : 한 부를 거느려 다스리는 직위.
· 部下(부하) : 남의 밑에서 명령에 따라 움직이는 사람.
· 內部(내부) : 안에 해당하는 부분.
· 外部(외부) : 밖에 해당하는 부분.

分	나눌 분(:)	ノ 八 分 分
	刀, 총4획	구별, 시간 · 길이 · 무게 등의 단위, 신분, 직분

유 區(구분할 구), 別(나눌 별)

상 合(합할 합)

※첫 음절에서 장음과 단음 두 가지로 발음됨.

· 分數(분:수) : 사물을 분별하는 슬기.
· 分數(분수) : 어떤 수를 다른 수로 나누는 것을 분자와 분모로 나타낸 것.
· 分家(분가) : 같이 살던 사람이 따로 살림을 차리는 일.
· 分校(분교) : 본교로부터 따로 나누어 시설한 학교.

使	하여금/부릴 사:	ノ 亻 仁 仨 乍 乍 使 使
	人(亻), 총8획	시키다, 사신 가다, 가령, 심부름꾼, 사신

상 勞(일할 로, 5획)

· 使命(사명) : 사신이나 사절이 받든 명령. 맡겨진 임무.
· 使臣(사신) : 임금의 심부름으로 남의 나라에 가는 신하.
· 使用(사용) : 물건을 씀. 사람 따위를 부림.
· 大使(대사) : 다른 나라에서 외교를 하는 최고 직급.
· 特使(특사) : 특별한 임무를 띠고 파견하는 사절.

死	죽을 사:	一 ア 万 歹 歹 死
	歹, 총6획	생기 없다, 목숨 걸다

상 命(목숨 명), 産(낳을 산, 5), 生(날 생), 活(살 활)
九死一生(구사일생), 生老病死(생로병사)

· 死力(사력) : 죽기를 무릅쓰고 쓰는 힘.
· 死地(사지) : 죽을 곳. 살아날 길이 없는 매우 위험한 곳.
· 死活(사활) : 죽기와 살기. 죽는 것과 사는 것.
· 死後(사후) : 죽은 뒤.
· 生死(생사) : 삶과 죽음.

社	모일 사 示, 총8획	ᅳ ᅳ 亍 亓 亓 亓 社 社 단체, 회사, 토지 신

· 社交(사교) : 사회적으로 사귐.
· 社內(사내) : 회사의 안.
· 社長(사장) : 회사의 우두머리.
· 社主(사주) : 회사나 결사의 주인.
· 社會(사회) : 공동생활을 하는 사람의 집단이나 세계.

書	글 서 日, 총10획	ᅳ ᅳ ᅳ ᆯ ᆯ 聿 書 書 書 書 글씨, 글자, 편지, 장부, 쓰다

籍(문서 적, 4), 冊(책 책, 4)

白面書生(백면서생)

· 書名(서명) : 책의 이름.
· 計算書(계산서) : 계산을 밝힌 서류.
· 古書(고서) : 옛 책. 헌 책.
· 文書(문서) : 글자나 숫자 따위로 일정한 뜻을 나타낸 것.
· 自習書(자습서) : 남의 도움 없이 스스로 공부할 수 있게 만
든 책.

石	돌 석 石, 총5획	ᅳ 丆 ァ 石 石 섬(10말, 용량 단위)

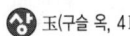
玉(구슬 옥, 4Ⅱ)

木人石心(목인석심),
電光石火(전광석화)

· 石工(석공) : 돌을 다루어 물건을 만드는 사람.
· 石山(석산) : 돌로 이루어진 산. 돌산.
· 石油(석유) : 천연으로 지하에서 나는 탄화수소류의 혼합물.
· 金石文(금석문) : 비석이나 종 따위에 새기는 글.
· 木石(목석) : 나무와 돌. '감정이 없는 사람'을 비유.

席	자리 석 巾, 총10획	`丶 亠 广 庐 庐 庐 庐 席 席` 깔다, 벌이다

座(자리 좌, 4)

· 空席(공석) : 빈자리.
· 病席(병석) : 앓는 사람이 누워 있는 자리.
· 立席(입석) : 서서 타거나 구경하는 자리.
· 出席(출석) : 어떤 자리에 나아가 참석함.
· 合席(합석) : 자리를 함께하여 앉음.

線	줄 선
	糸, 총15획
		`丶 纟 纟 纟 纟 糸 糸 糸 紣 紣 紣 紣 綿 綿`
		`線`
		선, 실

· 無線(무선) : 전선이 없음.
· 有線(유선) : 전선이 있음.
· 戰線(전선) : 직접 전투나 작전이 전개되는 지역.
· 電線(전선) : 전깃줄.
· 直線(직선) : 곧은 선.

96

雪	눈 설 雨, 총11획	`一 广 广 伊 丽 丽 丽 雫 雫 雪 雪` 씻다, 희다

· 雪山(설산) : 눈이 쌓인 산.
· 雪色(설색) : 눈의 빛. 눈같이 흰 빛.
· 白雪(백설) : 흰 눈.
· 雨雪(우설) : 눈과 비.
· 春雪(춘설) : 봄 눈.

成	이룰 성	ノ 厂 厂 厇 成 成 成
	戈, 총7획	다스리다, 끝나다, 완성하다

🔵 (약)

🟡 (유) 就(나아갈 취, 4)

🔴 (상)

⚫ (반) 門前成市(문전성시),
自手成家(자수성가)

· 成語(성어) : 이전부터 세상에서 흔히 인용되어온 말.
· 成人(성인) : 어른.
· 成長(성장) : 자라서 점점 커짐.
· 大成(대성) : 크게 이루어지거나 크게 이룸.
· 作成(작성) : 원고 · 서류 · 계획 따위를 만들어 이룸.

省	살필 성, 덜 생	ノ ノ ゲ 少 少 劣 省 省 省
	目, 총9획	깨닫다, 관청, 마을, 허물(생)

🔵 (약)

🟡 (유) 察(살필 찰, 4II)

🔴 (상)

⚫ (반) 人事不省(인사불성)

· 反省(반성) : 자기에게 잘못이나 모자람이 없는지 돌이켜서 살펴봄.
· 自省(자성) : 스스로 반성함.

消	사라질 소	` 氵 氵 氵' 氵' 氵' 消 消 消 消
	水(氵), 총10획	삭이다, 물러서다, 거닐다

🔵 (약)

🟡 (유)

🔴 (상)

⚫ (반)

· 消日(소일) : 세월을 보냄.
· 消火(소화) : 불을 끔.
· 消化(소화) : 먹은 음식을 삭임. * 化(될 화, 5)
· 一消(일소) : 모조리 지워버림. 모조리 없어짐.

速	빠를 속	一 ナ ナ 百 東 東 東 東 涑 涑 速
	辵(辶_), 총11획	

· 速記(속기) : 썩 빨리 적음.
· 速讀(속독) : 글을 빨리 읽는 것.
· 速力(속력) : 빠르기의 힘.
· 速成(속성) : 빨리 이루어지거나 이룸.
· 音速(음속) : 소리의 속도.

孫	손자 손(:)	` 了 了 孑 孖 孖 孫 孫 孫 孫
	子, 총10획	자손, 겸손하다

祖(할아비 조)
子孫萬代(자손만대)

※첫 음절에서 장음과 단음 두 가지로 발음됨.
· 孫世(손:세) : 자손의 늘어가는 정도. 손자의 대.
· 孫女(손녀) : 아들의 딸.
· 孫子(손자) : 아들의 아들.
· 子孫(자손) : 아들과 손자. 후손.

樹	나무 수	一 十 十 木 杧 杧 杧 档 桂 桂 桂 桂 楂 樹 樹
	木, 총16획	심다, 세우다

林(수풀 림), 木(나무 목)

· 樹林(수림) : 나무숲.
· 樹立(수립) : 정부 · 제도 · 계획 따위를 세움.
· 樹木(수목) : 살아 있는 나무.
· 植樹(식수) : 나무 심기.

98

術	재주 술	´ ´ ´ ´ 彳 彳 彳 彳 徛 徛 袻 術 術
	行, 총11획	꾀, 업, 길, 술수, 짓다

技(재주 기, 5), 藝(재주 예, 4Ⅱ)

· 道術(도술) : 도사나 도가의 방술.
· 心術(심술) : 남이 잘못되는 것을 좋아하는 마음보.
· 戰術(전술) : 전투나 작전을 지휘, 수행하는 기술과 방법.
· 學術(학술) : 학문의 기술. 학문의 방법이나 이론.
· 話術(화술) : 말재주.

習	익힐 습	フ フ ヲ ヲ ヲ ヲヲ ヲ ヲ ヲ 習 習 習
	羽, 총11획	버릇, 익숙하다, 겹지다

· 習字(습자) : 글씨 쓰기를 익힘.
· 習作(습작) : 연습으로 작품을 만듦, 또는 그 작품.
· 敎習(교습) : 가르쳐서 익히게 함.
· 自習(자습) : 스스로 익힘.
· 學習(학습) : 배워서 익힘.

勝	이길 승	) 丿 刀 刀 刖 刖 ゙ 胖 胖 脐 腃 勝 勝
	力, 총12획	훌륭하다, 경치가 좋다

負(질 부, 4), 敗(패할 패, 5)

· 勝算(승산) : 이길 가망.
· 勝者(승자) : 승리한 사람.
· 勝戰(승전) : 싸움에서 이김.
· 大勝(대승) : 크게 이김.
· 全勝(전승) : 한 번도 지지 않고 전부 이김.

始	비로소 시: 女, 총8획	ㄴ ㄴ ㄴ ㄴ ㄴ 女 女 妁 妁 始 始 始 처음

· 始球(시구) : 야구 경기에서 내빈이 맨 처음 공을 던지는 일.
· 始動(시동) : 처음으로 움직이기 시작함.
· 始作(시작) : 처음으로 하거나, 쉬었다가 다시 함.
· 始祖(시조) : 한 겨레의 맨 처음 되는 조상.
· 開始(개시) : 처음으로 시작함.

初(처음 초, 5)
末(끝 말, 5), 終(마칠 종, 5)

式	법 식 弋, 총6획	一 二 于 于 式 式 제도, 의식, 절도, 본뜨다

· 式前(식전) : 식을 거행하기 전.
· 開業式(개업식) : 개업하면서 베푸는 의식.
· 方式(방식) : 일정한 방법이나 형식.
· 入學式(입학식) : 입학할 때 신입생을 모아놓고 행하는 의식.
· 形式(형식) : 겉으로 드러나는 격식.

法(법 법, 5), 典(법 전, 5)

信	믿을 신: 人(亻), 총9획	ノ 亻 亻 亻 亻 信 信 信 信 맡기다, 신표, 편지

· 信心(신심) : 옳다고 믿는 마음.
· 信用(신용) : 약속이 확실하다고 믿고 의심하지 않음.
· 信者(신자) : 종교를 믿는 사람.
· 自信(자신) : 어떤 일을 감당할 수 있다고 스스로 믿음.
· 通信(통신) : 우편·전신·전화 등으로 뜻을 전하는 일.

新	새 신 斤, 총13획	＇＂＋＋亡亡辛辛亲亲亲新新新

약
유
상 古(예 고), 舊(예 구, 5)
형

- 新文明(신문명) : 새 시대의 새로운 문명.
- 新世代(신세대) : 새로운 세대.
- 新式(신식) : 새로운 형식.
- 新人(신인) : 어떤 분야에 새로 나서서 활동을 시작한 사람.
- 新入(신입) : 새로 들어옴.

神	귀신 신 示, 총10획	＇二亍亓亓示和和神神 정신, 신령, 영묘하다

약
유
상 心(마음 심)
형

- 神父(신부) : 가톨릭의 사제.
- 神通(신통) : 모든 것을 신기롭게 통달하는 것.
- 神學(신학) : 기독교에 대하여 연구하는 학문.
- 神話(신화) : 신을 중심으로 한 이야기.
- 失神(실신) : 정신을 잃음.

身	몸 신 身, 총7획	＇亻亣亣身身身 몸소, 줄기

약
유 體(몸 체), 肉(고기 육, 4Ⅱ)
상 心(마음 심)
형

- 身長(신장) : 키.
- 身體(신체) : 몸.
- 心身(심신) : 마음과 몸.
- 自身(자신) : 제 몸.
- 全身(전신) : 온몸.

失	잃을 실	ノ ト 七 生 失
	大, 총5획	그르치다

😊 過(지날/허물 과, 5), 損(덜 손, 4)

😊 得(얻을 득, 4Ⅱ)

😊

● 틀리기 쉬운 한자
　矢(화살 시, 3)

· 失手(실수) : 부주의하여 잘못함. 또는 그러한 행위.
· 失言(실언) : 말실수.
· 失業(실업) : 일자리를 잃거나 가지지 못함.
· 失足(실족) : 발을 잘못 디딤.
· 失火(실화) : 주의를 잘하지 못하여 불을 냄.

愛	사랑 애(:)	ᅳ ᅳ ᅳ ᅲ ᅲ ᅲ ᅲ 爭 爭 爭 爭 愛 愛
	心, 총13획	즐기다, 아끼다, 그리워하다

😊 戀(그리워할 련, 3Ⅱ)

😊 惡(악할 악/미워할 오, 5), 憎(미울 증, 3Ⅱ)

😊

※ 첫 음절에서 장음과 단음 두 가지로 발음됨.
· 愛誦(애:송) : 어떤 글을 좋아하여 욈. * 誦(욀 송, 3)
· 愛煙(애:연) : 담배 피우기를 좋아함. * 煙(연기 연, 4Ⅱ)
· 愛國(애국) : 자기 나라를 사랑함.
· 愛人(애인) : 사랑하는 사람.

夜	밤 야:	` ᅩ ᅩ ᅡ ᅡ 疒 夜 夜
	夕, 총8획	

😊

😊 晝(낮 주)

😊 夜光明月(야광명월)

· 夜間(야간) : 밤사이.
· 夜讀(야독) : 밤에 글을 읽음.
· 夜市場(야시장) : 밤에 벌이는 시장.
· 夜食(야식) : 밤에 음식을 먹음, 또는 그 음식.
· 夜學(야학) : 밤에 글을 배움.

野	들 야: 里, 총11획	ㅣ ㅁ ㅃ ㅃ ㅃ ㅃ 뽀 뽀 野 野 野 민간, 질박하다, 길들지 않다, (야당)

· 野生(야생) : 동식물이 산이나 들에서 저절로 나서 자람.
· 野外(야외) : 마을에서 좀 멀리 떨어져 있는 들.
· 山野(산야) : 산과 들.
· 林野(임야) : 숲과 들판.
· 平野(평야) : 넓게 펼쳐진 들.

山(메 산), 與(더불/(여당) 여, 4),
朝(아침/초정 조, 6)

弱	약할 약 弓, 총10획	ㄱ ㄱ 弓 弓 弜 弜 弜 弱 弱 弱 젊다

· 弱小(약소) : 약하고 작음.
· 弱者(약자) : 힘이나 기능이 약한 사람이나 생물 또는 집단.
· 弱體(약체) : 허약한 몸. 허약한 조직체.
· 強弱(강약) : 강함과 약함.
· 老弱(노약) : 늙은이와 젊은이, 늙은이와 어린이.

強(강할 강)

藥	약 약 艸(++), 총19획	' ' ' + + ++ ++ +~ ++ ++ ++ ++ ++ ++ ++ ++ ++ +~ +~ +~ 藥 藥 藥 藥

藥

· 藥物(약물) : 약이 되는 물질.
· 藥草(약초) : 약풀.
· 農藥(농약) : 농업에서 소독이나 병충해의 구제에 쓰는 약품.
· 生藥(생약) : 식물의 뿌리 · 껍질 · 열매 따위로 된 약재.
· 洋藥(양약) : 서양 의술로 만든 약.

洋

큰바다 양

水(氵), 총9획

丶丶氵氵氵氵洋洋洋

서양

 海(바다 해)

- 洋食(양식) : 서양식 음식.
- 大洋(대양) : 큰 바다.
- 東洋(동양) : 동쪽 아시아 일대.
- 西洋(서양) : 유럽과 남북아메리카의 여러 나라.
- 海洋(해양) : 바다.

陽

볕 양

阜(阝), 총12획

フ ヲ ㅏ ㅏ ㄸ ㄸ ㄸ ㄸ 陽 陽 陽

해, 양기, 낮, 따뜻하다, 드러내다

陰(그늘 음, 4Ⅱ)

- 陽數(양수) : 0보다 큰 실수.
- 陽地(양지) : 볕이 바로 드는 곳.
- 陽春(양춘) : 따뜻한 봄.
- 夕陽(석양) : 저녁볕.
- 太陽(태양) : 해.

言

말씀 언

言, 7획

ー ニ ニ ニ 言 言 言

談(말씀 담, 5), 辭(말씀 사, 4), 語(말씀 어)

行(다닐/행할 행)

一口二言(일구이언)

- 言動(언동) : 말과 행동.
- 言文(언문) : 말과 글.
- 言語(언어) : 생각이나 느낌을 전달하는 수단과 체계. 말.
- 言行(언행) : 말과 행동.
- 金言(금언) : 생활의 본보기가 될 짧은 어구.

業	업 업 木, 총13획	`丿 丿 丬 丬 屵 屵 屵 丵 丵 丵 峚 業 業` *필순 주의 일, 공적, 선악의 소행, 업으로 삼다

事(일 사)

· 農業(농업) : 농산물을 심어 가꾸고 거두어들이는 생산 분야.
· 分業(분업) : 일을 나누어서 함.
· 事業(사업) : 일정한 목적과 계획을 가지고 짜임새 있게 경영하는 일.
· 作業(작업) : 어떤 일터에서 일을 함, 또는 그 일.
· 學業(학업) : 공부하여 학문을 닦는 일.

永	길 영: 水, 총5획	`丶 刁 ⺖ 氺 永` 오래다

遠(멀 원)

· 永年(영년) : 오랜 세월.
· 永生(영생) : 영원한 생명.
· 永遠(영원) : 언제까지고 계속하여 끝이 없음.
· 永住(영주) : (어떤 곳에서) 오랫동안 삶.

英	꽃부리 영 艸(⺿), 총9획	`丨 ⺿ ⺿ ⺿ 艹 ⺿ 英 英 英` 재주 뛰어나다, 명예, 영국의 약칭

特(특별할 특)

· 英國(영국) : 유럽의 서부 대서양에 있는 나라 이름.
· 英美(영미) : 영국과 미국.
· 英語(영어) : 영국 · 미국 등의 공용어.
· 英才(영재) : 영민한 재주. 또는 그런 재주를 가진 사람.
· 英特(영특) : 영걸스럽고 특이함.

溫 따뜻할 온 水(氵), 총13획	`丶丶氵氵氵氵氵沪沪沪沪沪溫溫溫`

- 暖(따뜻할 난, 4Ⅱ)
- 寒(찰 한, 5), 冷(찰 랭, 5)

· 溫氣(온기) : 따뜻한 기운.
· 溫水(온수) : 더운물.
· 溫室(온실) : 추위에 약한 동식물을 기르기 위해 온도와 습도를 유지할 수 있게 한 방.
· 水溫(수온) : 물의 온도.
· 體溫(체온) : 동물체가 갖고 있는 온도.

勇 날랠 용: 力, 총9획	`フ マ ア 丙 角 甬 甬 勇 勇` 용감하다, 과감하다

· 勇氣(용기) : 굳세고 씩씩한 기운.
· 勇力(용력) : 씩씩한 힘.
· 勇者(용자) : 용감한 사람.
· 大勇(대용) : 큰 용기.

用 쓸 용: 用, 총5획	`丿 冂 月 月 用` 씀씀이, 작용, 효용, 써(以)

· 用水(용수) : 물을 씀. 또는 쓰이는 물.
· 用語(용어) : 어떤 분야에서 주로 많이 사용하는 말.
· 用地(용지) : 어떤 일에 쓰기 위한 토지.
· 登用(등용) : 인재를 골라 뽑아서 씀.
· 有用(유용) : 쓸모가 있음.

運	옮길 운:	´ ㄦ ㅌ ㅌ 冃 冃 듿 ㅌ 亘 軍 軍 渾 渾 運
	辵(辶), 총13획	움직이다, 나르다, 운수

- 運動(운동) : 체육 · 위생을 위하여 몸을 움직이는 일.
- 運命(운명) : 앞으로의 생사존망이나 길흉화복의 형편.
- 運身(운신) : 몸을 움직임.
- 氣運(기운) : 어떤 사태가 벌어지려는 분위기.
- 不運(불운) : 좋지 않은 운수.

動(움직일 동)

園	동산 원	丨 冂 冂 冂 冃 閈 閈 閇 閇 閛 閟 閟 園
	口, 총13획	뜰, 구역, 능

- 公園(공원) : 공중의 휴식을 위한 큰 정원이나 지역.
- 動物園(동물원) : 동물을 기르면서 구경시키는 곳.
- 植物園(식물원) : 식물을 가꾸면서 구경시키거나 연구하는 곳.
- 庭園(정원) : 집 안에 있는 뜰이나 꽃밭.
- 花園(화원) : 꽃동산. 꽃가게.

遠	멀 원:	一 十 土 吉 吉 吉 吉 吉 吉 東 東 東 遠 遠
	辵(辶), 총14획	심오하다, 멀리하다

- 遠代(원대) : 먼 시대. 또는 먼 조상의 대수.
- 遠大(원대) : 계획 · 희망 따위가 장래성이 많고 규모가 큼.
- 遠路(원로) : 먼 길.
- 遠洋(원양) : 뭍에서 멀리 떨어진 바다.
- 遠行(원행) : 먼 곳으로 감. 먼길을 감.

永(길 영), 遼(멀 료, 1)

近(가까울 근)

不遠千里(불원천리)

| 油 | 기름 유
水(氵), 총8획 | ` ` 氵 沪 沪 沪 油 油 油 |

 · 油畫(유화) : 기름에 갠 채색으로 그리는 서양식 그림.
 · 油紙(유지) : 기름을 먹인 종이. 기름종이.
 · 注油(주유) : 자동차 등에 기름을 넣음.
· 食用油(식용유) : 음식을 만드는 데 쓰는, 식용의 기름.

| 由 | 말미암을 유
田, 총5획 | l 冂 由 由 由
까닭, 부터 |

 · 由來(유래) : 일이나 물건의 근본 내력.
 · 理由(이유) : 까닭. 사유.
 · 不自由(부자유) : 구속을 받아서 마음과 몸이 자유롭지 못함.
 · 事由(사유) : 일의 까닭. 연고.
· 自由(자유) : 남의 구속을 받지 않고, 자기 뜻대로 함.

| 銀 | 은 은
金, 총14획 | ノ ヘ ヘ ヘ 牟 牟 牟 釒 釒 釒 釘 銀 銀
은빛, 돈 |

 · 銀色(은색) : 은빛.
· 銀行(은행) : 대표적 금융기관의 하나.
· 銀行家(은행가) : 은행을 경영하는 사람.
· 金銀(금은) : 금과 은.
· 水銀(수은) : 금속 원소의 한 가지.

音	소리 음 音, 총9획	ᅡ ᅩ ᅳ ᅭ ᅭ 产 音 音 音 음, 소식

聲(소리 성, 4Ⅱ)

義(뜻 의, 4Ⅱ), 訓(가르칠 훈)

· 音讀(음독) : 소리 내어 읽음.
· 音色(음색) : 소리마다의 독특한 성질(느낌).
· 音樂人(음악인) : 음악에 종사하는 사람.
· 音訓(음훈) : 뜻글자의 음과 뜻.
· 子音(자음) : 말소리 가운데 목 안 또는 입 안에서 장애를 받고 나는 소리.

飮	마실 음: 食, 총13획	ノ ㅅ ㅅ ㅅ ㅅ ㅅ ㅅ 食 食 食 食 飮 飮 飮

· 飮食(음식) : 먹는 것과 마시는 것.
· 飮用水(음용수) : 먹을 수 있는 물.

意	뜻 의: 心, 총13획	ᅡ ᅩ ᅳ ᅭ ᅭ 产 产 音 音 音 意 意 意 의미, 생각, 헤아리다

思(생각 사, 5), 志(뜻 지, 4Ⅱ),
趣(뜻 취, 4)

· 意向(의향) : 무엇을 어떻게 할 것인가에 대한 생각.
· 同意(동의) : 같은 의견이나 의사. 의견이나 의사를 같이함.
· 自意(자의) : 제 뜻. 또는 스스로의 생각.
· 注意(주의) : 마음이나 관심을 집중함.
· 合意(합의) : 서로 뜻이 맞음.

1
2
3
3Ⅱ
4
4Ⅱ
5
6
7
8

109

| 衣 | 옷 의
衣, 총6획 | `丶 亠 ナ 亣 衣 衣`
웃옷, 옷 입다 |

服(옷 복)

· 衣食住(의식주) : 인간생활의 3대 요소인 옷과 음식과 집.
· 內衣(내의) : 속옷.
· 白衣(백의) : 흰옷.
· 上衣(상의) : 윗옷.
· 下衣(하의) : 몸의 아랫도리에 입는 옷.

| 醫 | 의원 의
酉, 총18획 | `一 厂 ㅏ 巠 酉 矛 医 医 医 医 医 殹 殹`
殹 殹 殹 醫
병 고치다, 의술 |

医

療(병고칠 료, 2)

· 醫術(의술) : 병이나 상처를 고치는 기술.
· 醫藥(의약) : 병을 고치는 데 쓰는 약. 의술과 약.
· 醫學(의학) : 질병을 연구하는 학문.
· 名醫(명의) : 이름난 의원이나 의사.
· 韓醫(한의) : 한의사. 한의학을 전공한 의사.

| 者 | 놈 자
老(耂), 총9획 | `一 十 土 尹 耂 者 者 者 者`
사람, 것 |

· 記者(기자) : 기사를 취재 · 편집하는 일에 종사하는 사람.
· 年少者(연소자) : 나이가 어린 사람.
· 年長者(연장자) : 나이가 많은 사람.
· 長者(장자) : 어른. 덕망이 있고 노숙한 사람.
· 學者(학자) : 학문에 능통한 사람이나 연구하는 사람.

作	지을 작	ノ 亻 亻 亻 化 作 作
	人(亻), 총7획	만들다, 일하다, 일어나다

(약)

(유) 製(지을 제, 4Ⅱ), 造(지을 조, 4Ⅱ)

(상)

(성) 作心三日(작심삼일)

· 作家(작가) : 문예물이나 예술품을 창작하는 사람.
· 作名(작명) : 이름을 지음.
· 作文(작문) : 글짓기.
· 作用(작용) : 어떤 운동이나 현상을 일어나게 함.
· 作戰(작전) : 싸움이나 경기의 대책을 세움.

昨	어제 작	丨 冂 冃 日 日' 旷 昨 昨 昨
	日, 총9획	

(약)

(유)

(상) 今(이제 금)

(성)

· 昨今(작금) : 어제와 오늘. 요즈음. 요사이.
· 昨年(작년) : 지난해.
· 昨日(작일) : 어제.

章	글 장	丶 亠 立 产 产 产 音 音 音 意 章
	立, 총11획	도장, 밝히다

(약)

(유) 文(글월 문)

(상)

(성)

· 圖章(도장) : 개인이나 단체의 이름을 새긴 물건.
· 文章(문장) : 어떤 생각이나 느낌을 글로 적어 나타낸 것.
· 中章(중장) : 초장과 종장 사이의 장.

才	재주 재	一 十 才
	手(扌), 총3획	겨우

- 약
- 유
- 상
- 종

· 文才(문재) : 글재주.
· 英才(영재) : 뛰어난 재주. 또는 그런 재주를 가진 사람.
· 人才(인재) : 재주가 놀라운 사람.
· 天才(천재) : 선천적으로 갖춘 뛰어난 재주, 또는 그 사람.

在	있을 재:	一 ナ 才 才 在 在
	土, 총6획	

- 약
- 유 存(있을 존, 4)
- 상
- 종 人命在天(인명재천)

· 在室(재실) : 내실에 있음.
· 在野(재야) : 초야에 파묻혀 있음.
· 在學(재학) : 학교에 적을 두고 공부함.
· 所在(소재) : 있는 곳.
· 現在(현재) : 지금 이때.

戰	싸움 전:	' '' ''' '''' ''''' 「 門 門 門 閏 單 單 戰 戰 戰
	戈, 총16획	두려워하다, 떨다

- 약 战
- 유 競(다툴 경, 5), 爭(다툴 쟁, 5), 鬪(싸움 투, 4)
- 상 和(화할 화)
- 종 百戰百勝(백전백승), 山戰水戰(산전수전)

· 戰場(전장) : 싸움터.
· 戰火(전화) : 전쟁 때 일어나는 화재. 전쟁.
· 戰後(전후) : 전쟁이 끝난 뒤.
· 大戰(대전) : 큰 싸움.
· 休戰(휴전) : 하던 전쟁을 얼마 동안 쉼.

定	정할 정 :	丶 宀 宀 宀 宁 宇 宇 定 定
	宀, 총8획	편안하다, 머무르다

약 宐

음

상

훈

· 定數(정수) : 정해진 수효나 수량.
· 定時(정시) : 일정한 시간 또는 시기.
· 定式(정식) : 일정하게 정한 방식이나 격식. 정당한 격식.
· 安定(안정) : 일이나 마음이 평안하게 정하여짐.
· 作定(작정) : 일을 결정함.

庭	뜰 정	丶 宀 广 广 庐 庐 庭 庭 庭 庭
	广, 총10획	집안, 조정

약

음

상

훈

· 庭園樹(정원수) : 정원에 심어 가꾸는 나무.
· 庭訓(정훈) : 가정의 가르침.
· 家庭(가정) : 한 가족으로 이루어진 생활 공동체.
· 校庭(교정) : 학교의 뜰이나 운동장.
· 親庭(친정) : 시집간 여자의 본집.

1
2
3
3Ⅱ
4
4Ⅱ
5
6
7
8
⋮
113

第	차례 제 :	丿 丿 丿 丿 丿 丿 丿 笁 笁 笁 第 第
	竹, 총11획	집, 과거, 시험, 다만, 급제하다

약

음

상

훈

· 第三國(제삼국) : 직접 관계되는 당사국 밖의 나라.
· 第三者(제삼자) : 당사자 밖의 사람.
· 第一(제일) : 첫째. 가장 훌륭함.
· 第一人者(제일인자) : 어느 방면에서 첫째로 치는 사람.

 天下第一(천하제일)

| 題 | 제목 제
頁, 총18획 | `ㅣ ㅐ ㅐ ㅐ ㅐ ㅐ ㅐ ㅐ ㅐ 是 是 是 是 題 題`
題 題 題 題
품평, 적다 |

· 課題(과제) : 맡겨진 일이나 문제.
· 問題(문제) : 대답·해답 따위를 얻으려고 낸 물음.
· 出題(출제) : 시험문제를 내는 것.
· 畫題(화제) : 그림을 그리고 그 위에 쓰는 시문.
· 話題(화제) : 이야깃거리.

| 朝 | 아침 조
月, 총12획 | `ー 十 ナ ナ 吉 吉 吉 車 朝 朝 朝 朝`
조정, 왕조, 조회받다 |

旦(아침 단, 3Ⅱ)
夕(저녁 석), 野(들 야)
一朝一夕(일조일석),
花朝月夕(화조월석)

· 朝夕(조석) : 아침저녁.
· 朝鮮(조선) : 상고 때부터 써오던 우리나라의 이름.
· 朝野(조야) : 조정과 재야.
· 朝會(조회) : 하루 일과 전에 모여서 나누는 아침 인사.
· 一朝(일조) : 하루 아침.

| 族 | 겨레 족
方, 총11획 | `ー ー ゟ 方 方 ゟ ゟ ゟ ゟ 萨 族`
일가, 친족, 무리 |

· 家族(가족) : 한집안을 이루는 사람들.
· 同族(동족) : 같은 겨레붙이.
· 民族(민족) : 오랫동안 언어나 풍습 등을 함께하는 인간 집단.
· 王族(왕족) : 임금의 일가.
· 親族(친족) : 촌수가 가까운 겨레붙이.

注	부을/물댈 주:	` ` ` ` ` ` ` ` ` ` 注 注
	水(氵), 총8획	뜻 두다, 흐르다, 주를 달다

약
유
상
형

· 注目(주목) : 어떤 사물을 주의해서 봄.
· 注文(주문) : 제작자나 판매자에게 물건을 청구하거나 맞춤.
· 注油所(주유소) : 자동차에 기름을 넣어주는 곳.
· 注入(주입) : 쏟아서 넣음. 기억과 암송을 주로 하여 지식을 넣어줌.

晝	낮 주	ㄱ ㅋ ㅋ ㅋ 聿 聿 畫 畫 晝 晝 晝
	日, 총11획	

약
유
상 夜(밤 야)
형

· 晝間(주간) : 낮. 낮 동안.
· 晝夜(주야) : 밤낮.
· 白晝(백주) : 대낮.

● 틀리기 쉬운 한자
畫(그림 화)

集	모을 집	′ ′ ′ ′ ′ 作 作 隹 隹 隹 集 集
	隹, 총12획	모이다

약
유 團(둥글/모일 단, 5)
상 配(나눌/짝 배, 4Ⅱ), 散(흩을 산, 4)
형

· 集中(집중) : 한곳을 중심으로 하여 모이거나 모음.
· 集合(집합) : 한군데로 모이거나 모음.
· 集會(집회) : 여러 사람이 어떤 목적으로 모이는 일.
· 文集(문집) : 시문을 모아서 엮은 책.
· 集大成(집대성) : 여러 가지를 모아 하나의 체계를 이룸.

窓	창 창 穴, 총11획	` ´ ㆍ ㅡ ㅡ ㆍㄷ ㄷㄴ ㄷㄷ 窓 窓 窓

약

음

상

성

- 窓口(창구) : 조그마하게 낸 창.
- 窓門(창문) : 채광이나 통풍을 위해 벽에 낸 작은 문.
- 東窓(동창) : 동쪽으로 난 창.
- 同窓(동창) : 같은 학교에서 공부를 한 관계.

淸	맑을 청 水(氵), 총11획	` ´ ㆍ 氵 沪 沪 淸 淸 淸 淸 淸 깨끗하다

약

음 潔(깨끗할 결, 4Ⅱ),
淨(깨끗할 정, 3Ⅱ)

상 濁(흐릴 탁, 3)

성 百年河淸(백년하청),
淸風明月(청풍명월)

- 淸明(청명) : 날씨가 맑고 밝음.
- 淸算(청산) : 서로 채권·채무를 셈하여 깨끗이 정리함.
- 淸日戰爭(청일전쟁) : 청나라와 일본 사이의 전쟁.
- 淸風(청풍) : 맑은 바람.

體	몸 체 骨, 총23획	ㅣ ㅁ ㅁ ㅁ ㅁ ㅁ ㅁ ㅁ ㅁ ㅁ ㅁ ㅁ ㅁ ㅁ 體 體 體 體 體 體 體 體 體 몸소, 형상, 근본, 격식, 물질

약 体

음 身(몸 신), 肉(고기 육, 4Ⅱ)

상 心(마음 심)

성

- 體力(체력) : 몸의 작업 능력.
- 體面(체면) : 남을 대하기에 떳떳한 도리나 처지.
- 體育(체육) : 몸을 튼튼하게 발달시키려고 하는 교육.
- 全體(전체) : 속해 있는 모든 것. 모두.
- 形體(형체) : 물건의 형상과 그의 바탕인 몸.

| 親 | 친할 친
見, 총16획 | ＇ ㅗ ㅗ ㅗ ㅛ ㅛ ㅍ 辛 辛 亲 亲 亲 剎 剎 剎 親
親 親
가깝다, 사랑하다, 어버이, 친척, 친히 |

· 親家(친가) : 친정.
· 親書(친서) : 몸소 써 보낸 편지.
· 母親(모친) : 어머니.
· 父親(부친) : 아버지.
· 先親(선친) : 돌아가신 자기의 아버지를 일컫는 말.

상 疏(소통할/멀 소, 3Ⅱ)

| 太 | 클 태
大, 총4획 | 一 ナ 大 太
심하다, 첫째, 처음, 심히, 콩 |

· 太古(태고) : 아주 오랜 옛날.
· 太半(태반) : 절반 또는 반수 이상.
· 太不足(태부족) : 몹시 많이 모자라는 일.
· 太平(태평) : 걱정 없이 편안한 상태.
· 生太(생태) : 말리거나 얼리지 않은, 잡은 그대로의 명태.

| 通 | 통할 통
辵(辶), 총11획 | ＇ ㄱ ㄱ 丆 冎 乃 百 甬 甬 涌 涌 通
내왕하다, 알리다, 통(편지 따위를 세는 단위) |

· 通過(통과) : 어떤 곳이나 때 또는 차례를 거쳐서 지나감.
· 通風(통풍) : 바람이 통함. 또는 통하게 함.
· 通學(통학) : 집에서 학교까지 다님.
· 通話(통화) : 전화로 말을 주고받음.
· 共通(공통) : 여럿 사이에 다같이 있거나 관계됨.

유 貫(꿸 관, 3Ⅱ), 達(통달할 달, 4Ⅱ), 徹(통할 철, 3Ⅱ)

117

特	특별할 특	ノ 亠 牛 牛 牛 牜 牸 特 特 特
	牛, 총10획	홀로, 다만, 수컷, 특히, 뛰어나다

英(꽃부리 영), 異(다를/뛰어날 이, 4),
別(다를 별)

· **特**室(특실) : 특별히 마련된 가장 좋은 방.
· **特**用(특용) : 특별하게 씀.
· **特**有(특유) : 일정한 사물에만 특별히 갖추어져 있는 일.
· **特**長(특장) : 특별히 뛰어난 장점.
· **特**定(특정) : 특별히 지정하는 일. 또는 그 특별한 지정.

表	겉 표	一 = 丰 耒 耒 耒 表
	衣, 총8획	바깥, 모범, 표, 웃옷

裏(속 리, 3Ⅱ)

· **表**記(표기) : 적어서 나타냄.
· **表**面(표면) : 겉면.
· **表**紙(표지) : 책뚜껑. 책의 겉장.
· **表**現(표현) : 생각이나 느낌 따위를 나타냄.
· 發**表**力(발표력) : 자기 의견을 사람들 앞에서 발표하는 능력.

118

風	바람 풍	) 几 几 凡 凡 凬 風 風 風
	風, 총9획	가르침, 풍속, 경치, 모습, 기질, 병 이름

清風明月(청풍명월)

· **風**向(풍향) : 바람이 부는 방향.
· 大**風**(대풍) : 큰 바람.
· 東南**風**(동남풍) : 동남쪽에서 불어오는 바람.
· 東**風**(동풍) : 동쪽에서 불어오는 바람, 봄바람.
· 海**風**(해풍) : 바다에서 불어오는 바람.

合	합할 합 口, 총6획	ノ 人 스 수 슈 合 모으다, 맞다, 만나다, 적합하다

綜(모을 종, 2),
統(거느릴/합칠 통, 4Ⅱ)

離(떠날 리, 4), 分(나눌 분)

· 合同(합동) : 여럿이 어울려서 하나를 이룸.
· 合成(합성) : 두 가지 이상이 합하여 한 상태를 이룸.
· 合心(합심) : 여러 사람이 마음을 한데 모음.
· 合一(합일) : 합쳐서 하나가 됨.
· 和合(화합) : 화목하여 잘 합하여짐.

幸	다행 행: 干, 총8획	一 十 土 去 查 查 查 幸 요행, 바라다, 거동

福(복 복, 5)

· 幸運(행운) : 행복한 운수. 좋은 운수.
· 幸運兒(행운아) : 좋은 운수를 만난 사람.
· 不幸(불행) : 행복하지 못함.
· 天幸(천행) : 하늘이 준 다행.

行	다닐 행(:), 항렬 항 行, 총6획	ノ ヲ 彳 彳 行 行 행하다, 지나다, 행서, 같은 또래(항)

言(말씀 언), 語(말씀 어),
知(알 지, 5), 品(물건/성품 품, 5)

※첫 음절에서 장음과 단음 두 가지로 발음됨.
· 行實(행·실) : 일상의 행동.
· 行動(행동) : 동작을 하여 행하는 일.
· 行事(행사) : 거행하는 어떠한 일.
· 所行(소행) : 이미 해놓은 일이나 짓. 하는 행위.
· 現行(현행) : 현재 행하고 있음.
· 孝行(효행) : 어버이를 잘 섬기는 행실.

119

向	향할 향:	′ 亻 冂 冋 向 向
	口, 총6획	앞으로 나아가다, 접때, 향방

· 向上(향상) : 생활이나 기술 · 학습 등의 수준이 나아짐.
· 南向(남향) : 남쪽 방향.
· 東向(동향) : 동쪽 방향.
· 動向(동향) : 언동 · 정세 · 상태 따위가 움직여 나아가는 경향.
· 方向(방향) : 어떤 곳을 향한 쪽.

背(등/등질 배, 4Ⅱ)

現	나타날 현:	ー ニ Ŧ 王 珇 珇 珇 珇 珇 珇 現
	玉, 총11획	나타내다, 지금

· 現今(현금) : 지금. 이제.
· 現金(현금) : 은행권 · 정부 지폐 · 주화 따위.
· 現世(현세) : 지금 세상.
· 現場(현장) : 일이 생긴 그 마당.
· 出現(출현) : 나타나거나 나타나서 보이는 것.

顯(나타날 현, 4)
隱(숨을 은, 4)

形	모양 형	ー ニ Ŧ 开 形 形 形
	彡, 총7획	형상, 얼굴, 꼴, 형세, 나타내다

· 形成(형성) : 어떠한 꼴을 이룸.
· 形便(형편) : 일이 되어가는 모양이나 경로.
· 成形(성형) : 어떤 모형을 이룸.
· 外形(외형) : 겉모양.
· 地形(지형) : 땅의 생김새.

形形色色(형형색색)

號	이름 호: 虍, 총13획	＇ ⼝ ⼝ ⼝ ⼝ 号 号' 号' 号' 号' 號' 號' 號 부르짖다, 일컫다, 부호, 명령, 번호

 号

· 號角(호각) : 군호 또는 신호로 불어 울리는 물건.

· 號外(호외) : 정기 호수 외에 임시로 발간하는 신문이나 잡지.

· 記號(기호) : 어떤 뜻을 나타내려고 쓰는 표 따위.

· 別號(별호) : 본 이름 외에 허물없이 부르기 위해 지은 이름.

· 信號(신호) : 일정한 부호를 써서 의사를 통하는 방법.

和	화할 화 口, 총8획	＇ ⼆ ⼲ ⼲ 禾 和 和 和 화목하다, 온화하나, 화해하다, 하답하다

調(고를 조, 5), 睦(화목할 목, 3Ⅱ),
 協(화할 협, 4Ⅱ)

戰(싸움 전)

· 和氣(화기) : 따뜻하고 화창한 날씨. 온화한 기색.

· 和色(화색) : 얼굴에 드러나는 환한 빛.

· 和音(화음) : 둘 이상의 음이 동시에 울렸을 때 합성된 음.

· 和平(화평) : 마음이 기쁘고 평안함.

· 平和(평화) : 평온하고 화목함.

畫	그림 화:, 그을 획 田, 총12획	ᄀ ⼀ ⼲ ⼻ ⼻ 聿 聿 晝 晝 晝 晝 畫

 画

· 畫家(화가) : 그림을 그리는 일을 전문으로 하는 사람.

· 畫面(화면) : 그림의 표면. 영사막 따위에 비치는 사진의 겉면.

· 畫室(화실) : 화가 또는 조각가가 작품을 만드는 방.

· 名畫(명화) : 이름난 그림. 잘 만들어져 이름난 영화.

· 畫數(획수) : 글자 획의 수.

● 틀리기 쉬운 한자
 晝(낮 주)

黃	누를 황	一 十 井 井 芒 芒 苦 苗 苗 黃 黃 黃
	黃, 총12획	누렇다, 노래지다

- 黃金(황금) : '금金'이 누른 데서 이르는 말.
- 黃色(황색) : 누른빛.
- 黃土(황토) : 누른 갈색이 나는 흙.
- 黃海(황해) : 한반도 서쪽에 있는 바다.

會	모일 회:	丿 人 仌 今 合 命 命 命 命 命 會 會 會
	日, 총13획	모으다, 깨닫다, 맞다, 회계, 기회

会

- 會社(회사) : 영리 행위를 목적으로 설립된 사단법인.
- 會食(회식) : 여러 사람이 모여 함께 음식을 먹음.
- 會意(회의) : 한자를 만드는 방법인 육서六書의 하나.
- 會合(회합) : 모임.
- 會話(회화) : 서로 만나서 이야기함. 외국어로 이야기함.

122

訓	가르칠 훈:	一 ㄧ ㅌ ㅌ 글 글 글 訓 訓 訓
	言, 총10획	훈계, 뜻

教(가르칠 교)

- 訓讀(훈독) : 한자의 뜻을 새기어 읽음.
- 訓民正音(훈민정음) : 조선 세종 때 만든 우리나라 글자.
- 訓話(훈화) : 교훈, 또는 훈시하는 말.
- 校訓(교훈) : 학교의 교육 이념을 나타낸 표어.
- 敎訓(교훈) : 가르침. 가르쳐 깨우침.
- 家訓(가훈) : 집안 어른이 자녀들에게 주는 교훈.

육서란 "한자를 만드는 여섯 가지 원리"이다. 『설문해자說文解字』의 저자
인 허신許慎은 한자가 만들어진 원리를 '한자 구성 요소의 결합에 따라
여섯 가지 종류로 나누었다.

육서六書를 각각 구체적으로 설명하면 다음과 같다.

(1) 상형(象形) : 구체적인 사물의 모양[形]을 본떠[象]서 글자를 만드는
　　　　　　　방법이다.

　　(예) 日(해 일) : ☉ – 해의 모양을 본떠 만들었다.
　　　　月(달 월) : ☽ – 달의 모양을 본떠 만들었다.

(2) 지사(指事) : 어떤 상황[事]이나 추상적인 뜻을 점이나 선으로 부호화
　　　　　　　하여 나타내는[指] 방법이다.

　　(예) 一(한 일) : 一 –선을 하나 그어 '하나'를 나타냈다.
　　　　上(위 상) : 𠄞 –기준선(-) 위의 점(·)으로 '위'라는 뜻을 나타냈다.

(3) 회의(會意) : 이미 제 나름의 뜻[意]을 가지고 있는 글자들을 둘 이상 합
　　　　　　　하여[會] 새로운 뜻을 가지는 글자를 만드는 방법이다.

　　(예) 男(사내 남) : 田+力–논밭[田]에서 힘써[力] 일하는 사람은 '남자'다.
　　　　林(수풀 림) : 木+木–나무[木]와 나무[木]가 모여서 '숲'을 이룬다.

(4) 형성(形聲) : 기존의 한자를 합하여 새로운 글자를 만들되, 한쪽은 뜻[形]을, 다른 한쪽은 음[聲]을 나타내도록 만드는 방법이다.

(예) 淸(물맑을 청) : 水[뜻 부분] + 靑[음 부분]

霜(서리 상) : 雨[뜻 부분] + 相[음 부분]

(5) 전주(轉注) : 글자의 본래 의미에서 그 뜻을 유추하여 다른 부차적인 의미로 전용[轉注]하는 방법이다.

(예)

樂 ┬ 풍류 악 : 音樂(음악)
　 ├ 즐겁다 락 : 娛樂(오락)
　 └ 좋아하다 요 : 樂山樂水(요산요수)

老 ┬ 늙다 로 : 老人(노인)
　 └ 익숙하다 로 : 老鍊(노련)

(6) 가차(假借) : 글자의 뜻과는 관계 없이, 음이 같거나 비슷한 글자를 임시로[假] 빌려다가[借] 다른 사물이나 형태 등을 표현하는 방법이다. 흔히 의성어·의태어나 외래어를 표기하는 데 많이 사용되는 방법이다.

(예) ① 의성어 : 丁丁(정정) – '쩡쩡' 나무 찍는 소리.

② 의태어 : 堂堂(당당) – 공명정대하고 당당한 모양.

③ 외래어 표기 : 印度(인도) – 인디아, 羅馬(라마) – 로마

5급

수준 및 특성						읽기배정	쓰기배정	출제문항수	합격문항수	시험시간
학습용 한자 쓰기를 시작하는 급수						500	300	100	70	50분

출제기준	독음	훈음	한자쓰기	완성형	반의어	뜻풀이	동음이의어	부수	동의어	장단음	약자	필순	문제(합계)
	35	23	20	4	3	3	3	0	3	0	3	3	100

※ 쓰기는 300자(6급 배정한자 300자)임

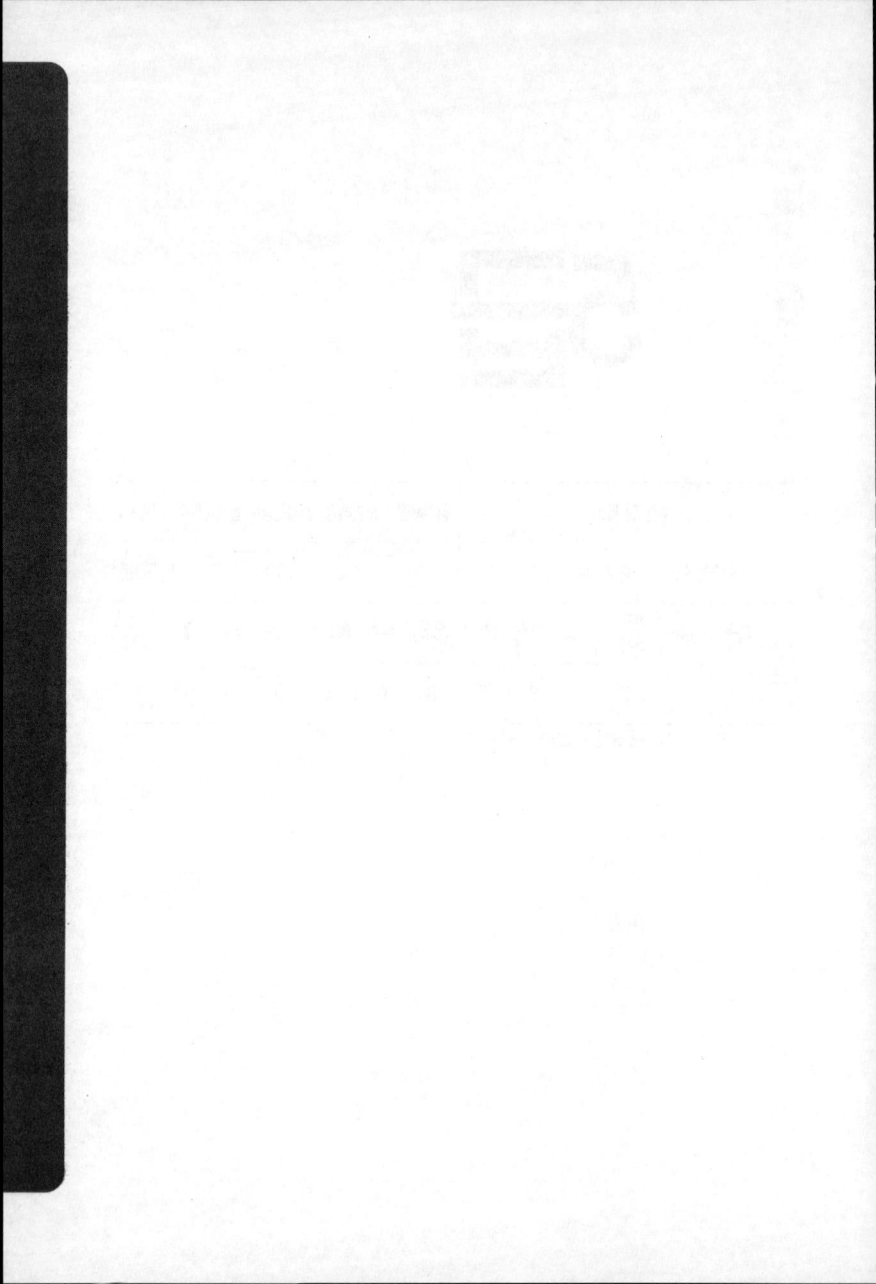

價	값 가	＇ ｲ ｲ ｲ ｲ ｲ ｲ ｲ ｲ ｲ ｲ ｲ 價 價 價 價 價 價 價
	人(亻), 총15획	價

약 価

유 値(값 치, 3Ⅱ)

상

반

· 價格(가격) : 물건의 가치를 돈으로 나타낸 것. 값.
· 高價(고가) : 비싼 값.
· 物價(물가) : 물건 값.
· 市價(시가) : 시장에서 팔고 사는 값.
· 油價(유가) : 석유의 가격.

加	더할 가	フ カ カ カロ 加 加
	力, 총5획	가하다, 가입하나, 치다

약

유 累(여러 루, 3), 益(더할 익, 4Ⅱ), 增(더할 증, 4Ⅱ)

상 減(덜 감, 4Ⅱ), 除(덜 제, 4Ⅱ)

반

· 加工(가공) : 손질을 더하여 새로운 제품으로 만드는 일.
· 加算金(가산금) : 본 값에 덧붙이는 돈.
· 加速(가속) : 속력이 더해짐. 또는 속력을 더냄.
· 加熱(가열) : 열을 주거나 더함.
· 加重(가중) : 더 무겁게 함, 또는 더 무거워짐.

可	옳을 가:	一 丁 〒 〒 可 *필순주의
	口, 총5획	허락하다, 가히

약

유 是(이/옳을 시, 4Ⅱ), 義(옳을 의, 4Ⅱ), 誼(옳을 의, 1)

상 未(아닐 미, 4Ⅱ), 否(아닐 부, 4), 不(아닐 불/부), 弗(아닐 불, 2), 非(아닐 비, 4Ⅱ)

반 不問可知(불문가지)

· 可決(가결) : 회의에서, 어떤 안건을 찬성하여 결정하는 것.
· 可能(가능) : 할 수 있음.
· 可變性(가변성) : 일정한 조건에서 변할 수 있는 성질.
· 可用(가용) : 쓸 수 있음.
· 許可(허가) : 금지되어 있는 것을 풀어주는 일.

改	고칠 개: 攴(攵), 총7획	ㄱ ㄱ 己 己' 改 改 改

- 약:
- 유: 變(변할 변)
- 상:
- 성: 朝變夕改(조변석개)

· 改良(개량) : 나쁜 점을 고쳐 좋게 함.
· 改名(개명) : 이름을 고침.
· 改善(개선) : 잘못을 고쳐 좋게 함.
· 改作(개작) : 작품 따위를 고쳐 지음.
· 改正(개정) : 잘못된 것을 바르게 고침.

客	손 객: 宀, 총9획	丶 丷 宀 宀 夕 客 客 客 客
		손님

- 약:
- 유: 賓(손 빈, 3)
- 상: 主(주인 주)
- 성: 主客一體(주객일체), 千客萬來(천객만래)

· 客觀(객관) : 자기와의 관계를 떠나서 대상을 봄.
· 客席(객석) : 손님의 자리.
· 客室(객실) : 손님을 거처하게 하거나 응접하는 방.
· 觀客(관객) : 연극 등의 공연을 구경하는 사람.
· 主客(주객) : 주인과 손.

去	갈 거: 厶, 총5획	一 十 土 去 去
		버리다, 물리치다, 과거

- 약:
- 유: 往(갈 왕, 4Ⅱ), 過(지날 과), 退(물러날 퇴, 4Ⅱ)
- 상: 來(올 래), 留(머무를 류, 4Ⅱ)
- 성: 去者必反(거자필반)

· 去來(거래) : 상품을 사고 파는 일. 돈을 주고받는 일.
· 過去(과거) : 지나간 때.
· 消去(소거) : 지워 없앰.

舉	들 거:	´ ⺊ ⺊ ⺊ ⺊ ⺊ ⺊ ⺊ ⺊ 兒 兒 兒 兒 與 與 與
	手, 총18획	與 與 與 舉
		일으키다, 행하다, 낱낱이 들다, 온통

- 舉國(거국) : 온 나라가 통틀어서 하는 것.
- 舉動(거동) : 일에 나서서 움직이는 태도.
- 舉手(거수) : 손을 듦.
- 舉行(거행) : 어떤 일을 행함.
- 選舉(선거) : 여러 사람들 가운데 대표자 등을 골라 뽑음.

行動舉止(행동거지)

件	물건 건	´ ⺅ ⺅ ⺅ ⺅ 件
	人(亻), 총6획	사건, 조건, 가지, 구분하다

- 件數(건수) : 일이나 사건의 가짓수.
- 物件(물건) : 일정한 형체를 갖춘 모든 물질적 대상.
- 事件(사건) : 일거리.
- 案件(안건) : 토의하거나 연구하려고 글로 적어놓은 것.
- 用件(용건) : 볼일.

健	굳셀 건:	´ ⺅ ⺅ ⺅ ⺅ ⺅ ⺅ ⺅ 律 律 健 健
	人(亻), 총11획	건강하다, 튼튼하다, 꿋꿋하다

- 健實(건실) : 건전하고 착실함.
- 康(편안 강, 4Ⅱ)
- 健在(건재) : 건강하게 잘 있음. 탈없이 잘 있음.
- 健全(건전) : 건강하고 온전함.
- 強健(강건) : 몸이나 기운이 실하고 굳셈.
- 健兒(건아) : 건강하고 씩씩한 사나이.

建	세울 건: 廴, 총9획	ㄱ ㄱ ㅋ ㅋ ㅋ 聿 肀 肀 建 일으키다, 아뢰다, 개진하다

- 약
- 유 立(설 립)
- 상
- 반

- 建國(건국) : 나라를 세움.
- 建立(건립) : 절, 탑, 동상 따위를 세움.
- 建物(건물) : 사람의 손으로 지은 집 따위.
- 再建(재건) : 무너진 것을 다시 일으켜 세움.
- 重建(중건) : 건축물, 특히 사찰·왕궁 따위를 고쳐 세움.

格	격식 격 木, 총10획	一 十 十 木 术 枚 枚 枚 格 格 지위, 인격, 바로잡다, 이르다, 연구하다

- 약
- 유
- 상
- 반 格物致知(격물치지)

- 格式(격식) : 격에 맞는 일정한 방식.
- 格言(격언) : 사리에 맞고 교훈이 될 만한 짤막한 말.
- 性格(성격) : 각 개인이 가지고 있는 특유한 성질.
- 人格(인격) : 사람의 품격.
- 合格(합격) : 뽑아 취하는 데 자격을 얻음.

見	볼 견:, 나타날 현 見, 총7획	ㅣ ㄇ ㄇ ㅌ 目 貝 見 당하다, 견해

- 약
- 유 現(나타날 현), 顯(나타날 현, 4)
- 상 隱(숨을 은, 4)
- 반 見物生心(견물생심)

- 見聞(견문) : 보고 들음.
- 見本(견본) : 본보기.
- 見學(견학) : 실지로 보고 배움.
- 發見(발견) : 미처 찾아내지 못한 것을 찾아냄.
- 意見(의견) : 마음에 생각하는 점.

決	결단할 결	`丶 冫 冫 沪 沪 决
	水(氵), 총7획	결정하다, 판단하다, 결코

🔵 약

🟡 유

🟢 상 豫(미리 예, 4)

🔴 반 民族自決(민족자결)

- 決算(결산) : 계산을 마감함.
- 決選(결선) : 결선 투표로 당선자를 결정함.
- 決定(결정) : 어떻게 할 태도나 방향 등을 정함.
- 對決(대결) : 둘이 맞서서 우열 등을 결정함.
- 表決(표결) : 의안에 대해 가부의 의사를 표로 결정함.
- 票決(표결) : 투표로써 결정함. * 票(표 표, 4Ⅱ)

結	맺을 결	`幺 幺 幺 幺 糸 糸 結 結 結 結
	糸, 총12획	마치다, 엉기다, 매듭

🔵 약

🟡 유 連(이을 련, 4Ⅱ), 終(마칠 종)

🟢 상 起(일어날 기, 4Ⅱ)

🔴 반

- 結果(결과) : 열매를 맺음.
- 結局(결국) : 일의 끝장 혹은 일의 귀결되는 마당을 뜻함.
- 結末(결말) : 끝장, 일을 맺는 끝.
- 結束(결속) : 뜻이 같은 사람끼리 하나로 뭉침.
- 結合(결합) : 둘 이상이 서로 관계를 맺고 합쳐서 하나로 됨.

敬	공경 경:	`丶 艹 艹 芍 芍 芍 苟 苟 莳 莳 敬 敬
	攴(攵), 총13획	공경하다, 삼가다

🔵 약

🟡 유 恭(공손할 공, 3Ⅱ)

🟢 상

🔴 반 敬天愛人(경천애인)

- 敬禮(경례) : 공경의 뜻을 나타내는 일, 또는 그 동작.
- 敬老(경로) : 늙은 사람을 공경하는 일.
- 敬語(경어) : 존경하여 높이어 부르는 말.
- 不敬(불경) : 경의를 나타냄이 없이 무례함.
- 孝敬(효경) : 부모를 잘 섬기고 공경함.

景	볕 경(:)	ㅣ ㅁ ㅁ ㅁ ㅁ ㅁ ㅁ 몰 몰 롬 롬 景 景
	日, 총12획	경치, 햇볕

 약

유 光(빛 광)

상

반

※첫 음절에서 장음과 단음 두 가지로 발음됨.
· 景福宮(경:복궁) : 북악산 아래 있는 궁궐. *宮(집 궁, 4Ⅱ)
· 景氣(경기) : 매매나 거래 따위에 나타난 경제활동의 상황.
· 景致(경치) : 자연의 아름다운 모습. 경관景觀. 풍경風景.
· 夜景(야경) : 밤의 경치.

競	다툴 경:	ㆍ ㆍ ㅕ ㅎ ㅍ ㅍ ㅎ 흠 흠 흠 흠 흠 흠 흠
	立, 총20획	흠 흠 흠 흠 흠 競 겨루다

약

유 爭(다툴 쟁), 戰(싸움 전),
鬪(싸움 투, 4)

상

반

· 競技(경기) : 승부를 겨루는 일.
· 競賣(경매) : 서로 경쟁시켜 가장 비싸게 파는 일.
· 競選(경선) : 복수의 후보가 경쟁하는 선거.
· 競爭(경쟁) : 서로 이기거나 앞서려고 다툼.
· 競合(경합) : 맞서 겨룸.

輕	가벼울 경	一 一 戸 百 百 亘 車 車 軒 軒 軒 輕 輕 輕
	車, 총14획	가벼이 여기다, 경솔하다

 약 輕

유

상 重(무거울 중)

반

· 輕工業(경공업) : 섬유제품 · 식료품 등을 만드는 공업.
· 輕量級(경량급) : 무게가 가벼운 등급.
· 輕油(경유) : 원유를 증류할 때 등유 다음으로 얻는 기름.
· 輕重(경중) : 가벼움과 무거움.

告	고할 고: 口, 총7획	／ ／ ＾ 生 牛 告 告 아뢰다, 고발하다

약
유 報(알릴 보, 4Ⅱ),
申(납/알릴 신, 4Ⅱ)
상
반

· 告白(고백) : 솔직하게 말함.
· 告別(고별) : 작별을 고함.
· 告知(고지) : 알림(통지함).
· 廣告(광고) : 사람들에게 널리 알리는 일 또는 그 표현물.
· 社告(사고) : 회사에서 내는 광고.

固	굳을 고 口, 총8획	Ｉ ｜ ｌ 冂 冃 冃 固 固 固 단단하다, 완고하다, 진실로, 고질병

약
유 堅(굳을 견, 4)
상
반

· 固有(고유) : 본디부터 가지고 있음.
· 固定(고정) : 한번 정한 대로 변경하지 않음.
· 固體(고체) : 일정한 모양과 부피를 가진 물체.

考	생각할 고(:) 老(耂), 총6획	ー 十 土 耂 耂 考 헤아리다, 상고하다, 시험

약
유 念(생각 념), 慮(생각할 려, 4),
思(생각 사), 想(생각 상, 4Ⅱ)
상
반

※첫 음절에서 장음과 단음 두 가지로 발음됨.
· 考古(고:고) : 유물과 유적으로 고대의 역사를 연구함.
· 考査(고:사) : 시험.
· 考案(고안) : 생각해낸 안.
· 考察(고찰) : 잘 생각해서 살핌. * 察(살필 찰, 4Ⅱ)

曲	굽을 곡 日, 총6획	ㅣ ㄇ ㅁ 由 曲 曲 자세하다, 굽히다, 구석, 가락, 악곡, 굽이

歌(노래 가), 屈(굽힐 굴, 4),
謠(노래 요, 4Ⅱ)

直(곧을 직)

不問曲直(불문곡직)

· 曲名(곡명) : 곡의 이름.
· 曲線(곡선) : 굽은 선.
· 曲直(곡직) : 굽음과 곧음. 사리에 맞음과 맞지 않음.
· 歌曲(가곡) : 노래. 또는 노래의 곡조.
· 作曲(작곡) : 악곡을 지음. 또는 그 악곡.

課	공부할/ 과정 과(:) 言, 총15획	` ` ` 言 言 言 言 詚 詚 諢 諢 諢 課 課 課 시험하다, 매기다, 부과하다

※ 첫 음절에서 장음과 단음 두 가지로 발음됨.
· 課稅(과:세) : 세금을 물림(물게 함). * 稅(세금 세, 4Ⅱ)
· 課題(과제) : 맡겨진 일이나 문제.
· 課外(과외) : 학과 과정 밖.
· 課長(과장) : (관청이나 회사 같은 데서) '과' 의 책임자.

過	지날 과: 辵(辶), 총13획	` ` ` ` ` ` ` ` ` ` ` ` ` (지나는 길에) 들르다, 지나치다, 허물

去(갈 거), 失(잃을 실),
誤(그르칠 오, 4Ⅱ)

功(공 공)

· 過失(과실) : 잘못이나 허물.
· 過言(과언) : 지나친 말.
· 功過(공과) : 공로와 허물.
· 不過(불과) : 적다고 보는 그 수량을 넘지 않음을 나타냄.
· 通過(통과) : 어떤 곳이나 때 또는 차례를 거쳐서 지나감.

觀	볼 관	' ' ' ' ' ' ' ' ' ' ' ' ' ' ' ' 苹 苹
	見, 총25획	苹 莽 萍 藋 藋 藋 藋 藋 藋 觀 觀 觀 觀 觀 觀 觀 觀 觀 觀 보이다, 생각, 관점, 모양

- 观, 覌
- 覽(볼 람, 4), 望(바랄 망)

- 觀光(관광) : 다른 지방이나 나라의 풍물·풍속을 구경함.
- 觀念(관념) : 어떤 일에 대한 생각이나 견해.
- 外觀(외관) : 겉으로 보이는 모양새.
- 主觀(주관) : 자기만의 생각, 또는 자기만의 치우친 생각.
- 參觀(참관) : 어떤 모임이나 행사에 참가하여 지켜봄.

關	관계할 관	l ｢ ｢ ｢ ｢ ｢ ｢ ｢ ｢ ｢ ｢ ｢ ｢ ｢ 門 門 門 門
	門, 총19획	閂 閂 閞 閞 關 關 關 빗장, 관문, 기관, 닫다

- 関

- 關東(관동) : 대관령 이동의 지방.
- 關門(관문) : 관의 문. 국경이나 요새의 성문.
- 關心(관심) : 어떤 것에 끌리는 마음이나 주의.
- 無關(무관) : 관계가 없음.
- 有關(유관) : 관계가 있음.

廣	넓을 광:	' ' 广 广 广 庐 庐 庐 庐 庐 庐 庐 廣 廣 廣 廣
	广, 총15획	넓이, 널리

- 広

- 廣角(광각) : 넓은 각도.
- 廣告紙(광고지) : 광고하는 글이나 그림이 들어 있는 종이.
- 廣木(광목) : 무명 올로 서양 목처럼 폭이 넓게 짠 베.
- 廣野(광야) : 너른 벌판.
- 廣場(광장) : 공공시설물로서 너른 마당.

| 橋 | 다리 교
木, 총16획 | 一 † † † † † † † 橋 橋 橋 橋 橋
橋 橋 |

· 陸橋(육교) : 도로나 철도 위에 가로질러 놓은 다리.
· 人道橋(인도교) : (철교에 상대하여) 사람이나 자동차 따위가 건너다니게 만든 다리.
· 鐵橋(철교) : 철을 주재료로 하여 놓은 다리.

| 具 | 갖출 구(:)
八, 총8획 | ⎮ 冂 冂 月 目 且 具 具
모두, 함께, 연장, 그릇 |

備(갖출 비, 4Ⅱ)

※첫 음절에서 장음과 단음 두 가지로 발음됨.
· 具氏(구:씨) : '具'를 성姓으로 하는 사람. * 氏(각시 씨, 4)
· 具色(구색) : 여러 가지 물건의 갖춤새.
· 具體(구체) : 실제로 일정한 형상이나 성질을 갖추고 있는 것.
· 家具(가구) : 가정 살림에 쓰이는 온갖 세간.

| 救 | 구원할 구:
攴(攵), 총11획 | 一 † † † † † † † † † † 救 救
돕다, 건지다 |

援(도울 원, 4),
濟(건널/구제할 제, 4Ⅱ)

· 救國(구국) : 나라를 위기에서 구함.
· 救急(구급) : 위급한 것을 구원함.
· 救命(구명) : 목숨을 건짐(구함).
· 救出(구출) : 구원해냄.
· 自救(자구) : 스스로를 구함.

舊	예 구	丨 卝 艹 艹 芢 芢 芢 萑 萑 萑 萑 萑 萑 萑 萑 舊 舊 舊 ※臼는 ' ㅏ ㄷ ㄷ ㄷ ㄷ 臼도 가능
	臼, 총18획	옛, 친구, 오래다

약 旧

유

상 新(새 신)

성

- 舊家(구가) : 옛집.
- 舊面(구면) : 안 지 오랜 얼굴. 전부터 안면이 있는 사람.
- 舊世代(구세대) : 이전 세대. 묵은 세대.
- 舊式(구식) : 예전 방식.
- 新舊(신구) : 새 것과 헌 것.

局	판 국	ㄱ ㅋ 尸 月 局 局 局
	尸, 총7획	관청, 방, 구분, 당면한 사태, 도량

약

유

상

성

- 局面(국면) : 일이 벌어진 경우나 장면.
- 當局(당국) : 어떤 일을 직접 맡아보고 있음.
- 藥局(약국) : 약을 파는 곳.
- 終局(종국) : 끝판.
- 形局(형국) : 어떤 일이 벌어진 그때의 형편이나 판국.

貴	귀할 귀	丨 口 中 虫 冉 冉 冉 貴 貴 貴 貴 貴
	貝, 총12획	귀하게 여기다, 존칭의 접두어

약

유 尊(높을 존, 4Ⅱ)

상 賤(천할 천, 3Ⅱ)

성

- 貴族(귀족) : 혈통 · 신분 · 지위에 특권을 가진 사람들.
- 貴重(귀중) : 귀하고 중요함.
- 貴中(귀중) : 편지를 받을 단체 이름 아래 쓰는 높임말.
- 貴下(귀하) : 상대방을 높여 일컫는 말.
- 品貴(품귀) : 물건을 구하기 어려움.

| 規 | 법 규
見, 총11획 | 一 = チ き ま 扣 担 押 担 押 規
법칙, 책략, 바로잡다, 본뜨다, 모범으로 삼다 |

 약

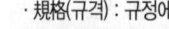 유
律(법칙 률, 4Ⅱ), 則(법칙 칙),
法(법 법)

 상

 반

· 規格(규격) : 규정에 들어맞는 격식.
· 規約(규약) : 어떤 조직체에서 지키도록 정한 규범.
· 規定(규정) : 규칙으로 정함. 또는 규칙으로 정한 것.
· 規則(규칙) : 정해놓은 규범이나 원칙.
· 法規(법규) : 법률상의 규정.

| 給 | 줄 급
糸, 총12획 | ⟨ ⟨ ⟨ ⟨ ⟨ ⟨ ⟨ ⟨ ⟨ 給 給 給
넉넉하다, 시중들다 |

 약

 유

 상 收(거둘 수, 4Ⅱ), 需(쓰일 수, 3Ⅱ)

 반 自給自足(자급자족)

· 給水(급수) : 물을 대어줌.
· 給食(급식) : 음식을 줌.
· 給油(급유) : 기름을 공급함.
· 發給(발급) : 증명서 따위를 내어줌.
· 自給(자급) : 필요한 물자를 제 힘으로 장만함.

| 己 | 몸 기
己, 총3획 | 一 コ 己
자기, 여섯째 천간 |

 약

 유

 상

 반

· 利己(이기) : 제 한 몸의 이익만 차림.
· 自己(자기) : 제 몸. 제 자신.
· 知己(지기) : 자기를 알아주는 벗.

● 틀리기 쉬운 한자
巳(뱀 사, 3), 已(이미 이, 3Ⅱ)

| 基 | 터 기
土, 총11획 | 一 十 卄 廿 甘 甘 甘 其 其 基 基
근본, 사업, 자리를 잡다 |

- 基金(기금) : 사업의 기초가 되는 돈.
- 基壇(기단) : 건축물의 기초가 되는 단.
- 基本(기본) : 사물의 기초와 근본.
- 基地(기지) : 어떤 활동의 근거지.

| 技 | 재주 기
手(扌), 총7획 | 一 十 扌 扌 扩 抆 技 |

術(재주 술), 藝(재주 예, 4Ⅱ)

- 技能(기능) : 기술상의 재능.
- 技法(기법) : 기교와 방법.
- 技術(기술) : 어떤 일을 정확하고 능률적으로 해내는 솜씨.
- 長技(장기) : 가장 능한 재주.
- 特技(특기) : 남이 가지지 못한 기능이나 기술 · 재간.

| 期 | 기약할 기
月, 총12획 | 一 十 卄 廿 甘 甘 甘 其 其 期 期 期 期
기다리다, 바라다, 기간 |

時(때 시)

- 期待(기대) : 일이 이루어지기를 바라고 기다림.
- 工期(공기) : 공사 기간.
- 前期(전기) : 앞 시기.
- 初期(초기) : 처음의 때나 시기.
- 後期(후기) : 뒷 시기.

汽	물끓는김 기	`丶氵氵沪沪汽`
	水(氵), 총7획	

· 汽船(기선) : 증기 기관을 동력으로 하여 항해하는 배.
· 汽車(기차) : 증기나 디젤 기관으로 가는 철도 차량.

吉	길할 길	`一十士吉吉吉`
	口, 총6획	좋다, 복

凶(흉할 흉)

半凶半吉(반흉반길),
立春大吉(입춘대길)

· 吉運(길운) : 좋은 운수.
· 吉日(길일) : 길한 날. 좋은 날.
· 吉凶(길흉) : 좋은 일과 언짢은 일.
· 大吉(대길) : 크게 길함. 썩 좋음.

念	생각 념(염):	`ノ人人今今今念念`
	心, 총8획	생각하다, 외다

考(생각할 고), 慮(생각할 려, 4),
思(생각 사), 想(생각 상, 4Ⅱ)

· 記念(기념) : 뒤에 어떤 일을 상기할 근거로 삼음.
· 理念(이념) : 이성에 의하여 얻어지는 최고 개념.
· 思念(사념) : 마음속으로 생각함, 또는 그 생각.
· 信念(신념) : 변하지 않은 굳은 생각.
· 一念(일념) : 한결같은 마음.

140

能	능할 능	`ㄥ ㄥ ㅇ ㅇ ㅇ ㅇ ㅇ 能 能 能`
	肉(月), 총10획	능력, 재능

- 能力(능력) : 할 수 있는 힘.
- 可能(가능) : 할 수 있거나 될 수 있음.
- 無能(무능) : 재능이 없음. 무능력.
- 有能(유능) : 능력이나 재능이 있음.
- 才能(재능) : 재주와 능력.

能小能大(능소능대),
多才多能(다재다능)

團	둥글 단	`丨 冂 冂 冂 冎 冎 冎 圓 圓 團 團 團 團`
	囗, 총14획	모이다, 모임

団

集(모을 집)

- 團結(단결) : 여러 사람이 한데 뭉침. 단합團合.
- 團長(단장) : 일정한 조직체를 이룬 단의 우두머리.
- 團體(단체) : 같은 목적으로 모인 두 사람 이상의 모임.
- 財團(재단) : 일정한 목적을 위하여 결합된 재산의 집합.

壇	단 단	`一 十 土 圡 圹 圹 圹 圹 圹 圹 圹 壇 壇 壇`
	土, 총16획	壇 壇

- 壇上(단상) : (연단이나 교단 등의) 단 위.
- 敎壇(교단) : 교실에서 선생이 강의할 때 올라서는 단.
- 登壇(등단) : 어떤 특수한 사회 분야에 처음으로 등장함.
- 樂壇(악단) : 음악가들의 사회.
- 畵壇(화단) : 화가의 사회.

| 談 | 말씀 담 | ` ` ` ` ` ` ` ` ` ` ` ` ` 談 談 談 談 談 談
言, 총15획 | 이야기하다 |

음 言(말씀 언), 話(말씀 화)

· 談話(담화) : 서로 주고받는 이야기.
· 德談(덕담) : 상대편이 잘되기를 비는 말이나 인사.
· 相談(상담) : 서로 의논함.
· 筆談(필담) : 글로 써서 의사를 통함.
· 會談(회담) : 만나거나 모여서 의논함, 또는 그 의논.

| 當 | 마땅 당 | ` ` ` ` ` ` ` ` ` ` ` 當 當 當 當
田, 총13획 | 마땅하다, 대하다, 맡다, 저당 |

약 当
상 落(떨어질 락), 否(아닐 부, 4)

· 當落(당락) : 붙고 떨어짐.
· 當選(당선) : 선거에 뽑힘.
· 當然(당연) : 마땅히 그러함.
· 不當(부당) : 이치에 맞지 않거나 마땅하지 않음.
· 正當(정당) : 바르고 마땅함.

| 德 | 큰/덕 덕 | ` ` ` ` ` ` ` ` ` ` ` ` ` 德 德
德
彳, 총15획 | 도덕, 은덕 |

· 德望(덕망) : 덕행으로 얻은 명망.
· 功德(공덕) : 공적과 어진 덕.
· 道德(도덕) : 사람이 마땅히 갖추어야 할 행동규범.
· 美德(미덕) : 아름다운 덕행.
· 惡德(악덕) : 악한 품성.

到	이를 도: 刀(刂), 총8획	一 프 프 즈 즈 조 到 到 다다르다, 오다, 가다, 세밀하다

약

유 達(통달할/이를 달, 4Ⅱ),
着(붙을/다다를 착)

상

반 讀書三到(독서삼도)

· 到着(도착) : 다다름.
· 到來(도래) : 이르러서 옴. 닥쳐 옴.
· 當到(당도) : 어떤 곳에 이름.

島	섬 도 山, 총10획	' 亻 广 宀 宀 自 鳥 鳥 島 島

약

유

상

반

· 獨島(독도) : 경북 울릉군에 딸린 섬.
· 無人島(무인도) : 사람이 살고 있지 않는 섬.
· 三多島(삼다도) : 여자, 돌, 바람이 많다는 '제주도'를 뜻함.
· 韓半島(한반도) : '우리나라'를 지형적으로 일컫는 말.
· 海島(해도) : 바다 가운데 있는 섬.

都	도읍 도 邑(阝), 총12획	一 十 土 耂 耂 赤 者 者 者 都 都 都 도시, 모두

약

유

상 農(농사 농)

반

· 都市(도시) : 정치 · 경제 · 문화의 중심지로 많은 사람이 사는 곳.
· 都心(도심) : 도회의 중심.
· 都合(도합) : 모두 한데 합한 셈.
· 古都(고도) : 옛 도읍.
· 首都(수도) : 한 나라의 중앙정부가 있는 도시.

143

獨	홀로 독 犬(犭), 총16획	´ ´ ´ ´ ´ ´ ´ ´ ´ ´ ´ ´ ´ 狗 狗 狗 狗 狗 獨 獨 獨 외롭다

 独

유 孤(외로울 고, 4), 單(홑 단, 4Ⅱ)

상

형

· 獨立(독립) : 다른 것에 딸리거나 기대지 않음.
· 獨白(독백) : 혼자서 중얼거림.
· 獨善(독선) : 자기 혼자만 옳다고 믿고 행동하는 일.
· 獨身(독신) : 형제자매가 없는 몸. 배우자가 없는 사람.
· 獨唱(독창) : 혼자서 노래함.

落	떨어질 락(낙) 艸(艹), 총13획	` ´ ` ´´ ´´´ ´´´´ ´´ 茨 莎 茨 落 落 落 준공하다, 쓸쓸하다, 죽다, 사람이 사는 곳

약

유 村(마을 촌)

상 當(마땅 당), 入(들 입)

형 落木寒天(낙목한천), 落花流水
(낙화유수), 秋風落葉(추풍낙엽)

· 落葉(낙엽) : 나뭇잎이 떨어짐. 떨어진 나뭇잎.
· 落第(낙제) : 시험에서 떨어짐.
· 落花(낙화) : 꽃이 짐, 또는 진 그 꽃.
· 村落(촌락) : 마을, 촌에 이루어진 부락.
· 下落(하락) : 값이나 등급 따위가 떨어짐.

朗	밝을 랑(낭): 月, 총11획	` ´ ´ ´ ´ 貞 貞 良 朗 朗 朗 朗

약

유

상

형

· 朗讀(낭독) : 소리를 높여 읽음.
· 明朗(명랑) : 맑고 밝음. 밝고 쾌활함.

冷	찰 랭(냉):	﹑ 冫 冫 冹 冹 冹 冷
	冫, 총7획	차게 하다, 얼다

· 冷水(냉수) : 찬 물.

寒(찰 한)

· 冷溫(냉온) : 따뜻함과 참.

暖(따뜻할 난, 4Ⅱ), 熱(더울 열), 溫(따뜻할 온)

· 冷情(냉정) : 따뜻한 정이 없이 매정하고 쌀쌀한 마음.

· 寒冷(한랭) : 춥고 차가움.

· 高冷地(고랭지) : 지대가 높고 서늘한 곳.

良	어질 량(양)	﹑ ㄱ ㄱ ㅋ ㅌ 肖 良 良
	艮, 총7획	훌륭하다, 착하다, 곧다, 진실로

· 良民(양민) : 선량한 백성.

· 良書(양서) : 읽어서 유익한, 내용이 좋은 책.

否(아닐 부, 4)

· 良心(양심) : 옳고 그름을 판단하고, 바른 언행을 하려는 마음.

良藥苦口(양약고구)

· 不良(불량) : 행실이나 성질 따위가 나쁨.

· 善良(선량) : 착하고 어짊.

量	헤아릴 량(양)	ㅣ ㄲ ㄲ ㅍ ㅍ 旱 旱 昌 昌 를 를 量 量
	里, 총12획	추측하다, 재다, 분량, 기량

· 量産(양산) : 규격이 같은 상품을 많이 생산하는 일.

· 力量(역량) : 어떤 일을 감당하여 해낼 수 있는 힘.

· 分量(분량) : 무게 · 부피 · 수량 등의 많고 적은 정도.

· 數量(수량) : 수효와 분량.

· 質量(질량) : 물체를 이루는 물질의 양.

旅	나그네 려(여)	﹑ ﹑ ﹑ 方 方' 放' 旅 旅 旅 旅
	方, 총10획	군대, 무리, 여행하다

· 旅行(여행) : 자기가 사는 곳을 떠나 먼길을 감.
· 旅客船(여객선) : 여행객을 실어 나르는 게 목적인 배.
· 旅路(여로) : 여행하며 다니는 길.
· 旅費(여비) : 여행하는 데 드는 비용.
· 旅人宿(여인숙) : 작은 규모의 여관.

歷	지날 력(역)	一 厂 厂 厂 厂 厂 厂 厂 厂 厂 厤 厤 厤 厤 歷 歷
	止, 총16획	겪다, 다니다

· 歷代(역대) : 대대로 이어 내려온 여러 대.
· 歷史(역사) : 인류의 지나온 일. 또는 그 기록.
· 歷史家(역사가) : 역사를 전문으로 연구하는 사람.
· 歷任(역임) : 여러 직위를 차례로 지냄.
· 學歷(학력) : 공부한 이력.

練	익힐 련(연) :	﹁ ﹁ ﹁ ﹁ ﹁ 糸 糸 糸 糸' 紵 紓 紓 紳 練 練
	糸, 총15획	겪다, 정선하다, 가리다

· 練兵場(연병장) : 군대를 훈련하는 곳.
· 練習(연습) : 익숙하도록 되풀이하여 익힘.
· 訓練(훈련) : 익숙하도록 가르치거나 연습하는 일.

令	하여금 령(영)(:)	ㅅ ㅅ ㅅ 슦 令
	人, 총5획	명령하다, 법령, 장관, 착하다, 가령

※첫 음절에서 장음과 단음 두 가지로 발음됨.
· 令監(영:감) : 나이 든 아내가 '남편'을 부르는 말.

　　　　　　　　　　　　　　　　　　　　 * 監(볼 감, 4Ⅱ)

· 令夫人(영부인) : 남의 아내에 대한 높임말.
· 發令(발령) : 법령을 공포하거나 명령을 내림.
· 號令(호령) : 지휘하여 명령함. 큰소리로 꾸짖음.

領	거느릴 령(영)	ㅅ ㅅ ㅅ 슦 슦 슦 슦 鈴 鈴 領 領 領 領 領
	頁, 총14획	옷깃, 목, 요점, 자지하다, 받다

受(받을 수, 4Ⅱ)

· 領空(영공) : 한 나라의 영토와 영해의 상공.
· 領土(영토) : 한 나라의 주권이 미치는 땅.
· 領海(영해) : 영토에 딸려 나라의 주권이 미치는 바다.
· 大統領(대통령) : 공화국의 최고 지도자. * 統(거느릴 통, 4Ⅱ)

勞	일할 로(노)	′ ′ ′ ′ ′ 𣃁 𣃁 𣃁 𣃁 炊 炊 勞 勞
	力, 총12획	수고롭다, 고달프다, 일하다, 위로하다, 공로

勞
使(부릴 사)

· 勞苦(노고) : 애쓰고 노력한 수고로움.
· 勞動(노동) : 마음과 몸을 써서 일을 함. 또는 그 일.
· 勞使(노사) : 노동자와 사용자.
· 過勞(과로) : 지나치게 일하여 고달픔, 지나치게 피로함.

料	헤아릴 료(요)(:)	` ` ` ` ` ` ` ` ` 料
	斗, 총10획	수를 세다, 생각하다, 값

※첫 음절에서 장음과 단음 두 가지로 발음됨.
· 料金(요:금) : 삯. 또는 값.
· 料理(요리) : 맛있는 음식을 만드는 일. 또는 그 음식.
· 無料(무료) : 거저 얻는 일. 공짜.
· 食料(식료) : 음식의 재료.
· 材料(재료) : 물건을 만드는 감.

流	흐를 류(유):	` ` ` ` ` ` ` ` ` 流
	水(氵), 총10획	번져 퍼지다, 떠돌다, 귀양보내다, 갈래

· 流動(유동) : 흘러 움직임. 이리저리 옮겨 다니거나 변천함.
· 流水(유수) : 흐르는 물.
· 交流(교류) : 서로 사귀어 주고받고 함.
· 一流(일류) : 첫째 가는 지위나 부류.
· 主流(주류) : 원줄기가 되는 큰 물줄기. 중심 갈래.
· 海流(해류) : 바닷물의 흐름.

落花流水(낙화유수)

類	무리 류(유)(:)	` ` ` ` ` ` ` ` ` ` ` ` ` 新 新 類 類 類 類 類
	頁, 총19획	동아리, 대개, 같다, 비슷한 것끼리 나누다

※첫 음절에서 장음과 단음 두 가지로 발음됨.
· 部類(부류) : 서로 구별되는 특성에 따라 갈린 종류.
· 分類(분류) : 사물을 공통 성질에 따라 종류별로 가름.
· 衣類(의류) : 옷 종류를 통틀어 이르는 말.
· 人類(인류) : 세상의 모든 사람.

類萬不同(유만부동)

148

陸	뭍 륙(육) 阜(阝), 총11획	⁷ ³ ⻖ ⻖⁻ ⻖⺀ ⻖⺀ ⻖⺀ 陸 陸 陸

음

뜻 地(땅 지)

상 水(물 수), 空(빌/하늘 공),
海(바다 해)

형

· 陸軍(육군) : 육상에서의 전투를 맡은 군대.
· 陸地(육지) : 물에 잠기지 않은 지구 거죽의 땅.
· 內陸(내륙) : 바다에서 멀리 떨어진 지역.
· 上陸(상륙) : 뭍으로 오름.
· 着陸(착륙) : 비행기 따위가 땅 위에 내림.

馬	말 마: 馬, 총10획	ㅣ ⼁ ⼁ ⼁ ⼁ 馬 馬 馬 馬 馬

음

뜻

상

형 馬耳東風(마이동풍)

· 馬力(마력) : 동력을 재는 단위의 한 가지.
· 馬夫(마부) : 말을 부리는 사람.
· 馬車(마차) : 말이 끄는 수레.
· 競馬(경마) : 말이 빨리 달리는 것을 겨룸.
· 野生馬(야생마) : 야생하는 말.

末	끝 말 木, 총5획	一 二 キ 才 末 가루, 말세, 보잘것없다

음

뜻 端(끝 단, 4Ⅱ), 尾(꼬리 미, 3),
終(마칠 종)

상 本(근본 본), 始(비로소 시)

형

· 末期(말기) : 어떤 시대나 기간의 끝이 되는 시기.
· 末年(말년) : 어떤 시기의 마지막 무렵. 인생의 마지막 무렵.
· 終末(종말) : 끝판. 맨 끝.
· 本末(본말) : 일의 처음과 끝.
· 始末(시말) : 일의 처음과 끝.
· 週末(주말) : 한 주일의 끝.

亡	망할 망	` ㅗ 亡
	亠, 총3획	달아나다, 잃다, 죽다

· 亡國(망국) : 나라가 망함. 나라를 망침.

逃(도망할 도, 4), 廢(폐할 폐, 3)

· 亡命(망명) : 정치적 탄압 따위로 남의 나라로 감.

· 亡身(망신) : 체면이나 명망을 망침.

存(있을 존, 4), 興(일어날 흥, 4Ⅱ)

· 死亡(사망) : 죽음.

敗家亡身(패가망신)

· 敗亡(패망) : 전쟁에 져서 망함.

望	바랄 망:	` ㅗ ㄠ ㅌ ㅌ䒑 ㅌ䒑 ㄅ坓 ㄅ望 ㄅ望 望 望 望
	月, 총11획	바라보다, 보름

觀(볼 관), 願(원할 원), 希(바랄 희, 4Ⅱ)

· 所望(소망) : 바라는 바. 소원. 희망.

· 宿望(숙망) : 오래 전부터 품어온 소망.

· 失望(실망) : 희망을 잃음. 일이 뜻대로 되지 않음.

· 野望(야망) : 크게 무엇을 이루어보겠다는 희망.

· 熱望(열망) : 열심히 바람. 간절히 바람.

買	살 매:	` ㄱ ㅜ ㅜㅜ ㅍ ㅍ 罒 罒 冒 冒 買 買
	貝, 총12획	

賣(팔 매)

· 買入(매입) : 사들임.

· 買切(매절) : 반품 없는 조건으로 상품을 모개로 사는 일.

· 強買(강매) : 강제로 물건을 삼.

· 不買(불매) : 사지 않음.

154

賣	팔 매(:) 貝, 총15획	一 十 士 古 声 声 声 声 声 賣 賣 賣 賣 賣 賣

약 売

유

상 買(살 매)

성

※첫 음절에서 장음과 단음 두 가지로 발음됨.

· 賣店(매:점) : 일상 용품을 파는 소규모의 가게.

· 賣上(매:상) : 상품을 팖.

· 賣場(매:장) : 판매소.

· 賣買(매매) : 팔고 삼. 파는 일과 사는 일.

無	없을 무 火(灬), 총12획	ノ 仁 仁 仁 午 無 無 無 無 無 無 無 아니다(부정), 말다(금지)

약 无

유

상 有(있을 유)

성 無不通知(무불통지), 無所不知(무소부지), 不學無識(불학무식), 有口無言(유구무언), 有名無實(유명무실), 前無後無(전무후무)

· 無禮(무례) : 예의가 없음.

· 無病(무병) : 병이 없음.

· 無用(무용) : 소용이 없음.

· 無形(무형) : 형체가 없음.

· 有無(유무) : 있음과 없음.

倍	곱 배(:) 人(亻), 총10획	ノ 亻 亻 仁 仁 位 倅 倅 倍 倍 더욱, 곱하다, 더하다

약

유

상

성

※첫 음절에서 장음과 단음 두 가지로 발음됨.

· 倍加(배:가) : 갑절로 늘어남, 또는 갑절로 늘림.

· 倍數(배:수) : 갑절이 되는 수.

· 倍達(배달) : 상고시대 우리나라의 이름. * 達(통달할 달, 4Ⅱ)

· 百倍(백배) : 백 갑절.

| 法 | 법 법
水(氵), 총8획 | `丶 冫 氵 汁 汁 法 法`
방법, 모형, 꼴, 본받다 |

약

유 規(법 규), 律(법칙 률, 4Ⅱ), 式(법 식), 典(법 전), 則(법칙 칙)

상

반

· 法式(법식) : 법도와 양식.
· 法庭(법정) : 법에 좇아 송사를 심리하는 곳.
· 立法(입법) : 법을 제정함, 또는 그 행위.
· 方法(방법) : 어떤 목적을 달성하기 위하여 취하는 수단.
· 合法(합법) : 법령이나 규칙에 맞음.

| 變 | 변할 변:
言, 총23획 | `丶 亠 亠 亠 甲 甲 言 言'言'言 絲 絲 絲 絲'`
`絲 絲 絲 絲 絲 絲 變 變 變 變`
고치다, 움직이다, 재앙 |

약 変

유 改(고칠 개), 易(바꿀 역, 4)

상

반 萬古不變(만고불변), 朝變夕改(조변석개), 千變萬化(천변만화)

● **틀리기 쉬운 한자**
變(불꽃 섭, 1)

· 變動(변동) : 변하여 움직임.
· 變色(변색) : 빛깔이 달라짐.
· 變質(변질) : 물질이나 사물의 성질이 바뀜.
· 變化(변화) : 사물의 모양 · 성질 · 상태 등이 달라짐.
· 不變(불변) : 변하지 아니함.

| 兵 | 병사 병
八, 총7획 | `丶 丆 斤 斤 丘 乒 兵`
군사, 전쟁, 무기 |

약

유 士(선비/병사 사), 卒(마칠/군사 졸)

상 將(장수 장, 4Ⅱ)

반

· 兵力(병력) : (병사 · 병기 등의 총체로서의) 군대의 힘.
· 兵卒(병졸) : 하사관 아래의 군인. 병사兵士.
· 新兵(신병) : 새로 입대한 병사.
· 用兵術(용병술) : 전투에서, 군사를 쓰는 기술.
· 二等兵(이등병) : 군대에서 가장 아래 계급의 사병.

福	복 복 示, 총14획	一 一 亅 亅 礻 礻 礻 礻 祁 祁 祁 祁 福 福 福 상서롭다, 음복하다

약
유 幸(다행 행)
상 禍(재앙 화, 3Ⅱ)
훈

- 福利(복리) : 행복과 이익.
- 多福(다복) : 복이 많음, 또는 많은 복.
- 人福(인복) : 사람의 도움을 많이 받는 복. 인덕人德
- 祝福(축복) : 행복하기를 빎, 또는 비는 일.
- 幸福(행복) : 불만족하거나 모자람 없이 기쁘고 넉넉함.

奉	받들 봉: 大, 총8획	一 三 三 夫 夫 表 表 奉 바치다, 녹봉

약
유 承(이을 승, 4Ⅱ)
상
훈

- 奉仕(봉사) : 남을 위하여 자신을 돌보지 않고 애씀.
- 奉安(봉안) : 신주나 화상을 받들어 모심.
- 奉養(봉양) : 부모를 받들어 모시고 섬김.
- 侍奉(시봉) : 부모를 모시어 받듦.
- 信奉(신봉) : 믿고 받듦.

比	견줄 비: 比, 총4획	一 上 比 比 나란히 하다, 따르다, 친하다, 비례

약
유
상
훈

- 比例(비례) : 두 양의 비가 일정하게 되는 것.
- 比重(비중) : 다른 사물과 견주어지는 사물의 중요성.
- 對比(대비) : 서로 맞대어 견줌.
- 成分比(성분비) : 한 물체를 이루고 있는 여러 성분의 비율.

費	쓸 비: 貝, 총12획	一 一 弓 弗 弗 弗 弗 弗 弗 費 費 費 소모하다, 비용

- 費用(비용) : 무엇을 사거나 어떤 일을 하는 데 드는 돈.
- 消費(소비) : 돈이나 물건·시간·노력 따위를 씀.
- 食費(식비) : 음식비.
- 車費(차비) : 찻삯.
- 會費(회비) : 모임의 유지에 드는 비용.

鼻	코 비: 鼻, 총14획	' ｢ ｢ 自 自 自 自 鼻 鼻 鼻 鼻 鼻 鼻 鼻 시초

- 鼻音(비음) : 콧소리.
- 鼻祖(비조) : 어떤 일을 가장 먼저 시작한 사람.
- 耳目口鼻(이목구비) : 귀, 눈, 입, 코를 아울러 이르는 말.

氷	얼음 빙 水, 총5획	丿 丶 氵 氺 氷

炭(숯 탄)

- 氷山(빙산) : 얼음산.
- 氷雪(빙설) : 얼음과 눈.
- 氷水(빙수) : 얼음물.
- 氷炭(빙탄) : 얼음과 숯. '성질이 상반되는 것'을 비유.
- 氷河(빙하) : 얼음이 얼어붙은 큰 강.

| 仕 | 섬길/
벼슬할 사(:)
人(亻), 총5획 | ノ 亻 仁 什 仕 |

※첫 음절에서 장음과 단음 두 가지로 발음됨.
- 仕宦(사:환) : 벼슬살이를 함. * 宦(벼슬 환, 1)
- 仕日(사일) : 벼슬자리에 있던 날수.
- 給仕(급사) : 사환, 사동, 심부름하는 아이.
- 出仕(출사) : 벼슬을 하여 처음으로 관직에 나아감.

| 史 | 역사 사:
口, 총5획 | ノ 口 口 史 史
사기, 사관, 문필가 |

- 史記(사기) : 역사적 사실을 적은 책.
- 史學(사학) : 역사학.
- 國史(국사) : 우리나라의 역사.
- 近世史(근세사) : 근세의 역사.
- 野史(야사) : 민간에서 사사로이 기록한 역사.

| 士 | 선비 사:
士, 총3획 | 一 十 士
사내, 병사, 칭호나 직업에 붙이는 말 |

- 士氣(사기) : 싸우려 하는 병사들의 씩씩한 기개.
- 士農工商(사농공상) : 선비·농부·장인·상인의 네 신분.
- 軍士(군사) : 군대에서 장교의 지휘를 받는 군인.
- 樂士(악사) : 음악을 연주하는 사람.
- 人士(인사) : 교육이나 사회적 지위가 있는 사람.

民(백성 민), 兵(병사 병),
卒(마칠/군사 졸)

士農工商(사농공상)

寫	베낄 사	ﾉ ﾉ ﾙ ﾁ ﾁ ﾁ ﾁ ﾕ 宫 宫 宫 寫 寫 寫 寫　　　　※宀는 ﾉ ﾝ ﾝ ﾝ ﾝ ﾝ도 가능
	宀, 총15획	그리다, 주조하다

 写

· 寫本(사본) : 원본을 옮기어 베낌. 또는 그 베껴놓은 것.
· 寫生(사생) : 실물이나 실경을 있는 그대로 본떠 그림.
· 筆寫(필사) : 베끼어 씀.

思	생각 사(ː)	｜ ﾛ ﾛ ﾛ ﾕ ﾕ ﾕ 思 思 思
	心, 총9획	생각하다, 그리워하다

考(생각할 고), 慮(생각할 려, 4),
想(생각 상, 4Ⅱ), 念(생각 념),
意(뜻 의)

· 思考(사고) : 생각함. 궁리함.
· 思親(사친) : 어버이를 생각함.
· 心思(심사) : 마음.
· 意思(의사) : 생각이나 마음.

查	조사할 사	ﾖ ﾝ ﾝ ﾝ ﾝ 杏 杏 杳 查
	木, 총9획	

· 期末考査(기말고사) : 학기가 끝날 무렵에 치르는 시험.
· 內査(내사) : 비공식으로 조사함. 자체에서 하는 조사.
· 實査(실사) : 실제로 검사하거나 조사함.
· 調査(조사) : 사물의 내용을 자세히 살펴봄.

産	낳을 산:	`一一一产产产产产産
	生, 총11획	나다, 자라다, 산물, 업, 자산

死(죽을 사)

· 産業(산업) : 생산을 목적으로 하는 사업.
· 家産(가산) : 집안의 재산.
· 生産(생산) : 필요한 물건을 만듦.
· 水産(수산) : 수산물. 수산업.
· 出産(출산) : 아기를 낳음.

商	장사 상	`一一一产产产产商商商
	口, 총11획	헤아리다, 장사하다

士農工商(사농공상)

· 商船(상선) : 상업을 위해 항해하는 배.
· 商業(상업) : 상품 매매로 이익을 얻고자 하는 경제활동.
· 商店(상점) : 가게.
· 商品(상품) : 사고 파는 물품.
· 商號(상호) : 상점이나 회사의 이름.

相	서로 상	一十才才 才 相 相 相 相
	目, 총9획	보다, 돕다, 모양, 정승

教學相長(교학상장)

· 相對(상대) : 서로 마주 대함, 또는 그 대상.
· 相思(상사) : 서로 생각하고 그리워함.
· 相爭(상쟁) : 서로 다툼.
· 相通(상통) : 서로 마음과 뜻이 통함.
· 首相(수상) : 내각의 우두머리.

賞	상줄 상 貝, 총15획	丶 ⺌ ⺌ ⺌ ⺌ ⺌ ⺌ ⺌ ⺌ ⺌ 営 営 営 賞 賞 완상하다, 칭찬하다, 즐기다

약

유

상 罰(벌할 벌, 4Ⅱ)

성

· 賞金(상금) : 상으로 주는 돈.
· 賞品(상품) : 상으로 주는 물품.
· 大賞(대상) : 가장 우수한 사람이나 단체에게 주는 상.
· 入賞(입상) : 상을 타게 되는 등수에 드는 것.
· 特別賞(특별상) : 특별히 주는 상.

序	차례 서: 广, 총7획	丶 亠 广 广 序 序 序 학교, 실마리, 서술하다

약

유

상

성

· 序曲(서곡) : 첫머리에 연주되어 도입부 구실을 하는 악곡.
· 序頭(서두) : 어떤 차례의 첫머리.
· 序文(서문) : 머리말.
· 順序(순서) : 정하여져 있는 차례.
· 自序(자서) : 자기 책에 스스로가 적은 서문.

仙	신선 선 人(亻), 총5획	丿 亻 亻 仙 仙

약

유

상

성

· 仙界(선계) : 신선의 세계.
· 仙女(선녀) : 하늘에 산다는 여자 신선.
· 仙人(선인) : 신선.
· 神仙(신선) : 선도仙道를 닦아 신통력을 얻은 사람.

| 善 | 착할 선:
□, 총12획 | `丷 丷 丷 半 羊 羊 差 善 善 善`
좋다, 훌륭하다, 잘하다, 옳게 여기다, 사이좋다 |

惡(악할 악)

· 善心(선심) : 착한 마음. 남을 돕고자 하여 베푸는 후한 마음.
· 善惡(선악) : 착함과 악함.
· 善意(선의) : 착한 마음. 좋은 뜻.
· 善行(선행) : 착한 행동. 선량한 행실.
· 最善(최선) : 가장 좋거나 훌륭함, 또는 그런 것.

| 船 | 배 선
舟, 총11획 | `' ｲ 力 力 舟 舟 舟 舟 船 船 船`
 |

舟(배 주, 3), 航(배 항, 4Ⅱ)

· 船室(선실) : 배 안에 시설된 승객들의 방.
· 船長(선장) : 배를 책임지는 선원의 우두머리.
· 船體(선체) : 배의 몸체.
· 漁船(어선) : 고기잡이를 하는 데 쓰는 배.
· 戰船(전선) : 해전海戰에 쓰는 배.

| 選 | 가릴 선:
辵(辶), 총16획 | `ㄱ ㄹ ㄹ ㅌ ㅌ ㅌ ㅌ 巽 巽 巽 巽 巽 巽`
巽 選
뽑다, 열거하다 |

別(다를 별), 擇(가릴 택)

· 選別(선별) : 가려서 골라내거나 추려냄.
· 選手(선수) : 여럿 중에서 대표로 뽑힌 사람.
· 選定(선정) : 많은 것 중에서, 골라서 정함.
· 選出(선출) : 여럿 가운데서 고르거나 뽑아냄.
· 再選(재선) : 다시 두 번째 당선됨.

159

鮮	고울 선 魚, 총17획	´ ´ ´ ´ ´ ´ ´ ´ ´ ´ ´ ´ ´ ´ ´ ´ ´ 魚 魚 魚 魚 魚 魚 魚 魚 魚 魚 魚 魚 魚 魚 鮮 鮮 鮮 싱싱하다, 드물다, 깨끗하다, 생선, 날것

- 鮮明(선명) : 산뜻하고 밝음.
- 鮮血(선혈) : 갓 흘러나온 붉은 피.
- 生鮮(생선) : 물에서 잡아낸 그대로의 물고기.
- 新鮮(신선) : 새롭고 깨끗함. 생생하고 산뜻함.

說	말씀 설, 달랠 세, 기뻐할 열 言, 총14획	` 亠 亠 亖 亖 亖 言 言 言 言 訁 訴 訴 說 說

- 說明(설명) : 어떤 일의 내용 따위를 알기 쉽게 밝혀 말함.
- 說話(설화) : 한 민족 사이에 전승되어 온 이야기.
- 一說(일설) : 하나의 설. 어떤 말. 다른 말.
- 定說(정설) : 확정된 설. 결정된 의논.
- 學說(학설) : 학문상으로 주장하는 이론.

辭(말씀 사, 4)

語不成說(어불성설)

性	성품 성: 心(忄), 총8획	´ ´ ´ ´ ´ ´ ´ ´ ´ ´ ´ ´ ´ 忄 忄 忄 忄 性 性 바탕, 성별, 마음

- 感性(감성) : 느낌을 받아들이는 성질.
- 理性(이성) : 사물의 이치를 논리적으로 생각하는 마음 작용.
- 人性(인성) : 사람의 성품.
- 天性(천성) : 선천적으로 타고난 성질.
- 特性(특성) : (일정한 사물에만 있는) 특수한 성질.

歲	해 세:	丿 ｒ ｒｒ ｒｒ ｒ歲 歲 歲 歲 歲 歲
	止, 총13획	나이, 세월

음
유 年(해 년)
상
쌍 歲寒三友(세한삼우)

· 歲費(세비) : 국가기관의 1년 동안의 비용.
· 歲月(세월) : 흘러가는 시간.
· 萬歲(만세) : 오랜 세월. 오래도록 삶.
· 百歲(백세) : 백 년. 백 살.
· 年歲(연세) : '나이'의 높임말.

洗	씻을 세:	丶 丶 氵 氵 汗 汫 洗 洗 洗
	水(氵), 총9획	

음
유
상
쌍

· 洗禮式(세례식) : 세례를 베푸는 의식.
· 洗手(세수) : 얼굴을 씻음. 세면洗面.
· 洗心(세심) : 마음을 깨끗하게 함.
· 洗足(세족) : 발을 씻음.
· 洗車(세차) : 차에 묻은 먼지나 흙을 씻는 일.

束	묶을 속	一 厂 戸 百 申 束 束
	木, 총7획	약속하다, 단속하다

음
유 約(맺을 약)
상
쌍

· 束手(속수) : 팔짱을 끼고 아무것도 하지 않음.
· 團束(단속) : 주의를 기울여 단단히 다잡거나 보살핌.
· 約束(약속) : 언약하여 정함. 서로 언약한 내용.

首	머리 수	`丶丷艹芏芏首首首首`
	首, 총9획	우두머리, 첫째, 첫머리

약

유 頭(머리 두)

상 尾(꼬리 미, 3)

용

· 首席(수석) : 제1위.
· 首長(수장) : 우두머리.
· 首弟子(수제자) : 여러 제자 중에서 가장 뛰어난 제자.
· 歲首(세수) : 해의 첫머리. 설.
· 元首(원수) : 국가 최고 통치권을 가진 사람.

宿	잘 숙, 별 수	`丶丷宀宀宁宇宇宿宿宿宿`
	宀, 총11획	묵다, 지키다, 숙직

약

유

상

용

· 宿所(숙소) : 객지에서 머물러 묵는 곳.
· 宿食(숙식) : 잠자는 일과 먹는 일.
· 宿題(숙제) : 해결해야 할 문제.
· 宿直(숙직) : 관청·회사 등에서 밤에 지키는 일.
· 合宿(합숙) : 여러 사람이 한곳에서 묵음.

順	순할 순:	`丿刂刂厂厂厂順順順順順順`
	頁, 총12획	좇다, 따르다

약

유

상 逆(거스를 역, 4Ⅱ)

용 雨順風調(우순풍조)

· 順理(순리) : 도리에 순종함. 마땅한 도리나 이치.
· 順番(순번) : 차례로 돌아오는 번, 또는 그 순서.
· 順位(순위) : 순번에 따라 정해진 위치나 지위.
· 順行(순행) : 순리대로 진행됨.
· 筆順(필순) : 글씨를 쓸 때 붓을 놀리는 차례.

| 示 | 보일 시:
示, 총5획 | 一 二 亍 亓 示
지시하다 |

· 例示(예시) : 본보기를 들어서 보임.
· 展示(전시) : 물품 따위를 늘어놓아 보임.
· 表示(표시) : 겉으로 드러내어 보임.
· 標示(표시) : 표를 하여 나타내 보임.
· 訓示(훈시) : 가르쳐 보임.

| 識 | 알 식,
기록할 지
言, 총19획 | 一 二 亖 言 言 言 言 訂 訂 訂 訪 諳
諳 諳 識 識 識
지식, 식견 |

認(알 인, 4Ⅱ), 知(알 지)

不學無識(불학무식)

· 識別(식별) : 사물의 성질이나 종류 따위를 구별함.
· 識者(식자) : 학식 상식 따위가 있는 사람.
· 意識(의식) : 마음의 작용이나 상태.
· 知識(지식) : 알고 있는 내용, 또는 범위.
· 學識(학식) : 배워서 얻은 지식. 학문과 식견.

| 臣 | 신하 신
臣, 총6획 | 一 丆 五 圷 臣 臣 |

君(임금 군, 4)

· 臣下(신하) : 임금을 섬기어 벼슬하는 사람.
· 家臣(가신) : 고관의 집에 딸려 그들을 섬기던 사람.
· 功臣(공신) : 나라에 공로가 있는 신하.
· 名臣(명신) : 이름난 신하.
· 死六臣(사육신) : 단종 복위를 꾀하다가 죽은 여섯 충신.

實	열매 실 宀, 총14획	⺌ ⺌ 宀 宀 宁 宁 帘 帘 帘 帘 雷 雷 實 實 실제, 속, 차다, 참으로

 実

유 果(실과 과), 眞(참 진)

상 否(아닐 부, 4), 虛(빌 허, 4Ⅱ)

사 有名無實(유명무실)

· 實力(실력) : 실제의 능력.
· 實現(실현) : 실제로 나타냄.
· 果實(과실) : 나무의 열매. 과일.
· 事實(사실) : 실제로 있는 일.
· 現實(현실) : 현재의 사실이나 형편.

兒	아이 아 儿, 총8획	⺊ ⺊ ⺊ ⺊ ⺊ 臼 臼 兒 ※臼는 ⺊ ⺊ 臼 臼 臼도 가능

 児

유 童(아이 동)

상

사

· 兒童(아동) : 어린이.
· 男兒(남아) : 사내아이.
· 新生兒(신생아) : 갓난아이.
· 女兒(여아) : 계집아이.
· 育兒(육아) : 어린아이를 기름.

惡	악할 악, 미워할 오 心, 총12획	一 一 亞 亞 亞 亞 亞 惡 惡 惡 나쁘다, 추하다, 어찌(오)

약 悪

유

상 善(착할 선), 愛(사랑 애),
好(좋을 호, 4Ⅱ)

사

· 惡名(악명) : 악한 소문이나 평판.
· 惡用(악용) : 잘못 씀. 나쁘게 이용함.
· 惡材(악재) : 나쁜 재료.
· 害惡(해악) : 해로움과 악함. 해가 되는 나쁜 일.
· 惡寒(오한) : 몸이 으슬으슬 춥고 떨리는 기운.

案	책상 안:	丶丶宀宀安安安安案案案
	木, 총10획	생각, 안건, 초안, 상고하다

(약)
(유)
(상)
(형)

· 案内(안내) : (길이나 사정 등을) 알려주거나 이끄는 일.
· 代案(대안) : 어떤 안에 대신하는 안.
· 方案(방안) : 일을 처리해나갈 방법에 관한 일.
· 立案(입안) : 안을 마련함.
· 草案(초안) : 초를 잡음, 또는 그 글발. 기초한 안건을 잡음.

約	맺을 약	丶幺幺幺糸糸糸約約
	糸, 총9획	약속하다, 아끼다, 요약하나, 내략

(약)
(유) 束(묶을 속)
(상)
(형)

· 約定(약정) : 남과 일을 약속하여 정함.
· 新舊約(신구약) : 신약성서와 구약성서.
· 言約(언약) : 말로 약속함, 또는 그 약속.
· 要約(요약) : 요점을 추려냄.
· 節約(절약) : 아끼어 씀. 아낌.

養	기를 양:	丶丷丷뿨ꙫꙬꙬꙬꙬꙬꙬꙬ養養 養
	食, 총15획	봉양하다

(약)
(유)
(상)
(형)

· 養老院(양로원) : 의지할 곳 없는 노인을 모아 돌보는 시설.
· 養分(양분) : 영양분.
· 養魚(양어) : 물고기를 길러 번식시킴.
· 養育(양육) : 길러 자라게 함.
· 敎養(교양) : 배워 닦은 수양. 가르쳐 기름.

| 漁 | 고기잡을 어
水(氵), 총14획 | ` ` ` ` ` `氵 `氵 `氵 `冫 `氿 `氿 `渔 `渔 `渔 `渔 `漁 |

 · 漁民(어민) : 고기잡이하는 백성.
 · 漁父(어부) : 어부漁夫. 고기잡이를 업으로 하는 사람.
 · 漁業(어업) : 물고기를 잡거나 양식하는 사업.
 · 漁場(어장) : 고기를 잡는 곳.
· 漁村(어촌) : 어부들이 모여 사는 마을.

| 魚 | 고기/
물고기 어
魚, 총11획 | ` ` ` ` ` `⺈ `台 `台 `台 `角 `魚 `魚 `魚 `魚 |

 · 魚類(어류) : 물고기. 또는 물고기 종류.
 · 魚市場(어시장) : 생선 파는 시장.
· 魚族(어족) : 물고기를 계통적으로 나눈 종족.
· 魚種(어종) : 물고기의 종류.
· 活魚(활어) : 살아 있는 물고기.

| 億 | 억 억
人(亻), 총15획 | ` ` ` ` ` `亻 `亻 `伫 `仿 `仿 `伫 `倍 `倍 `倍 `億 `億
億 |

 · 億萬(억만) : 아주 많은 수효.
 · 億萬長者(억만장자) : 많은 재산을 가진 사람.
· 十億(십억) : 억億의 열 배.

熱	더울 열	一 十 土 耂 耂 赤 赤 幸 刲 執 執 執 執 熱 熱
	火(灬), 총15획	바쁘다, 더위, 태우다

- **음**
- **유**
- **상** 冷(찰 랭)
- **반**

· 熱氣(열기) : 뜨거운 기운.
· 熱心(열심) : 골똘히 힘씀. 또는 그런 마음.
· 熱愛(열애) : 열렬히 사랑함. 또는 그 사랑.
· 熱意(열의) : 열성을 다하는 마음.
· 過熱(과열) : 지나치게 뜨거워지는 것.

● **틀리기 쉬운 한자**
熟(익을 숙, 3Ⅱ)

葉	잎 엽	一 十 艹 艹 艹 苹 茔 苺 萻 葊 華 葷 葉
	艸(艹), 총13획	세대, 갈래

- **음**
- **유**
- **상**
- **반** 秋風落葉(추풍낙엽)

· 葉書(엽서) : '우편엽서'의 준말.
· 末葉(말엽) : 어떠한 시대의 끝 무렵.
· 竹葉(죽엽) : 대나무의 잎.
· 中葉(중엽) : 중간 시대.
· 初葉(초엽) : 어떠한 시대의 초기.

● **틀리기 쉬운 한자**
棄(버릴 기, 3)

屋	집 옥	一 ニ P F F F F F 居 屋
	尸, 총9획	덮개, 지붕

- **음**
- **유** 家(집 가), 舍(집 사, 4Ⅱ), 室(집 실), 宅(집 택)
- **상**
- **반**

· 屋上(옥상) : 마당처럼 만든 양옥 지붕 위.
· 屋外(옥외) : 집 밖.
· 家屋(가옥) : 집.
· 社屋(사옥) : 회사의 건물.
· 韓屋(한옥) : 우리나라 고유의 형식으로 지은 집.

完	완전할 완	ᐧ ᐧ ᠆ ᐧ ᐧ 完
	宀, 총7획	일을 완결 짓다

全(온전 전)

· 完結(완결) : 완전하게 결말을 지음.
· 完工(완공) : 공사를 마침.
· 完成(완성) : 어떤 사물을 완전히 이룸.
· 完全(완전) : 부족이나 흠이 없음.

曜	빛날 요:	ᐧ ᐧ ᐧ ᐧ ᐧ ᐧ ᐧ ᐧ ᐧ ᐧ ᐧ ᐧ ᐧ ᐧ ᐧ 曜 曜 曜 曜
	日, 총18획	

· 曜日(요일) : 일주일의 날짜를 나타내는 말.
· 月曜日(월요일) : 한 주일 가운데 일요일 다음날.

要	요긴할 요(:)	ᐧ ᐧ ᐧ ᐧ ᐧ ᐧ 要 要 要
	襾, 총9획	중요하다, 구하다, 요약하다, 요컨대

求(구할 구, 4Ⅱ)

※ 첫 음절에서 장음과 단음 두 가지로 발음됨.
· 要求(요:구) : 달라고 청함.
· 要人(요:인) : 중요한 자리에 있는 사람.
· 要領(요령) : 중요한 골자나 줄거리.
· 要素(요소) : 없으면 안 될 요인. *素(본디 소, 4Ⅱ)

浴	목욕할 욕 水(氵), 총10획	丶 丶 氵 氵 浴 浴 浴 浴 浴 浴

- 浴室(욕실) : 목욕을 할 수 있도록 마련한 방.
- 山林浴(산림욕) : 숲 속을 거닐며 숲의 기운을 쐬는 일.
- 日光浴(일광욕) : 햇볕에 몸을 쬐는 일.
- 入浴(입욕) : 목욕통에 들어감.
- 海水浴(해수욕) : 바닷물에서 헤엄치거나 노는 일.

友	벗 우: 又, 총4획	一 ナ 方 友 우애가 있다, 벗하다

- 友軍(우군) : 자기 편 군대.
- 友愛(우애) : 형제 또는 친구 사이의 도타운 사랑.
- 友情(우정) : 친구 사이의 정.
- 級友(급우) : 같은 학급에서 배우는 벗.
- 學友(학우) : 같은 학교에서 함께 공부하는 벗.

交友以信(교우이신), 北窓三友
(북창삼우), 歲寒三友(세한삼우)

牛	소 우: 牛, 총4획	丿 一 二 牛

- 牛馬車(우마차) : 소나 말이 끄는 수레.
- 牛市場(우시장) : 소를 팔고 사는 곳.
- 牛黃(우황) : 소의 쓸개에 병으로 뭉친 물건.
- 農牛(농우) : 농사일에 부리는 소.
- 韓牛(한우) : 우리나라 재래종의 소.

● 틀리기 쉬운 한자
午(낮 오)

雨	비 우	一 丆 冂 币 币 雨 雨 雨
	雨, 총8획	비가 오다

약
유
상
성 五風十雨(오풍십우), 雨順風調(우순풍조)

· 雨期(우기) : 1년 중 비가 가장 많이 오는 시기.
· 雨水(우수) : 빗물. 24절기의 하나. 입춘과 경칩 사이.
· 雨衣(우의) : 비옷.
· 雨天(우천) : 비가 오는 날. 비 내리는 하늘.
· 風雨(풍우) : 바람과 비.

雲	구름 운	一 丆 户 帀 帀 乕 乕 雨 雩 雲 雲 雲
	雨, 총12획	

약
유
상
성

· 雲集(운집) : 사람이 구름처럼 많이 모임.
· 白雲(백운) : 흰 구름.
· 山雲(산운) : 산에 끼어 있는 구름.
· 靑雲(청운) : 푸른 구름. '높은 명예나 벼슬'의 비유.
· 風雲兒(풍운아) : 좋은 때를 타고 세상에 두각을 나타낸 사람.

雄	수컷 웅	一 ナ 𠂇 厷 厷 𠫔 𠫔 𠫔 雄 雄 雄 雄
	隹, 총12획	뛰어나다, 씩씩하다, 웅장하다, 두목

약
유
상 雌(암컷 자, 2)
성

· 雄大(웅대) : 웅장하고 큼.
· 雄飛(웅비) : 기운차고 용기 있게 활동함.
· 英雄(영웅) : 재주가 비범하고 용략과 기개가 탁월한 인물.

元	으뜸 원	一 二 亍 元
	儿, 총4획	우두머리, 근본, 처음

· 元金(원금) : 밑천으로 들인 돈.
· 元氣(원기) : 본디 타고난 기운. 마음과 몸의 활력.
· 元老(원로) : 나이 · 덕망 등이 높고 공로가 많은 사람.
· 身元(신원) : 주소 · 원적 · 신분 따위로 보는 개인의 참모습.

元利合計(원리합계)

原	언덕 원	一 厂 厂 厂 斤 斤 盾 盾 原 原
	厂, 총 10획	근원, 근본, 원래

· 原理(원리) : 사물의 근본 이치.
· 原始人(원시인) : 원시 시대의 사람.
· 原油(원유) : 아직 정제하지 않은 기름.
· 原因(원인) : 어떤 현상을 일으키게 하는 근본 현상.
· 原則(원칙) : 기본이나 기초가 되는 법칙.

院	집 원	' ʒ ß ß' ß' ß' ß' ß ß 陸 院
	阜(阝), 총10획	절, 마을

· 院長(원장) : 병원 등 '원' 자가 붙는 기관의 우두머리.
· 法院(법원) : 소송사건을 심판하는 국가기관.
· 病院(병원) : 병자를 진찰하고 치료하는 곳.
· 醫院(의원) : 병자 치료를 위해 특별한 시설을 갖춘 곳.
· 入院(입원) : 병을 고치려고 병원에 들어가 한동안 머묾.

| 願 | 원할 원:
頁, 총19획 | 一 厂 厂 厅 户 床 庐 庐 原 原 原 原 原
願 願 願 願 願
바라다, 빌다, 소망, 바라건대 |

略

유 望(바랄 망), 希(바랄 희, 4Ⅱ)

相

音

· 願書(원서) : 지원하거나 청원하는 뜻을 기록한 서면.
· 民願(민원) : 국민이 청하여 바라는 바.
· 所願(소원) : 바라고 원하는 바.
· 自願(자원) : 자기 스스로 원함.
· 念願(염원) : 생각하고 바람.

| 位 | 자리 위
人(亻), 총7획 | 丿 亻 亻 个 位 位 位
지위, 위치, 방위 |

略

유

相

音

· 位相(위상) : 어떤 국면에서의 위치나 상태.
· 高位(고위) : 높은 지위.
· 方位(방위) : 어떠한 쪽의 위치.
· 王位(왕위) : 임금의 자리.
· 地位(지위) : 개인이 차지하는 사회적 위치.

| 偉 | 클 위
人(亻), 총11획 | 丿 亻 亻 个 产 产 产 停 偉 偉 偉
훌륭하다, 위대하다 |

略

유 大(큰 대)

相

音

· 偉大(위대) : 거룩하고 훌륭함.
· 偉業(위업) : 위대한 사업이나 업적.
· 偉人(위인) : 뛰어나고 위대한 사람.
· 雄偉(웅위) : 씩씩하고 뛰어남.

以	써 이:	ㅣ ㄴ ㄴ ㅂ 以
	人, 총5획	~부터, 까닭

음

운

상

🔵 交友以信(교우이신),
以心傳心(이심전심)

· 以來(이래) : 지나간 어떤 때로부터 지금까지.
· 以上(이상) : 일정한 표준으로부터 위.
· 以外(이외) : 어떤 범위의 밖.
· 以下(이하) : 일정한 표준으로부터 아래.
· 所以(소이) : 까닭.

耳	귀 이:	一 T F F E 耳
	耳, 총6획	뿐, 어조사

음

운

상

🔵 馬耳東風(마이동풍)

· 耳目(이목) : 귀와 눈. 남의 눈.
· 耳順(이순) : 나이 예순 살의 다른 이름.
· 木耳(목이) : 목이과의 버섯. 목이木栭.

1
2
3
3Ⅱ
4
4Ⅱ
5
6
7
8

173

因	인할 인	ㅣ ㄇ 月 円 因 因
	口, 총6획	말미암다, 인연, 까닭

음

🟢 緣(인연 연)

🟠 果(실과/결과 과)

상

· 因果(인과) : 원인과 결과.
· 因習(인습) : 이전부터 전하여 몸에 젖은 풍습.
· 外因(외인) : 밖으로부터의 원인.
· 要因(요인) : 어떤 일이 일어나는 핵심적 원인.
· 敗因(패인) : 패한 원인.

任	맡길 임:	ノ 亻 亻 亻 仟 任
	人(亻), 총6획	맡다, 마음대로 하다, 당해내다, 보증하다, 일

· 任期(임기) : 임무를 맡아보는 일정한 기한.
· 信任(신임) : 믿고 맡김.
· 新任(신임) : 새로 임명된 사람. 새로 임명됨.
· 一任(일임) : 전적으로 맡김.
· 重任(중임) : 중대한 임무.

擔(멜 담, 4Ⅱ), 責(꾸짖을 책)

免(면할 면, 3), 辭(말씀 사, 4)

再	두/다시 재	一 丆 冂 冃 再 再
	冂, 총6획	

· 再考(재고) : 다시 생각함.
· 再生(재생) : 다시 살아남.
· 再唱(재창) : 노래를 다시 부름.
· 再現(재현) : 다시 나타남. 또는 나타냄.
· 再活(재활) : 다시 살아서 움직임. 또는 다시 활동함.

1
2
3
3Ⅱ
4
4Ⅱ
5
6
7
8

174

材	재목 재	一 十 才 杧 木 村 材
	木, 총7획	재료, 재능, 사용하다, 성질

· 材木(재목) : 건축 · 기구들의 재료로 쓰는 나무.
· 材質(재질) : 재기와 성질. 재료의 성질.
· 建材(건재) : 건축하는 데 쓰이는 재료.
· 藥材(약재) : 약재료.
· 題材(제재) : 문예나 미술 작품 따위의 제목과 재료.

災	재앙 재	〈 《 《《 《《 《《 《《 《《 災
	火, 총7획	

- 災害(재해) : 재앙으로 인하여 받는 해.
- 産災(산재) : 산업재해.
- 水災(수재) : 큰물로 입는 재해.
- 天災(천재) : 자연현상으로 생기는 재앙.
- 火災(화재) : 불로 인한 재난.

財	재물 재	丨 冂 冂 冂 貝 貝 貝 貝 財 財
	貝, 총10획	

資(재물 자, 4), 貨(재물 화, 4Ⅱ)

- 財界(재계) : 자본가·금융가·실업가들로 이루어진 사회.
- 財力(재력) : 재물의 힘. 비용 부담 능력.
- 財物(재물) : 돈이나 그 밖의 온갖 값나가는 물건.
- 財産(재산) : 유형·무형의 경제적 가치가 있는 것의 총체.
- 理財(이재) : 재물을 유리하게 다룸.

爭	다툴 쟁	丿 丷 丷 丷 丷 丷 丷 爭
	爪, 총8획	다투게 하다, 다툼, 어찌

爭

競(다툴 경), 戰(싸움 전), 鬪(싸움 투, 4)

- 分爭(분쟁) : 패로 갈라져 다툼.
- 相爭(상쟁) : 서로 다툼.
- 言爭(언쟁) : 말로써 옥신각신함.
- 戰爭(전쟁) : 싸움. 무력으로 국가간에 싸우는 일.

| 貯 | 쌓을 저:
貝, 총12획 | ㅣ ㅐ ㅐ ㅐ ㅐ ㅐ ㅐ ㅐ ㅐ ㅐ ㅐ ㅐ 貯 |

유 蓄(모을 축, 4Ⅱ), 積(쌓을 적, 4)

· 貯金(저금) : 돈을 아껴 모아둠. 또는 그 돈.
· 貯水量(저수량) : 저수지나 호수, 못 등에 물을 모아두는 양.

| 的 | 과녁 적
白, 총8획 | ′ ′ ′ ′ ′ ′ ′ 的 的
목표, ~의, 분명하다, 적실하다 |

· 的中(적중) : 들어맞음.
· 目的(목적) : 이루려 하는 일. 또는 나아가려고 하는 방향.
· 外的(외적) : 외부적인. 또는 그것.
· 二重的(이중적) : 이중으로 하는. 또는 그것.
· 人格的(인격적) : 인격에 관계되는. 또는 그것.

| 赤 | 붉을 적
赤, 총7획 | 一 十 土 ナ 才 赤 赤
벌거벗다 |

· 赤色(적색) : 붉은빛.
· 赤十字(적십자) : 흰 바탕에 붉은 색의 '十' 자를 그린 휘장.
· 赤子(적자) : 갓난아이.
· 赤字(적자) : 수지 결산에서 지출이 수입보다 많은 일.

傳	전할 전	ノ イ ⼴ ⼴ ⼴ ⼴ ⼴ 俥 俥 傅 傅 傳 傳
	人(亻), 총13획	펴다, 옮기다, 경서의 주해, 전기

약 伝

· 傳記(전기) : 개인의 일생을 뒷세상에 전하려고 적은 기록.

· 傳令(전령) : 전하여 보내는 훈령. 심부름꾼.

· 傳說(전설) : 오래 전부터 전해오는 말이나 이야기.

父傳子傳(부전자전),
以心傳心(이심전심)

· 傳言(전언) : 말을 전함. 또는 전하는 말.

· 口傳(구전) : 말로 전하거나 전해옴.

● 틀리기 쉬운 한자
傅(스승 부, 1)

典	법/책 전:	丨 冂 冂 冉 曲 曲 典 典
	八, 총8획	경전, 법전, 의식, 저당 잡히다

약

法(법 법), 式(법 식), 籍(문서 적, 4)

· 典當(전당) : 물건을 담보로 돈을 꾸어주거나 쓰는 일.

· 典例(전례) : 전거가 되는 선례.

· 古典(고전) : 옛날의 작품이나 문헌.

· 法典(법전) : 법규를 체계적으로 정리하여 엮은 책.

· 原典(원전) : 기준이 되는 본디의 전거.

展	펼 전:	⼀ ⼀ ⼸ ⼫ ⼫ ⼫ ⼫ ⼫ 屏 展
	尸, 총10획	벌이다, 살피다, 나아가다, 기록하다

· 展開(전개) : 열려서 펼쳐짐.

· 展望(전망) : 멀리 바라봄. 또는 멀리 바라보이는 경치.

· 展示場(전시장) : 전시하는 곳.

· 國展(국전) : 국가가 주최하는 전람회.

· 發展(발전) : 세력 따위가 성하게 뻗어나감.

切	끊을 절, 온통 체 刀, 총4획	一 匕 切 切 베다, 갈다, 정성스럽다, 적절하다, 떨어지다, 매우

· 切上(절상) : 물가 수준이나 화폐가치의 수준을 올림.
· 賣切(매절) : 다 팔려서 어떤 종류의 물품이 없음.
· 親切(친절) : 태도가 정답고 성의가 있음.
· 品切(품절) : 물건이 다 팔리어 없음. 절품切品.
· 一切(일체) : 모든 것. 또는 온갖 것.

節	마디 절 竹, 총15획	ノ ァ ャ ゲ 灬 灬 灬 㸊 竺 箇 箇 箚 簹 簹 節 예절, 절개, 풍류가락, 철, 절약하다

· 節水(절수) : 물을 절약함.
· 節用(절용) : 아껴서 씀. 비용을 적게 들임.
· 節電(절전) : 전기를 아껴 씀.
· 名節(명절) : 해마다 일정하게 지켜 즐기는 날.
· 音節(음절) : 소리마디. 음곡.

店	가게 점: 广, 총8획	' 亠 广 庀 庀 店 店 店

· 店長(점장) : 상점의 업무를 주장하는 책임자.
· 店主(점주) : 가게 주인.
· 本店(본점) : 영업의 본거지가 되는 점포.
· 書店(서점) : 책가게.
· 小賣店(소매점) : 소매하는 상점.

停	머무를 정	ノ イ 亻 亻 仁 亇 仠 停 停 停 停
	人(亻), 총11획	멈추다

약

유 留(머무를 류, 4Ⅱ), 止(그칠 지)

상

형

・停車場(정거장) : 버스나 열차가 멈추어 서는 곳.
・停年(정년) : 근무하던 직장에서 물러나도록 정해진 나이.
・停電(정전) : 오던 전기가 멈춤.
・停止(정지) : 중도에서 멎거나 그침.
・調停(조정) : 분쟁을 조화시켜 그치게 함.

情	뜻 정	' 丶 忄 忄 忄 忙 忭 忭 忭 情 情 情
	心(忄), 총11획	사랑, 사정, 멋, 실상, 욕망, 인정

약

유

상

형

・感情(감정) : 느끼는 마음.
・同情(동정) : 남의 어려운 처지를 딱하게 여김.
・母情(모정) : 자식에 대한 어머니의 정.
・溫情(온정) : 따뜻한 정.
・表情(표정) : 얼굴에 내비치는 갖가지 감정의 모습.

操	잡을 조(ː)	一 扌 扌 扌 扞 扞 护 护 护 押 捛 捛 捛 揚 揚 操
	手(扌), 총16획	부리다, 다루다, 지조, 운치

약

유

상

형

※첫 음절에서 장음과 단음 두 가지로 발음됨.
・操心(조ː심) : 실수가 없도록 마음을 삼가서 가짐.
・操業(조ː업) : 기계 따위를 움직여 일함.
・操業短縮(조업단축) : 공장의 일하는 시간을 줄임.
・操作(조작) : 기계 따위를 다루어 움직이게 함.

調	고를 조	` ー ㅋ ㅋ ㅋ ㅋ 訂 訓 訓 訊 調 調 調
	言, 총15획	調
		조사하다, 헤아리다, 가락, 구실

· 調理(조리) : 건강이 회복되도록 몸을 잘 보살핌.
· 調節(조절) : 사물을 어느 정도에 맞추어서 알맞게 함.
· 調和(조화) : 서로 모순됨 없이 잘 어우르게 함.
· 強調(강조) : 어떤 부분을 특별히 힘주어 주장함.
· 曲調(곡조) : 음악과 가사의 가락.

雨順風調(우순풍조)

卒	마칠 졸	` 一 ㅜ ㅊ ㅊ ㅉ 쯔 卒
	十, 총8획	죽다, 군사, 별안간, 마침내

추
兵(병사 병), 士(선비/병사 사)
將(장수 장, 4Ⅱ)

· 卒兵(졸병) : 지위가 낮은 병사.
· 卒業(졸업) : 규정된 학업의 과정을 마침.
· 高卒(고졸) : '고등학교 졸업'의 준말.
· 軍卒(군졸) : 군사軍士.
· 將卒(장졸) : 장수와 병졸.

種	씨 종(:)	` ^ ㅓ ㅓ ㅓ 禾 禾 秆 秆 秆 秆 種 種 種
	禾, 총14획	종족, 종류, 식물, 뿌리다, 심다

※첫 음절에서 장음과 단음 두 가지로 발음됨.
· 種類(종:류) : 어떤 기준에 따라 나눈 갈래.
· 種目(종:목) : 종류의 명목.
· 種犬(종견) : 씨를 받을 개. * 犬(개 견, 4)
· 種子(종자) : 씨 또는 씨앗.

180

終	마칠 종 糸, 총11획	`  纟 纟 纟 纟 纟 终 終 終 終`

음
뜻 結(맺을 결), 了(마칠 료, 3),
末(끝 말), 止(그칠 지)
상 始(비로소 시), 初(처음 초)
형

· 終結(종결) : 일을 끝냄.
· 終身(종신) : 명을 다하기까지의 동안.
· 終日(종일) : 하루 낮 동안. 아침부터 저녁까지.
· 始終(시종) : 처음과 나중.
· 最終(최종) : 맨 마지막.

罪	허물 죄: 网(罒), 13획	`  丨 冂 冂 冂 罒 罒 罪 罪 罪 罪 罪 罪 罪` 죄, 죄를 주다

음
뜻
상 罰(벌할 벌, 4Ⅱ),
刑(형벌 형, 4)
형

· 罪惡(죄악) : 죄가 될 만한 나쁜 짓.
· 罪人(죄인) : 죄를 지은 사람.
· 無罪(무죄) : 죄나 허물이 없음.
· 有罪(유죄) : 죄가 있음.
· 重罪(중죄) : 중대한 죄.

州	고을 주 巛(川), 총6획	`  ` 丿 丿 州 州 州`

음
뜻
상
형

· 九州(구주) : 통일신라시대에 전국을 아홉으로 나누었던 주.
· 淸州(청주) : 충청북도에 있는 도시.
· 海州(해주) : 황해도에 있는 도시.

週	주일/돌 주	丿 刀 月 月 円 円 周 周 周 凋 凋 週
	辵(辶), 총12획	둘레, 일주

· 週間(주간) : 한 주일 동안.
· 週末(주말) : 한 주일의 끝.
· 週日(주일) : 일요일부터 토요일까지의 이레 동안.
· 來週(내주) : 이 다음의 주.
· 每週(매주) : 한 주일 한 주일 모두.
· 前週(전주) : 지난 주.

止	그칠 지	丨 卜 止 止
	止, 총4획	

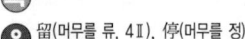

留(머무를 류, 4Ⅱ), 停(머무를 정), 終(마칠 종)

動(움직일 동)

行動擧止(행동거지)

· 急停止(급정지) : 급히 멈춤.
· 動止(동지) : 움직임과 멈춤. 행동거지行動擧止.
· 終止(종지) : 끝을 마쳐서 그침.
· 中止(중지) : 일 따위를 하다가 그만둠.

知	알 지	丿 𠂉 午 午 矢 知 知 知
	矢, 총8획	주관하다, 맡다

諒(살펴알 량, 3), 認(알 인, 4Ⅱ), 識(알 식)

行(다닐 행)

格物致知(격물치지), 無不通知(무불통지), 無所不知(무소부지), 聞一知十(문일지십), 不問可知(불문가지), 安分知足(안분지족)

· 知能(지능) : 두뇌의 작용. 지적 활동의 능력.
· 知性人(지성인) : 지식과 지능을 갖춘 사람.
· 知識人(지식인) : 지식이 있는 사람.
· 知人(지인) : 아는 사람.
· 無知(무지) : 아는 것이 없음.

| 質 | 바탕 질
貝, 총15획 | ´ ´ ´ F F ffi ffí ffí ffí ffñ ffñ 質
質
근본, 볼모, 질박하다 |

약 貭

유 素(본디 소, 4Ⅱ),
資(재물/바탕 자, 4)

상

형

· 質問(질문) : 모르는 것이나 알고 싶은 것을 물음.
· 質責(질책) : 잘못을 따져 꾸짖음.
· 物質(물질) : 물건의 본바탕.
· 性質(성질) : 날 때부터 가지고 있는 기질.
· 才質(재질) : 재주와 기질.

| 着 | 붙을 착
目, 총12획 | ` ` ` ´´ ´´ ´´ ´´ ´´ 羊 着 着 着 着
입다, 쓰다, 신다, 다다르다, 시작하다 |

약

유 到(이를 도), 附(붙을 부, 3Ⅱ)

상 發(필 발)

형

● 부수는 羊도 가능

· 着發(착발) : 도착과 출발.
· 着手(착수) : 일에 손을 댐(시작함).
· 着地(착지) : 내리거나 도착하는 곳. 내려서거나 내려디딤.
· 愛着(애착) : 어떤 사물을 사랑하고 아낌.
· 定着(정착) : 일정한 곳에 자리잡아 머물러 삶.

| 參 | 참여할 참,
석 삼
厶, 총11획 | ´ ´ ´ ´´ ´´ ´´ ´´ ´´ 参 参 參
뵈다, 가지런하다, 헤아리다 |

약 参

유 與(더불/참여할 여, 4)

상

형

· 參加(참가) : 어떤 모임이나 일에 관계하려고 들어감.
· 參見(참견) : (남의 일에) 끼어들어 아는 체하거나 간섭함.
· 參考(참고) : 살펴서 생각함.
· 參席(참석) : 자리에 참여함.
· 參戰(참전) : 전쟁에 참가함.

| 唱 | 부를 창:
口, 총11획 | ㅣ ㅣㅣ ㅣㅣ ㅣㅣ ㅣㅣㅣ ㅣㅣㅣ ㅣㅣㅣ ㅣㅣㅣ 唱 唱 唱
인도하다, 먼저 부르다, 노래 |

· 唱法(창법) : 노래나 소리를 하는 방법.
· 歌唱力(가창력) : 노래를 잘 부르는 능력.
· 愛唱(애창) : 어떤 노래를 즐겨 부름.
· 二重唱(이중창) : 성음부가 다른 두 사람의 합창.
· 合唱(합창) : 많은 사람이 소리를 맞춰 노래 부름.

| 責 | 꾸짖을 책
貝, 총11획 | 一 一 十 丰 丰 丰 青 青 青 責 責 責
나무라다, 권하다, 재촉하다, 헐뜯다, 책임 |

任(맡길 임)

· 責望(책망) : 꾸짖음.
· 責任(책임) : 맡겨진 임무나 의무.
· 問責(문책) : 잘못을 캐묻고 꾸짖음.
· 言責(언책) : 말로 하는 책망.
· 自責(자책) : 자기 잘못을 스스로 꾸짖음.

| 鐵 | 쇠 철
金, 총21획 | ' ∧ ∧ ∧ ∧ ∧ 숙 숙 숙 金 金 金 金 金 鈝 鈝
鈝 鈝 鈝 鈝 鐵 鐵 鐵 |

鉄

· 鐵路(철로) : 철길.
· 鐵馬(철마) : '기차'를 일컫는 말.
· 鐵人(철인) : 몸이나 힘이 무쇠처럼 강한 사람.
· 鐵窓(철창) : 쇠창살로 된 창문.
· 鐵板(철판) : 쇠로 만든 넓은 조각. 감옥.

初	처음 초 刀, 총7획	` ﾌ ﾌﾞ ﾗﾞ ﾗﾞ 初 初

🔵 **약**

😀 **유** 始(처음 시), 創(비롯할 창, 4Ⅱ)

🔺 **상** 終(마칠 종)

🔶 **용** 今始初聞(금시초문)

· 初級(초급) : 맨 처음의 계급이나 등급.
· 初等(초등) : 처음 비롯되는 등급.
· 始初(시초) : 맨 처음.
· 正初(정초) : 설.
· 最初(최초) : 맨 처음.

最	가장 최 日, 총12획	丨 冂 冃 冃 冄 冨 冨 冨 冣 冣 最 最 제일, 모두, 우두머리

🔵 **약**

😀 **유**

🔺 **상**

🔶 **용**

· 最高(최고) : 가장 높음.
· 最古(최고) : 가장 오래 됨.
· 最近(최근) : 요즈음.
· 最大(최대) : 가장 큼.
· 最小(최소) : 가장 작음.

祝	빌 축 示, 총10획	` ﾗ ﾗ ﾗ ﾗﾞ ﾗﾞ ﾗﾞ ﾗﾞ ﾗﾞ 祝 축하하다, 축문

🔵 **약**

😀 **유**

🔺 **상**

🔶 **용**

· 祝歌(축가) : 축하의 뜻으로 부르는 노래.
· 祝文(축문) : 제사 때 읽는 제문.
· 祝電(축전) : 축하의 전보.
· 祝典(축전) : 축하하는 의식이나 행사.
· 奉祝(봉축) : 공경하는 마음으로 축하함.

充	채울 충 儿, 총5획	一 亠 六 耂 充 가득하다

 滿(찰 만, 4Ⅱ)

· 充當(충당) : 모자라는 것을 채워 메움.
· 充分(충분) : 만족할 만큼 넉넉함.
· 充實(충실) : 몸이 굳세어서 튼튼함.
· 充電(충전) : 축전기나 축전지 따위에 전기를 축적함.
· 充足(충족) : 분량에 차서 모자람이 없음.

致	이를 치 至, 총10획	一 工 ㅈ 至 平 至 좌 좌 致 致 다하다, 이루다, 부르다, 보내다, 풍취, 경치

 格物致知(격물치지),
言行一致(언행일치)

· 致死(치사) : 죽게 함. 죽음에 이름.
· 所致(소치) : 어떤 까닭으로 생긴 일.
· 一致(일치) : 어긋남 없이 한결같게 서로 맞음.
· 才致(재치) : 눈치 빠른 재주.
· 合致(합치) : 서로 맞음.

則	법칙 칙, 곧 즉 刀(刂), 총9획	丨 冂 冂 冂 目 貝 貝 則 則 준칙, 이치, 본받다, 본보기로 삼다

 規(법 규), 法(법 법)

· 校則(교칙) : 학교의 규칙.
· 法則(법칙) : 법식과 규칙.
· 鐵則(철칙) : 변경하거나 어기지 못하는 굳은 규칙.
· 學則(학칙) : 교과과정이나 학생생활에 관한 학교의 규정.
· 會則(회칙) : 모임의 규칙.

他	다를 타	ノ イ 忄 他 他
	人(亻), 총5획	

자 自(스스로 자)

- 他國(타국) : 다른 나라. 또는 남의 나라.
- 他意(타의) : 딴마음. 다른 사람의 생각이나 마음.
- 他人(타인) : 다른 사람. 남.
- 他地(타지) : 다른 지역이나 지방.
- 自他(자타) : 자기와 남.

打	칠 타:	一 十 扌 扩 打
	手(扌), 총5획	

유 擊(칠 격, 4)

상 投(던질 투, 4)

- 打球(타구) : 공을 침. 친 공.
- 打席(타석) : 야구에서 타자가 공을 치려고 서는 자리.
- 打者(타자) : 야구에서 방망이로 공을 치는 경기자.
- 打字(타자) : 타자기로 글자를 찍음.
- 致命打(치명타) : 치명적인 타격.

卓	높을 탁	一 ト ト ⺊ 占 卢 卓 卓
	十, 총8획	탁자

- 卓見(탁견) : 뛰어난 의견이나 견해. 고견高見. 탁식卓識.
- 卓球(탁구) : 구기球技의 한 가지.
- 卓上(탁상) : 책상 위.
- 卓子(탁자) : 책상처럼 만든 상.
- 食卓(식탁) : 식사용의 탁자.

炭	숯 탄: 火, 총9획	`丶 屵 屵 屵 严 严 严 炭 炭` 석탄, 재, 탄소

·木炭(목탄) : 숯.
·白炭(백탄) : 화력이 가장 센 참숯.
·石炭(석탄) : 식물질이 땅속에서 탄화된 고체 연료.

氷(얼음 빙)

宅	집 택/댁 宀, 총6획	`丶 宀 宀 宀 宅 宅`

·宅地(택지) : 주택을 짓기 위한 땅.
·古宅(고택) : 지은 지 오래된 집.
·自宅(자택) : 자기 집.
·住宅(주택) : 사람이 들어 사는 집.
·貴宅(귀댁) : 상대편을 높여 그의 집을 이르는 말.

家(집 가), 舍(집 사, 4Ⅱ),
室(집 실), 屋(집 옥)

板	널 판 木, 총8획	`一 十 オ 木 木 杆 杤 板` 널빤지, 판자

·板書(판서) : 칠판에 글을 쓰는 것.
·板子(판자) : 나무로 된 널조각. 널빤지.
·板紙(판지) : 두껍고 단단하게 널빤지처럼 만든 종이.
·氷板(빙판) : 얼음이 깔린 길바닥.
·黑板(흑판) : 칠판.

敗

패할 패:

攴(攵), 총11획

丨 冂 冃 目 目 貝 貝 貝' 貝ㅏ 貯 敗

무너지다, 썩다, 떨어지다

약

유

상 成(이룰 성), 勝(이길 승), 興(일어날 흥, 4Ⅱ)

성 敗家亡身(패가망신)

- 敗北(패배) : 싸움(전쟁)이나 겨루기에서 짐.
- 敗戰(패전) : 전쟁에 짐.
- 成敗(성패) : 일의 성공과 실패.
- 勝敗(승패) : 이김과 짐. 승부勝負.
- 失敗(실패) : 일이 뜻한 대로 되지 못하거나 그릇됨.

品

물건 품:

口, 총9획

丨 冂 口 口 口 口 品 品 品

등급, 품격, 품계, 품평하다

약

유

상 行(다닐 행)

성

- 品質(품질) : 물품의 성질과 바탕.
- 品行(품행) : 성품과 행실.
- 物品(물품) : 쓸모 있는 물건이나 제품.
- 食品(식품) : 식료품.
- 作品(작품) : 만든 물건. 예술 활동으로 만든 것.

必

반드시 필

心, 총5획

丶 ソ 必 必 必 *필순 주의

꼭, 기필하다

약

유

상

성 去者必反(거자필반)

- 必讀(필독) : 반드시 읽음, 또는 읽어야 함.
- 必勝(필승) : 반드시 이김.
- 必然(필연) : 반드시 그렇게 됨.
- 必要(필요) : 꼭 소용이 있음.
- 期必(기필) : 틀림없이 이루어지기를 기약함.

筆	붓 필 竹, 총12획	ノ ト ド ド ド ド ド 竹 竹 竹 竹 笙 笙 笙 筆 글씨, 쓰다

- 筆記(필기) : 글씨를 씀.
- 筆法(필법) : 글씨나 문장을 쓰는 법.
- 筆者(필자) : 글이나 글씨를 쓴 사람.
- 代筆(대필) : 남을 대신하여 글이나 글씨를 씀.
- 自筆(자필) : 글씨를 자기 손으로 직접 씀.

河	물 하 水(氵), 총8획	` ` 氵 氵 沪 沪 沪 河 내, 황하, 은하

- 河川(하천) : 시내. 강.
- 川(내 천), 海(바다 해) · 河海(하해) : 큰 강과 바다.
- 山(메 산) · 大河小說(대하소설) : 소설의 한 형식.
- 百年河淸(백년하청) · 山河(산하) : 자연, 또는 자연의 경치.
- 運河(운하) : 배가 다닐 수 있을 정도로 땅을 파서 만든 수로.

寒	찰 한 宀, 총12획	` ` 宀 宀 宀 宀 宀 审 审 寒 寒 寒 떨다, 가난하다, 추위

- 寒氣(한기) : 추운 기운.
- 冷(찰 랭) · 寒流(한류) : 해류海流의 한 가지.
- 暑(더울 서, 3), 暖(따뜻할 난, 4Ⅱ), · 寒食(한식) : 명절의 하나. 동지로부터 105일 되는 날.
  溫(따뜻할 온) · 寒害(한해) : 추위 때문에 입은 농작물의 피해.
- 落木寒天(낙목한천),
  歲寒三友(세한삼우)

害	해할 해 宀, 총10획	` ￿ ￿ ￿ ￿ ￿ 宔 実 害 害 해롭다, 방해하다, 손해, 재앙

- 加害(가해) : 남에게 손해를 끼침.
- 公害(공해) : 산업화에 따른 환경의 오염.
- 無害(무해) : 해로움이 없음.
- 水害(수해) : 홍수로 말미암은 재해.
- 利害(이해) : 이익과 손해.

許	허락할 허 言, 총11획	` ￿ ￿ ￿ ￿ 言 言 言 許 許 許 가량, 쯤

- 許可(허가) : 청원 따위를 들어줌. 허락.
- 許多(허다) : 매우 많음.
- 無許可(무허가) : 허가가 없음.
- 不許(불허) : 허락하지 않음. 허가하지 않음.
- 特許(특허) : 특별히 허락함. 특정한 권리를 인정함.

湖	호수 호 水(氵), 총12획	` ￿ ￿ ￿ ￿ ￿ 沽 沽 沽 湖 湖 湖 湖

- 湖南(호남) : 전라남북도를 두루 이르는 말.
- 湖西(호서) : 충청남북도를 두루 이르는 말.
- 湖水(호수) : 넓은 땅에 물이 괴어 있는 곳.
- 湖海(호해) : 호수와 바다. 호수. 강호江湖.
- 江湖(강호) : 강과 호수. 세상. 자연.

| 化 | 될 화(:) | ノ イ 亻 化 |
| | 匕, 총4획 | 화하다, 교화하다, 변화, 죽음 |

 變(변할 변)

 千變萬化(천변만화)

※첫 음절에서 장음과 단음 두 가지로 발음됨.
· 化石(화:석) : 동식물의 유해 · 유물이 암석에 남은 것.
· 化身(화:신) : 어떤 추상적인 특질을 구체화 · 유형화함.
· 化學(화학) : 자연과학의 한 부문.
· 文化財(문화재) : 문화적 가치가 있는 유형 · 무형의 소산들.

| 患 | 근심 환: | 丶 冂 冃 串 串 串 患 患 患 |
| | 心, 총11획 | 병, 재앙, 미워하다, 앓다 |

· 患部(환부) : 병이나 상처가 난 곳.
· 患者(환자) : 병을 앓는 사람.
· 老患(노환) : '노병老病'의 높임말.
· 病患(병환) : '병病'의 높임말.
· 外患(외환) : 외적이 침범해 오는 근심.

192

| 效 | 본받을 효: | 丶 亠 亠 六 交 交 交 効 効 效 |
| | 攵(攴), 총10획 | 힘쓰다, 보람, 공, 나타내다 |

· 效果(효과) : 보람 있는 결과.
· 效能(효능) : 효험을 나타내는 성능.
· 效用(효용) : 쓸모, 용도.
· 有效(유효) : 효과나 효력이 있음.
· 特效(특효) : 특별한 효험이나 효과.

凶	흉할 흉	ノ メ 凶 凶
	凵, 총4획	흉악하다, 해치다, 흉년, 재앙

- 凶家(흉가) : 불길한 집.
- 凶計(흉계) : 흉악한 꾀.
- 凶年(흉년) : 농작물이 잘되지 않은 해.
- 凶惡(흉악) : 성질이 몹시 악함, 또는 그러한 사람.
- 凶作(흉작) : 농작물이 잘되지 않음.

吉(길할 길), 豐(풍년 풍, 4Ⅱ)

半凶半吉(반흉반길)

黑	검을 흑	` 一 冂 冃 冃 罒 甲 里 黑 黑 黑
	黑, 총12획	어둡다, 검은 빛

- 黑白(흑백) : 검은빛과 흰빛.
- 黑死病(흑사병) : 페스트.
- 黑色(흑색) : 검은빛.
- 黑字(흑자) : 검은 글자. 잉여나 이익.
- 黑炭(흑탄) : 석탄의 한 가지.

白(흰 백)

4Ⅱ급

수준 및 특성							읽기배정	쓰기배정	출제문항수	합격문항수	시험시간
5급과 4급의 격차를 해소하기 위한 급수							750	400	100	70	50분

출제 기준	독음	훈음	한자 쓰기	완성형	반의어	뜻풀이	동음 이의어	부수	동의어	장단음	약자	필순	문제 (합계)
	35	22	20	5	3	3	3	3	3	0	3	0	100

※ 쓰기는 400자(5급 배정한자 500자 중 아래의 400자)임.

ㄱ 家歌價角各間感江強開客車格見決結京敬景計高苦古告工空公功共科果
課過關觀光廣校教交九口球區舊具國局軍郡根近金今急級氣記旗己基

ㄴ 南男內女年念農能

ㄷ 多短團答堂當大代對待德道圖度到讀獨東動洞同冬童頭登等

ㄹ 樂朗來良旅力歷練例禮老路勞綠類流六陸里理利李林立

ㅁ 萬望每面名命明母木目門文問聞物米美民

ㅂ 朴反半班發放白百番法變別病兵服福本奉父夫部北分不

ㅅ 四事社使死士史山算産三上相商色生西書夕石席先線仙鮮雪說姓成省
性世歲洗小少所消速束孫水手數樹首宿順術習勝市時始食植式識信身新
神臣室失實心十

ㅇ 兒惡安野夜弱藥約洋陽養語言業英永五午溫王外要勇用右雨友運雲
園遠元月偉有由油育銀音飲邑意醫衣二以人一日任入

ㅈ 自子字者昨作長場章才在財材的電全前戰典傳展節切店正庭定情弟第題
祖朝調足族卒種左主住注晝週州中重紙地知直質集

ㅊ 着參窓責川千天靑淸體草寸村秋春出充親七

ㅌ 太宅土通特

ㅍ 八便平表品風必筆

ㅎ 下夏學韓漢合海害幸行向現兄形號火話花和畫化活黃會孝效後訓休凶

假	거짓 가:	ノ イ イ゛ イ゛ 俨 俨 俨 俨 俨 假 假
	人(亻), 총11획	가짜, 임시, 일시, 가령, 빌리다

 仮

유 偶(거짓 위, 3)

상 眞(참 진)

형

· 假橋(가교) : 임시 다리.
· 假面(가면) : 사람이나 짐승의 얼굴 모양을 본떠 만든 것.
· 假名(가명) : 거짓 이름. 임시로 지어 부르는 이름.
· 假定(가정) : 임시로 정함. 추리의 출발점으로 설정된 명제.
· 假出所(가출소) : 교도소에서 가석방되어 나옴.

街	거리 가(:)	ノ ノ 彳 彳 犭 犴 狅 徍 徍 徍 街 街
	行, 총12획	시가, 한길

약

유 衢(거리 구, 1), 路(길 로),
巷(거리 항, 3),

상

형

· 街頭(가두) : 시가지의 길거리. 거리 위.
· 街路樹(가로수) : 큰길의 양쪽에 줄지어 심은 나무.
· 大學街(대학가) : 대학이 있는 거리. 대학 주변의 거리.
· 商街(상가) : 상점이 많이 늘어서 있는 거리.
· 市街(시가) : 도시의 큰 거리.

減	덜 감:	` ` ; ; 广 厂 厂 泸 沪 沪 減 減 減
	水(氵), 총12획	가볍게 하다, 줄다, 빼기

약

유

상 加(더할 가), 增(더할 증)

형

· 減産(감산) : 생산량이 줆. 또는 생산량을 줄임.
· 減員(감원) : 인원을 줄임.
· 加減(가감) : 더하거나 뺌. 보태거나 덞.
· 輕減(경감) : 덜어서 가볍게 함.
· 增減(증감) : 늚과 줆. 늘림과 줄임.

197

監	볼 감 皿, 총14획	一 ｢ ｢ ｢ ｢ ｢ ｢ ｢ ｢ ｢ 臣 臣 野 距 距 野 距 監 監 살피다, 감옥, 관청, 감찰

음
뜻 視(볼 시)
상
형

· 監督(감독) : 보살펴 단속함. 지휘 책임자.
· 監査(감사) : 감독하고 검사함.
· 監視(감시) : 경계하기 위해 미리 감독하고 살펴봄.
· 監察(감찰) : 감시하고 감독함, 또는 그 직무.
· 校監(교감) : 학교장을 보좌하여 교무를 감독하는 사람.

康	편안 강 广, 총11획	` 一 广 广 广 庐 庐 唐 唐 唐 康

음
뜻 健(굳셀 건), 安(편안 안)
상
형

· 康健(강건) : 탈이 없고 튼튼함.
· 康寧(강녕) : 몸이 건강하여 마음이 편안함.
· 健康(건강) : 병 없이 좋은 기능을 가진 상태에 있음.

講	욀 강: 言, 총17획	` 一 一 ㄷ ㄷ ㅌ 言 言 言 言 言 計 詳 詳 詳 講 講 講 講 익히다, 배우다, 설명하다, 화해하다

음
뜻
상
형

· 講究(강구) : 알맞은 방법이나 방책을 연구함.
· 講壇(강단) : 강의 · 연설 때 올라서도록 만든 자리.
· 講堂(강당) : 강연 · 강의 등을 위해 특별히 마련한 큰 방.
· 講讀(강독) : 글을 읽고 그 뜻을 밝힘.
· 休講(휴강) : 강의를 한때 쉼.

個	낱 개(:)	ノ イ 们 们 们 佣 佣 佣 個 個 個
	人(亻), 총10획	낱낱, 하나

※ 첫 음절에서 장음과 단음 두 가지로 발음됨.
· 個別(개:별) : 따로따로임.
· 個性(개:성) : 개인이 타고난 특유한 성격.
· 個體(개:체) : 따로따로 떨어진 낱낱의 물체.
· 個人(개인) : 집단(단체)의 구성 요소로서의 한 사람.

檢	검사할 검:	一 十 † † † † † 彬 彬 柃 柃 柃 柃 檢 檢 檢 檢
	木, 총17획	조사하다, 단속하다, 검속하다

 検

· 檢問(검문) : 검사하고 심문함.
· 檢事(검사) : 검찰권을 행사하는 국가 사법기관.
· 檢査(검사) : 검토하거나 조사하여 판정함.
· 檢定(검정) : 검사하여 정함.
· 檢出(검출) : 검사하여 냄.

潔	깨끗할 결	丶 冫 氵 沪 浐 浐 津 潔 潔 潔 潔 潔 潔 潔 潔
	水(氵), 총15획	품행이 바르다, 몸을 닦다

純(순수할 순), 淸(맑을 청)

· 潔白(결백) : 깨끗하고 흼.
· 淸潔(청결) : 맑고 깨끗함.
· 不潔(불결) : 깨끗하지 않음.
· 純潔(순결) : 몸과 마음이 아주 깨끗함.

缺	이지러질 결	ノ ト ト 午 牟 缶 缸 缸 鈢 缺
	缶, 총10획	없다, 모자라다, 빠뜨리다, 빠지다

· 缺格(결격) : 필요한 자격이 모자라거나 빠져 있음.
· 缺席(결석) : 출석하지 않음.
· 缺食(결식) : 끼니를 거름.
· 缺如(결여) : 있어야 할 것이 없거나 모자람.
· 缺員(결원) : 정원에서 사람이 빠져 모자람, 또는 그 인원.

出(날 출)

境	지경 경	一 十 土 圹 圹 圹 圹 圹 培 埪 埪 境 境
	土, 총14획	경계, 경우, 곳, 처지

· 境界(경계) : 지역이 갈라지는 한계.
· 境內(경내) : 일정한 지역의 안.
· 國境(국경) : 나라와 나라 사이의 경계.
· 心境(심경) : 마음의 상태.
· 逆境(역경) : 일이 뜻대로 되지 않는 불운한 처지.

界(지경 계)

慶	경사 경:	丶 亠 广 广 产 庐 庐 声 庐 庐 庐 慶 慶
	心, 총15획	축하하다, 상, 복

· 慶北(경북) : '경상북도' 의 줄임말.
· 慶事(경사) : 매우 즐겁고 기쁜 일.
· 慶州(경주) : 경상북도의 한 도시 이름.
· 慶祝(경축) : 경사로운 일을 축하함.

經	지날/글 경	` ㅅ ㅆ ㅆ ㅆ ㅆ 糸 糸 糸 糸 糸 糸 經 經
	糸, 총13획	경서, 날실, 길, 법, 도리, 다스리다

약 経

상 緯(씨 위, 3)

성 經明行修(경명행수), 經世濟民(경세제민), 牛耳讀經(우이독경)

· 經過(경과) : 시간이 지나감. 어떤 곳이나 단계를 거침.
· 經歷(경력) : 이제까지 거쳐온 학업 · 직업 따위의 내용.
· 經路(경로) : 지나는 길.
· 經由(경유) : 거쳐 지나감.
· 經濟(경제) : 인간생활에 필요한 재화를 획득 · 이용하는 활동.

警	깨우칠 경:	` ` ㅗ ㅗ ㅗ 廾 坅 荀 荀 荀 荀 警 警 警 警 警 警 警 警
	言, 총20획	※ ㅗㅗ 의 한국어문회 권장 필순은 ㅗ → ㅗ → ㅗㅗ 임
		경계하다, 조심하다, 깨우치다, 정보

약

유 戒(경계할 계, 4)

상

성

· 警告(경고) : 조심하라고 경계하여 이름.
· 警備(경비) : 만일에 대비하여 경계함. 경비원.
· 警察力(경찰력) : 경찰의 물리적인 힘.
· 警責(경책) : 정신 차리도록 꾸짖음.
· 警護(경호) : 경계하고 보호함.

係	맬 계:	` ㅣ ㄷ ㄷ 丘 低 係 係 係
	人(亻), 총9획	걸리다, 사무 구분에서 가장 하위 단위

약

유

상

성

· 係員(계원) : 사무를 갈라 맡은 한 계에서 일 보는 사람.
· 係長(계장) : 관청이나 회사의 한 계의 책임자.
· 關係(관계) : 둘 이상이 서로 걸리는 일.
· 出納係(출납계) : 출납 사무를 담당하는 계.

故	연고 고(ː)	一 十 土 古 古 古 b 故 故 故
	攵(攴), 총9획	까닭, 옛날, 일, 죽은 사람, 그러므로, 일부러

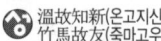
溫故知新(온고지신),
竹馬故友(죽마고우)

※첫 음절에서 장음과 단음 두 가지로 발음됨.
· 故國(고ː국) : 외국에 있는 사람이 '자기 나라'를 이르는 말.
· 故事(고ː사) : 옛날의 일. 옛날에 있었던 일.
· 故人(고ː인) : 죽은 사람. 옛 친구.
· 故鄕(고향) : 태어나서 자란 곳.

官	벼슬 관	一 宀 宀 宁 宁 官 官 官
	宀, 총8획	벼슬아치, 관청

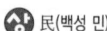
民(백성 민)

· 高官(고관) : 높은 벼슬자리, 또는 그 관리.
· 士官(사관) : 병사를 거느리는 무관.
· 長官(장관) : 국무를 맡아보는 행정 각부의 책임자.
· 前官(전관) : 이전에 그 벼슬에 있던 관원.
· 次官(차관) : 장관을 보좌하는 별정직 공무원.

句	글귀 구	ノ 勹 勽 句 句
	口, 총5획	구절

一言半句(일언반구)

· 句節(구절) : 긴 글의 한 부분인 토막 글.
· 詩句(시구) : 시의 구절.
· 語句(어구) : 말의 구절.
· 引用句(인용구) : 다른 글에서 끌어 쓴 구절.
· 字句(자구) : 글자와 글귀.

求	구할 구 水(氺), 총7획	一 十 寸 寸 求 求 求

음 要(요긴할 요)

성 實事求是(실사구시)

· 求道(구도) : 도道를 구함.
· 求愛(구애) : 이성에게 사랑을 구함.
· 求人(구인) : 필요한 사람을 구함.
· 求職(구직) : 일자리를 구함.
· 急求(급구) : 급히 구함.

究	연구할 구 穴, 총7획	` ´ 宀 宀 宀 宛 宛 究

음 硏(갈/연구할 연)

· 究明(구명) : 사리를 궁리하여 밝힘.
· 論究(논구) : 어떤 사물의 이치를 캐어서 논함.
· 硏究(연구) : 깊이 조사하여 밝힘.
· 學究熱(학구열) : 학문을 연구하는 정열.

宮	집 궁 宀, 총10획	` ´ 宀 宀 宀 宀 宀 宮 宮 宮 대궐, 소리 이름(오음의 하나)

· 宮女(궁녀) : 궁중에서 시중들던 여자.
· 宮中(궁중) : 대궐 안.
· 宮合(궁합) : 배우자의 길흉을 헤아리는 점.
· 古宮(고궁) : 옛 궁궐.
· 王宮(왕궁) : 임금이 기거하는 궁전.

權

권세 권

木, 총22획

권도, 방편, 저울

`一 十 十 才 才 杧 杧 杧 杧 杧 杧 杧 杧 杧`
`杧 杧 杧 杧 榷 榷 榷 榷`

※ ⺾ 의 한국어문회 권장 필순은
`⺾ , 一 艹 艹` 임

약 权

유

상

사 權不十年(권불십년)

· 權力(권력) : 남을 지배하여 강제로 복종시키는 힘.
· 權利(권리) : 자기 마음대로 할 수 있는 자격.
· 權勢(권세) : 권력과 세력.
· 權限(권한) : 권리의 한계.
· 主權(주권) : 나라의 최고 권력.

極

극진할/
다할 극

木, 총13획

지극하다, 끝

`一 十 十 才 术 术 柯 柯 柯 柯 柯 極 極`

약

유 窮(다할 궁, 4), 端(끝 단),
至(이를/지극할 지), 盡(다할 진, 4)

상

사 極惡無道(극악무도)

· 極少數(극소수) : 극히 적은 수.
· 極惡(극악) : 몹시 악함.
· 極右(극우) : 극단적인 우익 사상.
· 極致(극치) : 극도에 이른 경지.
· 極限(극한) : 사물이 더 이상은 나아갈 수 없는 한계.

禁

금할 금:

示, 총13획

감옥, 금령, 대궐

`一 十 才 木 木 村 村 林 林 埜 埜 禁 禁`

약

유

상

사

· 禁令(금령) : 어떤 행위를 금하는 법률.
· 禁書(금서) : 읽지 못하도록 금하는 책.
· 禁食(금식) : 얼마 동안 음식물을 먹지 않는 일.
· 禁煙(금연) : 담배 피우는 것을 금함.
· 禁止(금지) : 말리어 못하게 함.

器	그릇 기 口, 총16획	⺌ ⺌ ⺌ ⺌ ⺌ ⺌ 吅 吅 哭 哭 器 器 器 器 器 器 도구, 그릇으로 여기다

- 옥
- 유
- 상
- 송

- **器具**(기구) : 세간 · 그릇 · 연장 따위를 통틀어 이르는 말.
- **兵器**(병기) : 전투에 쓰는 여러 가지 기구.
- **樂器**(악기) : 음악을 연주하는 데 쓰이는 기구.
- **容器**(용기) : 물건을 담는 그릇.
- **祭器**(제기) : 제사 때 쓰는 그릇.

起	일어날 기 走, 총10획	一 十 土 キ キ キ 走 起 起 起

- 옥
- 유
- 상 結(맺을 결), 伏(엎드릴 복, 4),
寢(잘 침, 4)
- 송 起死回生(기사회생)

- **起立**(기립) : 일어섬.
- **起案**(기안) : 안을 세움. 문안을 기초함.
- **起用**(기용) : 중요한 자리에 뽑아 씀.
- **起草**(기초) : 글의 초안을 잡음.
- **早起**(조기) : 아침에 일찍 일어남.

暖	따뜻할 난: 日, 총13획	丨 冂 冂 日 日 日ⁿ 日ⁿ 日ⁿ 旷 旷 旷 暖 暖

- 옥
- 유 溫(따뜻할 온)
- 상 冷(찰 랭), 寒(찰 한)
- 송

- **暖流**(난류) : 적도 부근에서 고위도 지역으로 흐르는 해류.
- **暖房**(난방) : 따뜻한 방. 방을 따뜻하게 함.
- **溫暖**(온난) : 따뜻함.
- **寒暖**(한난) : 추움과 따뜻함.

難	어려울 난(:)	一 十 卄 卝 뱓 芦 苩 甘 苗 茾 萁 萁
	隹, 총19획	難 難 難 難 難
		나무라다, 난리

易(쉬울 이, 4)

難兄難弟(난형난제), 多事多難
(다사다난), 變化難測(변화난측),
衆口難防(중구난방), 進退兩難
(진퇴양난)

※첫 음절에서 장음과 단음 두 가지로 발음됨.
· 難處(난:처) : 이럴 수도 저럴 수도 없어 딱함.
· 難治病(난치병) : 낫거나 고치기 어려운 병.
· 難解(난해) : 풀기 어려움.
· 災難(재난) : 뜻밖에 일어나는 불행한 일.

| 努 | 힘쓸 노 | ㄥ ㄠ ㄠ 如 奴 努 努 |
| | 力, 총7획 | 부지런히 일하다 |

· 努力(노력) : 힘을 씀, 힘을 다함.

| 怒 | 성낼 노: | ㄥ ㄠ ㄠ 如 奴 奴 怒 怒 怒 |
| | 心, 총9획 | |

喜(기쁠 희, 4)

怒發大發(노발대발),
天人共怒(천인공노)

틀리기 쉬운 한자
恕(용서할 서, 3Ⅱ)

· 怒氣(노기) : 노여운 기색.
· 大怒(대로←대노) : 크게 성냄.

單	홑 단 口, 총12획	`丶 丷 丷 吊 吊 吊 吊 严 胃 胃 胃 單`
		단지, 오랑캐 이름(선)

역 単

유 獨(홀로 독)

상 複(겹칠 복, 4), 部(떼 부)

- 單價(단가) : 낱개의 값.
- 單獨(단독) : 혼자.
- 單純(단순) : 복잡하지 않고 간단하거나 단일한 것.
- 單式(단식) : 단순한 형식이나 방식. 단식 경기.
- 單語(단어) : 낱말.

斷	끊을 단: 斤, 총18획	`丶 幺 幺 幺 糸 糸 糸 糸 綝 綝 綝 綝 綝 綝 綝` `綝 斷 斷 斷`
		결단하다, 나누다

역 断

유 絶(끊을 절)

상 續(이을 속)

성 死生決斷(사생결단),
言語道斷(언어도단)

- 斷念(단념) : 품었던 생각을 끊어버림.
- 斷絶(단절) : 어떤 관계나 교류를 끊음.
- 斷定(단정) : 분명한 태도로 결정함.
- 分斷(분단) : 끊어서 동강을 냄.
- 切斷(절단) : 끊어냄. 잘라냄.

檀	박달나무 단 木, 총17획	`一 十 才 木 木 村 村 杧 杧 柿 桁 桁 桁 檀` `檀 檀 檀`

- 檀君(단군) : 우리 겨레의 시조로 받드는 태초의 임금.
- 神檀樹(신단수) : 단군신화에서 환웅桓雄이 처음 하늘에서 내려왔다는 신령한 나무.

| 端 | 끝 단
立, 총14획 | `' ㄴ ㅗ ㅗ 쇼 立 立' 㳰 㳰 㳰 㳰 㳰 㳰 端 端`
바르다, 실마리, 처음, 시초 |

유 極(다할/끝 극), 末(끝 말),
尾(꼬리 미, 3)

상

반

● 틀리기 쉬운 한자
瑞(상서 서, 2)

· 端午(단오) : '음력 5월 5일'을 명절로 이르는 말.
· 端正(단정) : 얌전하고 바름.
· 末端(말단) : 맨 끄트머리.
· 一端(일단) : 한 끝. 한 부분.
· 最南端(최남단) : 가장 남쪽 끝.

| 達 | 통달할 달
辵(辶), 총13획 | `一 十 土 圡 圡 去 幸 幸 幸 幸 莑 達`
통하다, 이르다, 보내다, 이루다, 능숙하다 |

유 到(이를 도), 通(통할 통)

상

반 四通八達(사통팔달)

· 達觀(달관) : 뛰어난 관찰. 넓고 멀리 내다봄.
· 到達(도달) : 이르러 다다름.
· 發達(발달) : 자라거나 나아짐.
· 用達(용달) : 물건을 전문적으로 배달함. 또는 그 일.
· 傳達(전달) : 전하여 이르게 함.

| 擔 | 멜 담
手(扌), 총16획 | `` ` 扌 扌 扩 扩 扩 扩 扩 捨 捨 捨 捨 捨 捨<br>擔 擔``
맡다, 짐, 화물 |

유 任(맡길 임)

상

반

· 擔當(담당) : (일을) 맡음.
· 擔保(담보) : 맡아서 보증함.
· 擔任(담임) : 책임지고 맡음. 또는 그 사람.
· 加擔(가담) : 한편이 되어 힘을 보탬.
· 全擔(전담) : 온통 다 맡음.

208

1
2
3
4
5
6
7
8

黨	무리 당
	
	黑, 총20획
		`丶 丷 ⺌ ⺌ 产 严 严 肖 尚 尚 尚 堂`
		`堂 堂 堂 黨 黨 黨 黨`
		마을, 아부하다, 치우치다

약 党

유 群(무리 군, 4), 徒(무리 도, 4),
衆(무리 중)

상

반

· 黨權(당권) : 당의 주도권.
· 黨爭(당쟁) : 당파를 이루어 서로 싸움.
· 野黨(야당) : 현재 내각을 조직하지 않은 정당.
· 與黨(여당) : 정권을 잡고 있는 정당.
· 政黨(정당) : 정치상의 당파.

帶	띠 대(ː) 巾, 총11획	`一 ⺀ ⺀ ⺀ 卅 卅 带 带 带 带 帶` 차다, 데리고 있다, 근처

약

유

상

반 一衣帶水(일의대수)

· 帶同(대동) : 데리고 함께 감
· 連帶(연대) : 두 사람 이상이 공동 책임으로 연결함.
· 熱帶(열대) : 적도를 중심으로 남북 회귀선 사이의 지대.
· 一帶(일대) : 어떤 지역의 전부. 일원一圓
· 地帶(지대) : 한정된 일정한 구역.

隊	무리 대 阜(阝), 총12획	`⺀ ⻖ 阝 阝 阝 阡 阡 阡 陜 隊 隊 隊` 군대, 군대의 대오

약

유 部(떼 부)

상

반

· 隊列(대열) : 질서 있게 늘어선 행렬.
· 軍隊(군대) : 군인의 집단.
· 部隊(부대) : 하나의 단위를 이루는 군대 조직.
· 入隊(입대) : 군대에 들어가 군인이 됨.
· 自隊(자대) : 자기가 소속된 부대.

209

| 導 | 인도할 도:
寸, 총16획 | 丶 丷 丷 艹 艹 产 产 肖 肖 肖 首 首 渞 渞 道 道
導 導
이끌다 |

우 引(끌 인)

· 導入(도입) : 끌어들임.
· 導出(도출) : 결론 등을 논리적으로 이끌어냄.
· 引導(인도) : 가르쳐 일깨움. 길을 안내함.
· 主導(주도) : 주장이 되어 이끌거나 지도함.
· 指導(지도) : 어떤 목적이나 방향으로 가르쳐 이끎.

| 毒 | 독 독
毋, 총8획 | 一 一 十 丰 主 吉 吉 毒
괴로워하다, 미워하다, 해치다 |

우 酷(심할 혹, 2)

· 毒素(독소) : 해독이 되는 성분이나 물질.
· 毒藥(독약) : 독성을 가진 약제.
· 毒草(독초) : 독이 있는 풀.
· 惡毒(악독) : 마음이 악하고 독살스러움.
· 飮毒(음독) : 독약을 먹음.

| 督 | 감독할 독
目, 총13획 | 丨 卜 上 圤 未 未 却 叔 权 权 督 督 督
살피다, 통솔하다, 꾸짖다, 재촉하다, 우두머리 |

· 督戰(독전) : 전투를 감독하고 격려함.
· 提督(제독) : 함대의 총사령관.
· 助監督(조감독) : 감독의 조수.
· 總督(총독) : 관할구역 안의 정무 · 군무를 통할하는 벼슬.

銅	구리 동 金, 총14획	ㅓ ㅅ ㅅ ㅅ ㅅ ㅅ ㅓ 金 金 釘 釘 釘 銅 銅

음
운
상
형

· 銅賞(동상) : 금 · 은 · 동으로 상을 나누었을 때 3등상.
· 銅線(동선) : 구리 철선. 구리줄.
· 銅活字(동활자) : 구리로 만든 활자.
· 金銅(금동) : 금을 올리거나 금박을 씌운 구리.
· 靑銅(청동) : 구리와 주석의 합금.

斗	말 두 斗, 총4획	ㆍ ㆍ ㆍ 二 斗 별 이름

음
운
상
형

· 斗酒(두주) : 말술.
· 北斗(북두) : 북두칠성.

豆	콩 두 豆, 총7획	一 丆 亓 丏 戸 戸 豆

음
운
상
형 種豆得豆(종두득두)

· 大豆(대두) : 콩.
· 綠豆(녹두) : 밭에 심는 콩과의 한해살이풀.
· 小豆(소두) : 팥.

得	얻을 득	´ ´ ´ ´ ´ ´ ´ ´ ´ ´ ´
	彳, 총11획	손에 넣다, 만족하다, 깨닫다

약

유

상 失(잃을 실), 損(덜 손)

 得意滿面(득의만면), 利害得失
(이해득실), 一擧兩得(일거양득),
自業自得(자업자득), 種豆得豆
(종두득두)

· 得道(득도) : 도道를 깨달음. 오묘한 뜻을 깨달음.
· 得失(득실) : 얻음과 잃음. 이익과 손해.
· 所得(소득) : 어떤 일의 결과로 얻는 것.
· 習得(습득) : 배워 터득함.
· 利得(이득) : 이익을 얻는 일, 또는 그 이익.

燈	등불 등	´ ´ ´ ´ ´ ´ ´ ´ ´ ´ ´ ´ ´ ´ ´ 燈 燈
	火, 총16획	燈 燈

약 灯

유

상

하 燈下不明(등하불명), 燈火可親
(등화가친), 貧者一燈(빈자일등),
風前燈火(풍전등화)

· 燈油(등유) : 석유 제품의 하나.
· 燈前(등전) : 등불 앞.
· 燈火(등화) : 등불. 등에 켠 불.
· 白熱燈(백열등) : 흰빛을 내는 가스등이나 전등 따위.
· 電燈(전등) : 전기를 이용하여 켜는 등.

羅	벌일 라(나)	` ´ ´ ´ ´ ´ ´ ´ ´ ´ ´ ´ ´ ´ ´ ´ ´ 羅 羅 羅 羅 羅
	网(罒), 총19획	그물, 늘어서다, 비단

약

유 列(벌일 렬)

상

하

· 羅列(나열) : 죽 벌여놓음. 죽 늘어놓음.
· 新羅(신라) : 우리나라의 고대 왕국 중의 하나.
· 全羅道(전라도) : 전라남북도를 합하여 일컫는 명칭.

1
2
3ㅍ
4
4ㅍ
5
6
7
8

216

兩	두 량(양):	一 亓 丙 币 币 雨 雨 雨 兩
	入, 총8획	둘, 쌍

 両

勢不兩立(세불양립), 一舉兩得
(일거양득), 進退兩難(진퇴양난)

· 兩家(양가) : 양쪽 집.
· 兩國(양국) : 양편의 두 나라.
· 兩面(양면) : 양쪽 면. 앞면과 뒷면.
· 兩者(양자) : 두 사람, 또는 두 사물.
· 兩親(양친) : 아버지와 어머니.

麗	고울 려(여)	ᅳ 𠂉 𠃌 丽 丽 丽 丽 丽 丽 丽 丽 丽 丽 丽 麗 麗 麗 麗 麗
	鹿, 총19획	아름답다, 짝

· 高句麗(고구려) : 우리나라 고대 왕국 중의 하나.
· 流麗(유려) : 유창하고 아름다움.
· 美麗(미려) : 아름답고 고움.
· 鮮麗(선려) : 산뜻하고 고움.

連	이을 련(연)	一 𠃊 𠃌 币 百 亘 車 車 車 連 連
	辵(辶), 총11획	잇닿다, 관련되다, 계속하여

結(맺을 결), 絡(이을 락, 3Ⅱ),
續(이을 속), 接(이을 접)

連戰連勝(연전연승)

· 連結(연결) : 서로 이어서 맺음.
· 連續(연속) : 끊이지 않고 계속 이어짐.
· 連勝(연승) : 잇달아 이김.
· 連休(연휴) : 휴일이 계속되는 일, 또는 계속되는 휴일.
· 一連(일련) : 하나로 이어지는 것. 하나의 연속.

列	벌일 렬(열)	一 ァ ヲ 歹 列 列
	刀(刂), 총6획	늘어서다, 순서를 매기다, 차례, 줄, 여러

 羅(벌일 라)

· 列擧(열거) : 여러 가지를 하나씩 들어 말함.
· 一列(일렬) : 한 줄. 첫째 줄.
· 前列(전렬) : 앞줄.
· 戰列(전열) : 전쟁에 참가하는 부대의 대열.
· 行列(행렬) : 여럿이 줄서서 감. 또는 그 줄.

錄	기록할 록(녹)	ノ ^ ^ 쇼 쇼 牟 숲 숲 金 針 釘 銰 鈝 鈝 鋒 錄
	金, 총16획	단속하다, 변변치 못하다

 記(기록할 기)

· 錄音(녹음) : 소리를 재생할 수 있도록 기계로 기록하는 일.
· 記錄(기록) : 무엇을 적음. 경기에서 선수가 거둔 성적.
· 登錄(등록) : 문서에 적어서 둠.
· 目錄(목록) : 진열품 등을 일정한 차례로 적은 기록. 목차目次
· 收錄(수록) : 기록하여 넣거나 모아서 실음.

論	논할 론(논)	ㅡ ㅡ ㅜ 宁 言 言 言 訡 訡 訡 訡 論 論 論 論
	言, 총15획	논의하다, 견해, 의견, 학설

 議(의논할 의)

空理空論(공리공론), 論功行賞(논공행상), 餘無可論(여무가론), 卓上空論(탁상공론)

· 論理(논리) : 의론·추리 등을 끌고 나가는 조리.
· 論文(논문) : 어떤 일에 대해 자기 의견을 논술한 글.
· 論說文(논설문) : 자기 의견을 체계적으로 적은 글.
· 論議(논의) : 서로 의견을 말하며 의논함.
· 衆論(중론) : 여러 사람의 의론.

留	머무를 류(유)	` ´ ´ ´ ´ ´ ´ ´ ´ ´ ´ ´ ´ ´ 留
	田, 총10획	정지하다, 지체하다

유) 停(머무를 정)

상) 去(갈 거)

성) 人死留名(인사유명)

· 留級(유급) : 진급하지 못하고 그대로 남음.
· 留念(유념) : 마음에 새기고 생각함.
· 留保(유보) : 뒤로 미룸.
· 留任(유임) : 그대로 머물러 일을 맡아봄.
· 停留場(정류장) : 버스 등이 잠시 멈추는 일정한 곳.

律	법칙 률(율)	` ´ ´ ´ 彳 彳 彳 彳 律 律
	彳, 총9획	규칙, 음률, 가락

유) 規(법 규), 法(법 법)

상)

성) 二律背反(이율배반)

· 律動(율동) : 가락에 맞추어 추는 춤.
· 法律(법률) : 사회를 유지하기 위한 강제 규범.
· 音律(음률) : 음악. 음악의 곡조.
· 自律(자율) : 스스로의 의지로 자신의 행동을 규제함.
· 他律(타율) : 남의 명령이나 구속에 따라 행동하는 일.

滿	찰 만(:)	` ` ` ` ` ` ` ` ` ` ` ` ` 滿 滿 滿 滿
	水(氵), 총14획	풍족하다, 교만하다

약) 満

유) 充(채울 충)

상) 干(방패/마를 간, 4)

성) 得意滿面(득의만면), 滿場一致
(만장일치), 守眞志滿(수진지만)

※첫 음절에서 장음과 단음 두 가지로 발음됨.
· 滿面(만:면) : 온 얼굴.
· 滿發(만:발) : 많은 꽃이 한꺼번에 활짝 핌.
· 滿足(만족) : 마음에 모자람이 없어 흐뭇함.
· 充滿(충만) : 한껏 차서 가득함.

脈	줄기 맥	ノ ｜ 几 月 月 彤 彤 脈 脈 脈
	肉(月), 총10획	맥, 혈관, 연달아 하다

약 脉

우

상

훈 一脈相通(일맥상통)

· 動脈(동맥) : 심장에서 나온 혈액을 온몸으로 보내는 혈관.
· 山脈(산맥) : 산줄기.
· 水脈(수맥) : 땅속으로 흐르는 물줄기.
· 人脈(인맥) : 한 갈래로 얽힌 인간관계.
· 學脈(학맥) : 학문상의 관계로 얽힌 인간관계. 학연學緣.

毛	터럭 모	一 二 三 毛
	毛, 총4획	털, 풀, 가늘다

약

우 髮(터럭 발, 4)

상

훈 九牛一毛(구우일모)

· 毛根(모근) : 털뿌리.
· 毛布(모포) : 담요.
· 毛筆(모필) : 짐승의 털로 맨 붓.
· 發毛(발모) : 털이 남.
· 不毛地(불모지) : 식물이 자라지 않는 거친 땅.

牧	칠/기를 목	ノ 广 牜 牛 牜 牜 牧 牧
	牛, 총8획	다스리다, 목장, 벼슬 이름

약

우

상

훈

· 牧童(목동) : 마소나 양을 치는 아이.
· 牧民官(목민관) : 백성을 다스리는 벼슬아치.
· 牧場(목장) : 소 · 말 · 양 따위를 전문으로 치는 곳.
· 牧草(목초) : 가축에게 먹이는 풀.
· 放牧(방목) : 소나 말 · 양 따위의 가축을 놓아 기름.

務	힘쓸 무:	ノ マ ヌ 子 矛 矛 矛 弥 務 務 務
	力, 총11획	일, 직무

- **約** · **實**務(실무) : 실제의 업무.
- **유** · **業**務(업무) : 공무나 사업 따위에 관한 일.
- **상** · **義**務(의무) : 마땅히 해야 할 직분.
- **상** · **任**務(임무) : 맡은 일.
- · **休**務(휴무) : 늘 하던 일을 하루나 한동안 쉼.

武	호반 무:	一 二 十 キ キ テ 武 武
	止, 총8획	무인, 군대의 위용, 병장기, 군세다

- **약** · **武功**(무공) : 전쟁에서 세운 공적.
- **유** · **武器**(무기) : 적을 치거나 막는 데 쓰는 도구.
- **상** 文(글월 문) · **武力**(무력) : 군사상의 위력.
- **상** 步武堂堂(보무당당) · **武林**(무림) : 무사 또는 무협의 세계.
- · **武士**(무사) : 무예를 익혀 전쟁에 종사하는 사람.

味	맛 미:	l 口 口 口 旷 먀 먀 味
	口, 총8획	기분, 취향, 뜻

- **약** · **味覺**(미각) : 혀 따위로 맛을 느끼는 감각.
- **유** · **別味**(별미) : 특별히 좋은 맛, 또는 그런 음식.
- **상** · **意味**(의미) : 뜻.
- **상** · **人情味**(인정미) : 인정이 깃들여 있는 아름다움.
- · **一味**(일미) : 아주 뛰어난 맛. 독특한 맛.

未	아닐 미(:)	ー ニ キ 末 未
	木, 총5획	여덟째 지지, 미래

※첫 음절에서 장음과 단음 두 가지로 발음됨.
· 未開(미:개) : 아직 개화하지 못한 상태에 있음.
· 未決(미:결) : 아직 결정하지 않음.
· 未來(미:래) : 아직 다가오지 않은 때. 장래.
· 未安(미안) : 남에게 괴로움을 끼쳐 거북함.

前代未聞(전대미문)

密	빽빽할 밀	' ' ' ' 少 少 它 宓 宓 宓 宓 密 密
	宀, 총11획	비밀로 하다, 가깝다, 친하다

疏(소통할/성길 소, 3Ⅱ),
顯(나타날 현, 4)

· 密室(밀실) : 비밀히 쓰는 방.
· 密約(밀약) : 비밀히 약속함, 또는 그 약속.
· 密接(밀접) : 관계가 썩 가까움.
· 精密(정밀) : 가늘고 촘촘함. 아주 잘고 자세함.
· 親密(친밀) : 지내는 사이가 아주 친하고 가까움.

博	넓을 박	ー 十 ナ ナ ナ ナ 恒 恒 恒 博 博 博
	十, 총12획	많다, 노름, 넓이

博學多識(박학다식)

· 博物學(박물학) : 동물학 · 식물학 · 광물학 · 지질학 등을 통틀어 이르는 말.
· 博士(박사) : 학술 분야의 최고 학위.
· 博識(박식) : 널리 보고 들어 아는 것이 많음.
· 博愛(박애) : 뭇 사람을 차별 없이 두루 사랑함.
· 博學(박학) : 학식이 넓고 아는 것이 많음.

| 房 | 방 방
戶, 총8획 | `丶丶彐尸尸尸房房` |

 文房四友(문방사우)

· 房門(방문) : 방을 드나드는 문.
· 監房(감방) : 교도소에서 죄수를 가두어두는 방.
· 獨房(독방) : 혼자서 쓰는 방.
· 韓藥房(한약방) : 한약을 파는 약국.
· 畵房(화방) : 화실. 그림 도구를 파는 가게.

| 訪 | 찾을 방:
言, 총11획 | `丶一亠言言言言訪訪訪訪` |

尋(찾을 심, 3), 探(찾을 탐, 4)

· 訪問(방문) : 어떤 사람이나 장소를 찾아감.
· 訪北(방북) : 북한을 방문함.
· 訪韓(방한) : 한국을 방문함.
· 來訪(내방) : 찾아옴.
· 禮訪(예방) : 의례적인 방문. 인사차 방문함.

| 防 | 막을 방
阜(阝), 총7획 | `丶彐阝阝阝防防` |

 攻(칠 공, 4)
衆口難防(중구난방)

· 防水(방수) : 물이 새거나 넘치는 것을 막음.
· 防音(방음) : 시끄러운 소리를 막음.
· 防止(방지) : 어떤 일이 일어나지 않도록 막음.
· 防寒(방한) : 추위를 막음.
· 防火(방화) : 화재를 미리 막음.

配	나눌/짝 배:	一 丆 丙 内 西 酉 酉 酉 配 配
	酉, 총10획	귀양보내다, 딸리다, 예속하다

상 集(모을 집)
형

· 配給(배급) : 물자를 별러서 대줌.
· 配達(배달) : 물건을 가져다가 돌라줌.
· 配當(배당) : 알맞게 벼르거나 별러서 줌
· 配送(배송) : 배달과 발송.
· 配食(배식) : 밥을 몫몫이 나누어줌.

拜	절 배:	一 二 ≧ 手 手 手 拝 拝 拜
	手, 총9획	삼가고 공경하다, 벼슬 주다, 굽히다

약
유
상
형

· 拜上(배상) : 삼가 올림.
· 歲拜(세배) : 섣달그믐이나 정초에 하는 인사.
· 禮拜(예배) : 신도가 기도하는 의식.
· 再拜(재배) : 두 번 절함, 또는 그 절.
· 參拜(참배) : 신에게 절함. 무덤 등의 앞에서 추모함.

背	등 배:	一 ㄱ 귀 궈 背 背 背 背 背
	肉(月), 총9획	뒤, 집의 북쪽, 등지다

약
유
상 腹(배 복, 3Ⅱ), 向(향할 향)
형 二律背反(이율배반)

· 背景(배경) : 뒤의 경치.
· 背反(배반) : 신의를 저버리고 돌아섬.
· 背信(배신) : 신의를 저버림.
· 背恩(배은) : 은혜를 저버림.
· 背後(배후) : 등 뒤. 표면에 드러나지 않는 부분.

220

| 伐 | 칠 벌
人(亻), 총6획 | ノ イ イ 代 伐 伐
베다, 자랑하다 |

- 伐木(벌목) : 나무를 벰.
- 伐草(벌초) : 무덤의 잡풀을 베어서 깨끗이 함.
- 北伐(북벌) : 북쪽 지방을 침.
- 殺伐(살벌) : 거동이나 분위기가 거칠고 무시무시함.

약
유 討(칠 토, 4)
상
완

| 罰 | 벌할 벌
网(罒), 총14획 | ㅣ ㄲ ㄲ ㄲ ㄲ 罒 罔 罰 罰 罰 罰 罰 罰 罰 |

- 罰金(벌금) : 범죄의 처벌로서 부과하는 돈.
- 罰則(벌칙) : 법을 어겼을 때의 처벌 규칙.
- 賞罰(상벌) : 상과 벌.
- 重罰(중벌) : 중한 형벌.
- 處罰(처벌) : 형벌에 처함.

약
유
상 賞(상줄 상), 罪(허물 죄)
완 信賞必罰(신상필벌)

| 壁 | 벽 벽
土, 총16획 | ㄱ ㄱ ㅏ ㅏ 月 月 月' 月ヶ 月辛 辟 辟 辟 辟 辟
壁 壁
낭떠러지 |

- 壁面(벽면) : 벽의 거죽.
- 壁報(벽보) : 기사를 적어 벽이나 게시판에 붙이는 종이.
- 壁畫(벽화) : 건물이나 무덤 따위의 벽에 그린 그림.
- 外壁(외벽) : 바깥벽.
- 絕壁(절벽) : 험한 낭떠러지.

약
유
상
완 九年面壁(구년면벽)

| 邊 | **가 변**
辵(辶), 총19획 | ` ´ ┌ ┌ ┌ 户 自 自 血 血 息 鳥 鳥 鳥`
`身 鼻 鼻 鼻 邊`
가장자리, 변방, 곁, 끝 |

약 边, 边
유
상
상

· 邊境(변경) : 나라의 경계가 되는 변두리의 땅.
· 江邊(강변) : 강가.
· 路邊(노변) : 길가.
· 身邊(신변) : 몸, 또는 몸의 주변.
· 海邊(해변) : 바닷가.

| 保 | **지킬 보(:)**
人(亻), 총9획 | ` ノ ィ イ ῏ ῏ ῍ 仲 仔 保`
보전하다 |

약
유 守(지킬 수)
상
상

※첫 음절에서 장음과 단음 두 가지로 발음됨.
· 保健(보:건) : 건강을 지켜나가는 일.
· 保留(보:류) : 뒤로 미룸.
· 保安(보:안) : 안전을 유지하는 일.
· 保證(보증) : 틀림이 없음을 증명함. * 證(증거 증, 4)

| 報 | **갚을/알릴 보:**
土, 총12획 | ` 一 十 土 키 놝 햐 홐 쳐 쳐⁊ 報 報 報`
대답하다 |

약
유 告(고할 고), 申(납/알릴 신)
상
상 結草報恩(결초보은), 陰德陽報
(음덕양보), 因果應報(인과응보)

· 報告(보고) : 결과나 내용을 말이나 글로 알림.
· 報答(보답) : 입은 혜택이나 은혜를 갚음.
· 報道(보도) : 새 소식을 널리 알림.
· 報恩(보은) : 은혜를 갚음.
· 情報(정보) : 내용이나 형편에 관한 소식이나 자료.

寶	보배 보:	` ` ` `宀 宀 宀 宀 宀 宀 宀 宀 宀 宀 宀 宀
	宀, 총20획	寶 寶 寶 寶 寶 寶
		보배, 옥새, 보배로 여기다

 宝

유 珍(보배 진, 4)

상

형

· 寶劍(보검) : 보배로운 칼.
· 寶石(보석) : 장식용으로 귀중히 여겨지는 광물.
· 寶位(보위) : 임금의 지위.
· 家寶(가보) : 한 집안의 보물.
· 國寶(국보) : 나라의 보배.

步	걸음 보:	` ` ` `止 止 步 步
	止, 총7획	보(거리 단위), 걷다

약

유

상

형 步武堂堂(보무당당)

· 步兵(보병) : 걸어다니면서 전투하도록 훈련된 군인.
· 競步(경보) : 육상 경기의 한 가지.
· 速步(속보) : 빠른 걸음.
· 進步(진보) : 발전되어 앞으로 나아감.
· 行步(행보) : 걸음을 걸음, 또는 그 걸음.

復	회복할 복, 다시 부:	` ` ` `彳 彳 彳 彳 徉 徉 復 復
	彳, 총12획	돌아오다, 되풀이하다

약

유

상 往(갈 왕)

형 重言復言(중언부언)

· 復古(복고) : 과거의 체제나 사상 · 전통 따위로 돌아감.
· 復習(복습) : 배운 것을 되풀이하여 익힘.
· 復元(복원) : 원래대로 회복함.
· 復活(부활) : 죽었다가 되살아남.
· 復興(부흥) : 쇠하였던 것이 다시 일어남.

副 버금 부

刀(刂), 총11획

一 ㄱ 冖 吂 戸 畐 畐 畐 畐 畐 副

다음, 둘째

약

유 次(버금 차)

상 正(바를 정)

성

· 副賞(부상) : 본 상 외에 따로 주는 상.
· 副食(부식) : 주식에 곁들여서 먹는 음식.
· 副業(부업) : 본업 외에 따로 가지는 직업.
· 副作用(부작용) : 주 효과 외에 생기는 약의 작용.
· 副題(부제) : 제목 밑에 덧붙이는 작은 제목.

婦 며느리 부

女, 총11획

ㄑ 夂 女 女 妒 妒 妒 婦 婦 婦 婦

아내, 여자

약

유 妻(아내 처, 3Ⅱ)

상 姑(시어미 고, 3Ⅱ), 夫(지아비 부)

성 夫婦有別(부부유별)

· 婦女子(부녀자) : 부인과 여자라는 뜻으로 여성을 뜻함.
· 婦人(부인) : 결혼한 여자.
· 夫婦(부부) : 남편과 아내.
· 主婦(주부) : 가장의 아내, 또는 주인인 부인.
· 孝婦(효부) : 효성스러운 며느리.

富 부자 부

宀, 총12획

丶 丷 宀 宀 宀 官 官 宫 富 富 富 富

부유하다, 넉넉하다

약

유

상 貧(가난할 빈)

성 富貴在天(부귀재천)

· 富強(부강) : 나라의 재정이 넉넉하고 군사력이 튼튼함.
· 富貴(부귀) : 재산이 많고 사회적 지위가 높음.
· 富者(부자) : 재산이 많은 사람.
· 貧富(빈부) : 가난함과 넉넉함.
· 豊富(풍부) : 넉넉하고 많음.

府	마을 부(:)	`丶一广广广广府府府`
	广, 총8획	관청

※첫 음절에서 장음과 단음 두 가지로 발음됨.
- 府君(부군:) : 죽은 아버지나 남자 조상의 높임말.

  * 君(임금 군, 4)
- 立法府(입법부) : 법률을 제정하는 '국회' 를 이르는 말.
- 政府(정부) : 국가의 정책을 집행하는 행정부.
- 學府(학부) : 학문의 중심 되는 곳. 흔히 '대학' 을 가리킴.

佛	부처 불	`丿亻亻仁佀佛佛`
	人(亻), 총7획	'프랑스' 의 약칭

- 약 : 仏
- 유 : 寺(절 사)
- 佛家(불가) : 불교를 믿는 사람, 또는 그 사회.
- 佛經(불경) : 불교의 가르침을 적은 경전.
- 佛敎(불교) : 석가모니가 창시한 종교.
- 佛心(불심) : 자비로운 부처의 마음.
- 佛子(불자) : 부처의 가르침을 믿는 사람.

備	갖출 비:	`丿亻亻仁併併併併佛佛佛備備`
	人(亻), 총12획	준비하다, 예방하다, 비품

- 유 : 具(갖출 구)
- 餘不備禮(여불비례), 有備無患(유비무환)
- 備考(비고) : 참고하기 위해 갖추어둠.
- 備置(비치) : 갖추어둠.
- 備品(비품) : 업무용으로 갖추어두는 물건.
- 具備(구비) : 빠짐없이 갖춤. 두루 갖춤.
- 對備(대비) : 미리 준비함, 또는 그런 준비.

悲	슬플 비:	ノ ノ ヲ ヺ 訃 沸 沸 沸 沸 悲 悲 悲
	心, 총12획	

약

유 悼(슬퍼할 도, 2), 哀(슬플 애, 3Ⅱ)

상 歡(기쁠 환, 4), 喜(기쁠 희, 4)

성

· 悲歌(비가) : 슬픔을 나타낸 시가.
· 悲感(비감) : 슬픈 느낌.
· 悲觀(비관) : 슬퍼하거나 실망함.
· 悲報(비보) : 슬픈 소식.
· 悲運(비운) : 슬픈 운명. 불행한 운명.

1
2
3
3ⅱ
4
4ⅱ
5
6
7
8

226

非	아닐 비(:)	ノ ノ ヲ ヺ 非 非 非 非
	非, 총8획	그르다, 나무라다, 헐뜯다

약

유

상 是(옳을 시)

성 非一非再(비일비재), 是非曲直 (시비곡직), 是是非非(시시비비)

※첫 음절에서 장음과 단음 두 가지로 발음됨.
· 非公開(비:공개) : 공개하지 않음.
· 非理(비:리) : 도리에 어그러지는 일.
· 非常(비:상) : 정상적인 상태가 아닌 일.
· 非但(비단) : '다만' 의 뜻을 나타내는 말.

飛	날 비	ㄟ ㄟ ㄟ ㄟ ㄟ ㄟ ㄟ ㄟ ㄟ ㄟ
	飛, 총9획	

약

유

상

성 飛流直下(비류직하)

· 飛上(비상) : 날아오름.
· 飛行(비행) : 하늘을 날아다님.
· 雄飛(웅비) : 기운차고 용기 있게 활동함.

貧	가난할 빈 貝, 총11획	ノ ハ 今 今 今 今 今 貧 貧 貧 貧 곤궁하다

약
유 窮(다할/궁할 궁, 4)
상 富(부자 부)
사 貧者一燈(빈자일등),
安貧樂道(안빈낙도)
● 틀리기 쉬운 한자
貪(탐낼 탐, 3)

· 貧者(빈자) : 가난한 사람.
· 貧寒(빈한) : 살림이 몹시 가난하여 집안이 쓸쓸함.
· 貧血(빈혈) : 피 속의 적혈구나 혈색소가 적어지는 현상.
· 極貧(극빈) : 몹시 가난함.
· 淸貧(청빈) : 청렴하여 살림이 구차함.

寺	절 사, 내시 시 寸, 총6획	一 十 土 生 寺 寺 관청(시)

약
유 佛(부처 불)
상
사

· 寺院(사원) : 절. 사찰.
· 末寺(말사) : 본산에 딸린 절.
· 本寺(본사) : 관할 구역에 딸린 여러 말사를 통할하는 큰 절.
· 佛寺(불사) : 절.
· 山寺(산사) : 산속에 있는 절.

師	스승 사 巾, 총10획	ノ ⺊ ⼌ ⼌ ⼌ ⾃ ⾃ ⾃ 師 師 군사, 벼슬

약 师
유
상 弟(아우/제자 제)
사
● 틀리기 쉬운 한자
帥(장수 수, 3Ⅱ)

· 師事(사사) : 스승으로 섬김.
· 師弟(사제) : 스승과 제자.
· 敎師(교사) : 학생을 가르치는 사람.
· 恩師(은사) : '스승'을 감사한 마음으로 이르는 말.
· 醫師(의사) : 의술로 병을 고치는 사람.

舍	집 사	ノ 人 ㅅ ㅅ 今 舍 舍 舍
	舌, 총8획	여관, 놓다, 버리다

약

유 家(집 가), 室(집 실), 屋(집 옥), 宅(집 택)

상

응

· 舍監(사감) : 기숙사에서 기숙생들을 감독하는 사람.
· 舍宅(사택) : 단체나 기관에서 직원을 위해 마련한 주택.
· 客舍(객사) : 객지에서 묵는 집.
· 校舍(교사) : 학교의 건물.
· 牛舍(우사) : 외양간.

謝	사례할 사:	ˋ ˊ ˊ ˊ ˊ ˊ ˊ ˊ ˊ ˊ 訂 訪 訪 詢 謝 謝 謝 謝
	言, 총17획	사죄하다

약

유

상

응

· 謝過(사과) : 잘못에 대하여 용서를 빎.
· 謝禮(사례) : 고마운 뜻을 나타내는 인사.
· 謝恩(사은) : 받은 은혜에 사례함.
· 謝罪(사죄) : 잘못에 대하여 용서를 빎.
· 感謝(감사) : 고마움을 나타내는 인사.

殺	죽일 살, 감할 쇄:	ノ メ ㅈ 羊 羊 衤 羊 殺 殺 殺 殺
	殳, 총11획	죽다, 없애다, 빠르다(쇄), 매우(쇄)

약

유

상 生(날 생), 活(살 활)

응 寸鐵殺人(촌철살인)

· 殺生(살생) : 사람이나 동물 따위의 산 것을 죽임.
· 殺人(살인) : 사람을 죽임.
· 自殺(자살) : 스스로 자기의 목숨을 끊음.
· 殺到(쇄도) : 어떤 곳을 향하여 세차게 달려듦.
· 相殺(상쇄) : 셈을 서로 비김.

常	떳떳할 상 巾, 총11획	`, ` ` ` ` ` ` ` ` ` ` ` 常常 항상, 상민

유 恒(항상 항, 3Ⅱ)

상 班(나눌/양반 반)

성 人生無常(인생무상)

· 常綠樹(상록수) : 사철 내내 푸른 나무.
· 常設(상설) : 항상 마련하여 둠, 또는 그 설비.
· 常識(상식) : 일반 사람이 다 아는 지식이나 판단력.
· 常用(상용) : 일상적으로 늘 씀.
· 正常(정상) : 바른 상태.

床	상 상 广, 총7획	`, ` ` 广 广 床 床 床` 평상, 마루

· 床石(상석) : 무덤 앞에 제물을 차려놓는 돌상.
· 交子床(교자상) : 긴 네모꼴의 큰 음식상.
· 病床(병상) : 병자가 눕는 침상.
· 溫床(온상) : 따뜻하게 해서 식물을 기르는 설비.
· 祭床(제상) : 제사 때 제물을 벌여놓은 상.

想	생각 상: 心, 총13획	`一 十 才 木 村 相 相 相 相 想 想 想`

유 考(생각할 고), 念(생각 념),
慮(생각할 려, 4), 思(생각 사)

상

성 無念無想(무념무상),
不言可想(불언가상)

· 感想(감상) : 느낌이나 생각.
· 空想(공상) : 헛된 생각을 함, 또는 그런 생각.
· 理想(이상) : 실현하고자 하는 궁극의 목표.
· 思想(사상) : 사고 작용의 결과로 얻어진 체계적 의식.
· 着想(착상) : 새로운 생각이나 구상 따위를 잡는 일.

229

| 狀 | 형상 상,
문서 장:
犬, 총8획 | ㅣ ㅣ ㅣ ㅓ ㅓ ㅓ ㅓ ㅓ 狀 狀
형용하다, 편지(장) |

약 状

유 態(모습 태)

상

반 白紙狀態(백지상태)

· 狀態(상태) : 사물이나 현상의 현재 모양 또는 형편.
· 原狀(원상) : 본디의 형편이나 상태.
· 情狀(정상) : 어떤 결과에 이르기까지의 사정.
· 現狀(현상) : 현재의 상태.
· 形狀(형상) : 물건의 생김새나 상태.

| 設 | 베풀 설
言, 총11획 | ㅡ ㅡ ㅡ ㅡ ㅡ ㅡ ㅡ ㅡ ㅡ 設 設
세우다, 설령 |

약

유 施(베풀 시)

상

반

· 設計(설계) : 계획을 세움. 또는 그 계획.
· 設令(설령) : 그렇다 하더라도.
· 設備(설비) : 베풀어서 갖춤. 또는 그 시설.
· 假設(가설) : 임시로 설치함.
· 建設(건설) : 건물이나 그 밖의 시설물을 만들어 세움.

| 城 | 재 성
土, 총10획 | ㅡ ㅓ ㅗ ㅗ ㅗ ㅗ ㅗ 城 城 城
성, 성을 쌓다 |

약

유

상

반

· 城門(성문) : 성의 출입구에 있는 문.
· 城壁(성벽) : 성곽의 벽.
· 城主(성주) : 성의 주인.
· 長城(장성) : 길게 둘러쌓은 성.
· 築城(축성) : 성을 쌓음.

230

星	별 성	｜ 口 戸 日 戸 戸 戸 早 星 星
	日, 총9획	

- 星團(성단) : 천구상에 군데군데 모여 있는 항성의 집단.
- 星雲(성운) : 구름처럼 보이는 천체.
- 星火(성화) : 유성流星. 매우 다급하게 구는 짓.
- 流星(유성) : 별똥별.
- 行星(행성) : 태양의 둘레를 공전하는 별.

1
2
3
3Ⅱ
4
4Ⅱ
5
6
7
8
⋮
235

盛	성할 성:	ｊ 厂 厂 厂 成 成 成 成 斥 晟 盛 盛
	皿, 총12획	성대하다, 많다, 무성하나, 담다

茂(무성할 무, 3Ⅱ),
隆(높을/성할 륭, 3Ⅱ)

衰(쇠할 쇠, 3Ⅱ)

- 盛大(성대) : 크고 훌륭함.
- 盛夏(성하) : 한여름.
- 極盛(극성) : 매우 적극적이거나 억척스러운 성질.
- 全盛期(전성기) : 한창 왕성한 시기.
- 豊盛(풍성) : 넉넉하고 많음.

聖	성인 성:	一 ｒ ｒ ｆ ｆ 耳 耵 耵 耵 聖 聖 聖 聖
	耳, 총13획	거룩하다, 맑은 술

- 聖人(성인) : 세인의 모범으로서 숭상받을 만한 사람.
- 聖地(성지) : 거룩한 땅. 종교적인 유적이 있는 곳.
- 聖賢(성현) : 성인과 현인.
- 聖火(성화) : 신에게 바치는 신성한 불.
- 神聖(신성) : 신과 같이 성스러움.

| 聲 | 소리 성
耳, 총17획 | 一 十 十 士 圥 妒 声 声 声 严 严 殸 殸 殸 殸
聲 聲 聲
풍류, 노래, 명예, 펴다, 밝히다 |

 声

 音(소리 음)

 同聲相應(동성상응)

· 聲明書(성명서) : 성명하는 뜻을 적은 글.
· 聲樂(성악) : 목소리를 중심으로 한 음악.
· 無聲(무성) : 소리나 음성이 없음.
· 言聲(언성) : 말하는 소리.
· 音聲(음성) : 사람의 발음기관에서 나오는 소리.

1
2
3
3Ⅱ
4
4Ⅱ
5
6
7
8

232

| 誠 | 정성 성
言, 총14획 | 一 二 亠 亖 亖 言 言 言 訂 訂 訪 試 誠 誠
진실, 참으로 |

 精(정할/정성 정)

 至誠感天(지성감천)

· 誠金(성금) : 정성으로 내는 돈.
· 誠實(성실) : 정성스럽고 참됨.
· 誠心(성심) : 정성스러운 마음.
· 忠誠(충성) : 나라에 바치는 곧고 지극한 마음.
· 孝誠(효성) : 마음을 다하여 어버이를 섬기는 정성.

| 勢 | 형세 세:
力, 총13획 | 一 十 土 产 夫 坴 幸 坴 却 刲 執 埶 勢 勢
기세, 권세 |

 勢不兩立(세불양립),
天下大勢(천하대세)

· 勢力(세력) : 권세의 힘.
· 大勢(대세) : 대체의 형세.
· 實勢(실세) : 실제의 세력.
· 運勢(운세) : 사람이 타고난 운명이나 운수.
· 情勢(정세) : 일이 되어가는 사정과 형세.

稅	세금 세: 禾, 총12획	` ´ ⌒ 千 千 禾 禾 矛 和 利 秒 秒 秒 稅

음
훈
상
형

· 稅金(세금) : 조세로 내는 돈.
· 稅目(세목) : 조세의 종목.
· 稅法(세법) : 조세의 부과 및 징수에 관한 법규.
· 減稅(감세) : 조세(세금)를 줄임.
· 血稅(혈세) : 가혹한 조세.

細	가늘 세: 糸, 총11획	` ∠ 幺 幺 牟 糸 糸 紅 紅 細 細 잘다, 자세하다, 적다

음
훈
상 巨(클 거, 4), 大(큰 대)
형

· 細工(세공) : 섬세한 잔손질이 많이 가는 수공手工.
· 細部(세부) : 자세한 부분.
· 細分(세분) : 잘게 나눔. 자세하게 분류함.
· 細細(세세) : 아주 썩 자세함.
· 細心(세심) : 꼼꼼하고 찬찬함.

笑	웃음 소: 竹, 총10획	ノ ト ⺮ ⺮ ⺮ 竺 竺 竺 笑 笑

음
훈
상
형

· 可笑(가소) : 어처구니없음. 같잖아서 우스움.
· 冷笑(냉소) : 쌀쌀한 태도로 비웃음.
· 談笑(담소) : 웃으며 이야기함.
· 大笑(대소) : 소리 내어 크게 웃음.
· 失笑(실소) : 저도 모르게 웃음, 또는 그 웃음.

掃	쓸 소(ː)	一 f f f f f f f f 拐 掃
	手, 총11획	쓸다, 버리다

약

운

상 ※첫 음절에서 장음과 단음 두 가지로 발음됨.

· 掃雪(소ː설) : 쌓인 눈을 침.
· 掃除(소ː제) : 먼지 따위를 쓸고 닦아서 깨끗이 함.
· 掃地(소ː지) : 땅을 쓺.
· 掃蕩(소탕) : 휩쓸어 없애버림. * 蕩(쓸어버릴 탕, 1).

성 掃地無餘(소지무여)

素	본디 소(ː)	一 二 一 主 圭 圭 耂 丰 素 素
	糸, 총10획	희다, 질박하다, 바탕, 본디

약

운 朴(성/순박할 박), 質(바탕 질)

상

성

· 素朴(소박) : 꾸밈이 없고 수수함.
· 素養(소양) : 평소의 교양.
· 素材(소재) : 가공하지 않은 본디 대로의 재료.
· 素質(소질) : 본디 갖추어 있는 성질.
· 平素(평소) : 평상시.

俗	풍속 속	ノ イ イ 亻 仸 伙 俗 俗 俗
	人(亻), 총9획	범속하다, 속되다, 속인

약

운

상

성 觀風察俗(관풍찰속), 美風良俗(미풍양속), 歲時風俗(세시풍속), 化民成俗(화민성속)

· 俗世(속세) : 속인들이 사는 일반의 사회.
· 俗語(속어) : 통속적으로 쓰이는 저속한 말.
· 俗謠(속요) : 민간에서 널리 불리는 속된 노래.
· 俗人(속인) : 세상의 일반 사람. 속세의 사람.
· 風俗(풍속) : 생활에 관한 사회적 습관.

續	이을 속 糸, 총21획	ㄥ ㄠ ㄠ 糹 糹 糹 絎 紼 綪 綪 綪 綪 綪 綪 綪 綪 綪 績 繢 續 續 계속

- 약: 続
- 유: 繼(이을 계, 4), 連(이을 련), 承(이을 승), 接(이을 접)
- 상: 斷(끊을 단)
- 성:

· 續開(속개) : 계속하여 엶.
· 續出(속출) : 잇달아 나옴.
· 相續(상속) : 차례로 잇거나 이어받음.
· 接續(접속) : 이어지거나 이음.
· 後續(후속) : 뒤를 이음.

送	보낸 송: 辵(辶), 총10획	ノ 八 𠂉 亼 关 关 关 送 送 送

- 약:
- 유:
- 상: 受(받을 수), 迎(맞을 영, 4)
- 성: 門外出送(문외출송)

· 送信(송신) : 통신을 보냄.
· 送風(송풍) : 송풍기 등으로 바람을 보냄.
· 發送(발송) : 물건이나 우편물 따위를 부침.
· 放送(방송) : 소리나 영상을 전자파로 바꾸어 내보냄.
· 電送(전송) : 전류나 전파를 이용하여 먼 곳에 보냄.

修	닦을 수 人(亻), 총10획	ノ 亻 亻 亻 仦 仮 攸 修 修 修 꾸미다, 고치다

- 약:
- 유: 研(갈 연)
- 상:
- 성: 經明行修(경명행수)

· 修道(수도) : 도를 닦음.
· 修理(수리) : 손보아 고침.
· 修習(수습) : 배워 익힘, 또는 그러한 일.
· 修身(수신) : 심신을 닦음.
· 修學(수학) : 학업을 닦음. 배움.

| 受 | 받을 수 | ✓ ✓ ✓ ✓ ✓ ✓ ✓ ✓ ✓ ✓ 受 受 |
| | 又, 총8획 | |

음 領(거느릴/받을 령)

상! 送(보낼 송), 授(줄 수)

- 受領(수령) : 받음. 받아들임.
- 受理(수리) : 받아서 처리함.
- 受賞(수상) : 상을 받음.
- 受話器(수화기) : 전화기에서 말을 받는 장치.
- 引受(인수) : 물건이나 권리를 넘겨받음.

| 守 | 지킬 수 | ✓ ✓ ✓ ✓ ✓ ✓ 守 守 |
| | 宀, 총6획 | |

음 保(지킬 보), 衛(지킬 위)

상! 攻(칠 공, 4)

사! 守眞志滿(수진지만)

- 守節(수절) : 절의를 지킴.
- 固守(고수) : 굳게 지킴.
- 郡守(군수) : 군郡의 행정 사무를 맡아보는 군청의 책임자.
- 保守(보수) : 보전하여 지킴.
- 死守(사수) : 죽음을 무릅쓰고 지킴.

| 授 | 줄 수 | ✓ ✓ ✓ ✓ ✓ ✓ ✓ ✓ ✓ ✓ 授 授 |
| | 手(扌), 총11획 | |

음 與(더불/줄 여, 4)

상! 受(받을 수)

- 授受(수수) : 주고받음.
- 授業(수업) : 학업이나 기술을 가르쳐줌.
- 敎授(교수) : 대학에서 가르치는 사람을 통틀어 이르는 말.
- 傳授(전수) : 전해줌.
- 除授(제수) : 추천 없이 임금이 바로 벼슬을 줌.

收	거둘 수	丨 刂 屮 屮 收 收
	攴(攵), 총6획	

- 약 收
- 유
- 상 給(줄 급), 支(지탱할/지출할 지)
- 정

- 收去(수거) : 거두어 감.
- 收金(수금) : 돈을 받아들임.
- 收益(수익) : 일이나 사업 등을 하여 이익을 거두어들임.
- 收入(수입) : 돈이나 물건을 거두어들임.
- 買收(매수) : 사들임.

純	순수할 순	ˊ ˟ ˟ ￡ ￡ ￡ 糸 紅 紅 純
	糸, 총10획	순박하다, 밝다, 오로지

- 약
- 유 潔(깨끗할 결)
- 상
- 정

- 純金(순금) : 다른 잡물이 섞이지 않은 황금.
- 純情(순정) : 순수하고 사심이 없는 감정.
- 純種(순종) : 딴 계통과 섞이지 않은 순수한 種種
- 純眞(순진) : 마음이 꾸밈 없고 참됨.
- 淸純(청순) : 깨끗하고 순박하거나 순수함.

承	이을 승	¯ 了 了 丞 丞 承 承 承
	手, 총8획	받들다

- 약
- 유 繼(이을 계, 4), 連(이을 련), 奉(받들 봉), 續(이을 속), 接(이을 접)
- 상
- 정 承上接下(승상접하)

- 承服(승복) : 납득하여 좇음. 죄를 자백함.
- 承恩(승은) : 임금의 특별한 은혜를 입음.
- 承認(승인) : 정당하거나 사실임을 인정함.
- 傳承(전승) : 계통을 대대로 전하여 이어감.
- 奉承(봉승) : 웃어른의 뜻을 받들어 이음.

施	베풀 시: 方, 총9획	' 亠 方 方 方 方 方 旃 施

약

유 設(베풀 설)

상

성

· 施工(시공) : 공사를 시행함.
· 施賞(시상) : 상장이나 상품 또는 상금을 줌.
· 施設(시설) : 베풀어서 차림, 또는 그 차린 설비.
· 施主(시주) : 절에 물건을 바치는 사람. 또는 그 일.
· 施行(시행) : 실제로 행함.

是	이/옳을 시: 日, 총9획	ㅣ 冂 日 日 旦 早 早 是 是 바로잡다, 대저

약

유 可(옳을 가), 義(옳을 의), 誼(옳을 의, 1)

상 未(아닐 미), 否(아닐 부, 4), 不(아닐 불/부), 弗(아닐 불, 2), 非(아닐 비)

성 是非曲直(시비곡직), 是是非非(시시비비), 實事求是(실사구시)

· 是非(시비) : 옳고 그름. 잘잘못.
· 是認(시인) : 옳다고, 또는 그러하다고 인정함.
· 都是(도시) : 도무지. 전혀.
· 亦是(역시) : 또한. 예상한 대로. 아무리 생각해도.
· 必是(필시) : 반드시. 어김없이.

視	볼 시: 見, 총12획	一 二 亍 亓 示 礻 礻 祁 祖 祖 視 視 살피다

약

유 監(볼 감)

상

성 十目所視(십목소시), 他人所視(타인소시)

· 視力(시력) : 물체를 분간하는 눈의 능력.
· 視野(시야) : 시력이 미치는 범위.
· 輕視(경시) : 깔보거나 대수롭지 않게 여김.
· 無視(무시) : 사물의 존재나 가치를 알아주지 않음.
· 重視(중시) : 중대하게 여김. 중요하게 여김.

詩

시 시

言, 총13획

一 二 亖 言 言 言 言 言 訁 計 詩 詩 詩

시경

약

유

상

상

· 詩想(시상) : 시를 짓기 위한 시인의 착상이나 구상.
· 詩人(시인) : 시를 짓는 사람.
· 童詩(동시) : 어린이를 위한 시. 또는 어린이가 쓴 시.
· 名詩(명시) : 유명한 시. 썩 잘 지은 시.
· 序詩(서시) : 긴 시나 시집 등의 첫머리에 두는 시.

試

시험 시(:)

言, 총13획

一 二 亖 言 言 言 言 言 訁 訂 訂 試 試

시험하다

약

유 驗(시험 험)

상

상

※첫 음절에서 장음과 단음 두 가지로 발음됨.
· 試金石(시:금석) : 귀금속의 품질을 알아보는 데 쓰는 검은 돌.
· 試食(시:식) : 시험 삼아 먹어봄.
· 試合(시합) : 운동 경기 따위를 겨룸.
· 試驗(시험) : 재능이나 실력 따위를 검사하고 평가하는 일.

息

쉴 식

心, 총10획

′ 亻 白 白 白 自 自 息 息 息

호흡, 쉬다, 그치다

약

유

상

상 自強不息(자강불식), 終無消息(종무소식), 晝夜不息(주야불식)

· 消息(소식) : 안부 따위에 대한 기별이나 편지 따위.
· 安息(안식) : 몸과 마음을 편히 쉼.
· 令息(영식) : 남의 '아들'을 높혀 일컫는 말.
· 子息(자식) : 아들과 딸.
· 休息(휴식) : 쉼.

申	납 신 田, 총5획	ㅣ 冂 冃 日 申 펴다, 알리다, 아홉째 지지

약

유 告(고할 고), 報(알릴 보)

상

용

· 申告(신고) : 일정한 사실을 보고함.
· 申請(신청) : 어떠한 것을 요청함.
· 内申(내신) : 내부적으로 상신하거나 보고함.
· 上申(상신) : 상부 기관이나 윗사람에게 일에 대한 의견이나 상황 따위를 말이나 글로 여쭘.

深	깊을 심 水(氵), 총11획	丶 丶 丶 氵 氵 氵 沪 沪 涇 涇 深 深 짙다, 매우, 깊이

약

유

상 淺(얕을 천, 3Ⅱ)

용 長林深處(장림심처)

· 深度(심도) : 깊은 정도.
· 深夜(심야) : 깊은 밤.
· 深海(심해) : 깊은 바다.
· 深化(심화) : 사물의 정도가 깊어지거나 심각해짐.
· 水深(수심) : 물의 깊이.

眼	눈 안: 目, 총11획	ㅣ 丨 丨 目 目 目 旷 旷 旷 眼 眼 眼

약

유 目(눈 목)

상

용 眼明手快(안명수쾌),
眼下無人(안하무인)

· 眼科(안과) : 눈병을 치료하는 의학의 한 분과.
· 眼光(안광) : 눈의 정기. 눈빛.
· 眼目(안목) : 사물을 보아서 분별할 수 있는 식견.
· 眼中(안중) : 눈의 안. 마음속.
· 千里眼(천리안) : 천 리 밖을 보는 눈.

暗	어두울 암:	l ll l l l' l' l'' l'' l'' l'' 暗 暗 暗 暗 暗
	日, 총13획	가만히, 남몰래, 밤

약

음

상 明(밝을 명)

반 暗黑天地(암흑천지)

- 暗記(암기) : 기억할 수 있도록 외움.
- 暗示(암시) : 넌지시 알림, 또는 그 알린 내용.
- 暗室(암실) : 빛이 들어오지 못하도록 만든 방.
- 暗黑(암흑) : 주위가 어둡고 캄캄함. 캄캄한 어둠.
- 明暗(명암) : 밝음과 어두움.

壓	누를 압	一 厂 厂 厂 厂 厂 厂 厂 厂 厂 厂 厌 厌 厭 厭 厭 壓 壓 壓
	土, 총17획	

약 圧

음

상

반

- 壓力(압력) : 누르는 힘.
- 壓勝(압승) : 압도적으로 이김.
- 氣壓(기압) : 대기의 압력.
- 外壓(외압) : 외부로부터 가해지는 압력.
- 制壓(제압) : 제어하여 억누름.

液	진 액	` ` 氵 氵 氵 氵 氵 氵 氵 液 液 液
	水(氵), 총11획	즙, 겨드랑이

약

음

상

반

- 液體(액체) : 일정한 형태를 가지지 못한 물질.
- 液化(액화) : 액체가 되거나 되게 함.
- 樹液(수액) : 나무에서 분비하는 액.
- 原液(원액) : 가공하지 않은 본디의 액체.
- 血液(혈액) : 동물의 혈관 속을 순환하는 체액.

羊	양 양 羊, 총6획	` ` `゛ ゛゛ ゛゛゛゛ 羊

· 羊毛(양모) : 양의 털.
· 羊水(양수) : 자궁의 양막 속을 채우는 액체.
· 山羊(산양) : 염소. 영양.
· 牧羊(목양) : 양을 침.
· 白羊(백양) : 흰 양.

讀書亡羊(독서망양)

如	같을 여 女, 총6획	` ` ` ` 女 女 如 如 如 가다, 만일, 어찌

· 如來(여래) : 석가모니의 존칭.
· 如實(여실) : 실제와 꼭 같음.
· 如意(여의) : 일이 뜻대로 됨.
· 如一(여일) : 한결같음.
· 如前(여전) : 전과 같음.

事不如意(사불여의), 生不如死
(생불여사), 始終如一(시종여일),
愛人如己(애인여기), 如出一口
(여출일구)

餘	남을 여 食, 총16획	` ` ` ` ` ` ` ` ` ` ` ` ` ` ` ` ` ` ` ` ` ` ` ` ` ` ` ` ` ` ` ` 餘 餘 남기다, 나머지

余

殘(남을 잔, 4)

· 餘念(여념) : 다른 생각.
· 餘力(여력) : 어떤 일을 하고 아직 남아 있는 힘.
· 餘生(여생) : 한평생의 남은 인생.
· 餘地(여지) : 남은 땅.
· 餘波(여파) : 어떤 일이 일어난 뒤 남아 미치는 그 영향.

掃地無餘(소지무여), 餘無可論
(여무가론), 餘不備禮(여불비례)

242

逆	거스를 역 辶(辶), 총10획	`ㅗ ㅗ ㅗ ㅗ 屰 屰 屰 逆 逆 逆` 거역하다, 맞이하다, 어긋나다, 거꾸로

順(순할 순), 忠(충성 충)
忠言逆耳(충언역이)

· 逆流(역류) : 물이 거슬러 흐름.
· 逆方向(역방향) : 반대되는 쪽.
· 逆順(역순) : 거꾸로 된 순서.
· 逆風(역풍) : 거슬러 부는 바람.
· 逆行(역행) : 반대 방향으로 나아감.

演	펼 연: 水(氵), 총14획	`ㆍ ㆍ ㆍ 氵 氵 沪 沪 沪 沪 泣 泣 演 演 演` 멀리 흐르다, 가무·연극을 하다

· 演技(연기) : 연극·영화에서 배우가 베푸는 재주.
· 演說(연설) : 청중 앞에서 말하는 자기의 주의·주장.
· 演藝(연예) : 음악·무용·연극 등의 재주를 보임.
· 講演(강연) : 청중 앞에서 강의 형식으로 이야기하는 것.
· 競演(경연) : 예술·기능 등을 발표하여 실력을 겨룸.

煙	연기 연 火, 총13획	`ㆍ ㆍ ㆍ 火 火 炉 炉 炉 炉 煙 煙 煙 煙` 안개, 담배, 그을음

江湖煙波(강호연파)

· 煙氣(연기) : 물건이 탈 때 생기는 기체.
· 煙草(연초) : 담배.
· 煙波(연파) : 멀리 연기나 안개가 낀 수면.
· 愛煙(애연) : 담배를 즐겨 피움.
· 砲煙(포연) : 총이나 포를 쏠 때 나는 연기.

| 研 | 갈 연:
石, 총11획 | 一 T I 石 石 石 石 砑 砑 砑 研
연구하다 |

(약) 研

(유) 究(연구할 구), 修(닦을 수)

(상)

(반)

· 研究室(연구실) : 연구를 하기 위해 특별히 마련한 부서, 또는 그 방
· 研究生(연구생) : 일정한 자격을 갖추고 연구 기관에서 전문적인 연구를 하는 학생.
· 研究所(연구소) : 어떤 것을 전문적으로 연구하는 곳.
· 研武(연무) : 무예를 닦음.
· 研修(연수) : 학문 따위를 연구하고 닦음.

| 榮 | 영화 영
木, 총14획 | ` ´ ´ ⺌ ⺌ ⺌ ⺌ 炒 炒 炒 炒 炒 榮 榮 榮 榮
명예, 성하다, 꽃이 피다 |

(약) 栄

(유)

(상) 辱(욕될 욕, 3Ⅱ)

(반)

· 榮光(영광) : 빛나는 영예.
· 榮達(영달) : 높은 지위에 오르고 귀하게 됨.
· 共榮(공영) : 서로 함께 번영함.
· 虛榮(허영) : 분수에 넘치는 외관상의 영화.

| 藝 | 재주 예:
艸(⺾), 총19획 | ` ⺾ ⺾ ⺾ 苎 苎 苎 莳 蓺 蓺 蓺 蓺 蓺 蓺 蓺<br>蓺 藝 藝 藝 藝　　※ ⺾ 의 한국어문회 권장 필순은<br>` → � → ⺾ 임
심다 |

(약) 芸

(유) 技(재주 기), 術(재주 술)

(상)

(반)

· 藝能(예능) : 재주와 기능.
· 藝術(예술) : 미美를 창조하고 표현하는 인간 활동.
· 曲藝(곡예) : 주로 구경거리로 부리는 재주.
· 文藝(문예) : 학문과 예술.
· 書藝(서예) : 글씨 쓰기의 예술.

244

1 2 3 3Ⅱ 4 4Ⅱ 5 6 7 8

誤	그르칠 오:	` ゛ ゠ ゠ ゠ ゠ ゠ 言 言 訳 訳 誤 誤 誤 誤
	言, 총14획	잘못하다, 잘못

음 過(지날/허물 과)
반 正(바를 정)
뜻

· 誤答(오답) : 틀린 답.
· 誤算(오산) : 잘못 셈함, 또는 잘못된 셈.
· 誤用(오용) : 잘못 씀.
· 誤解(오해) : 잘못 이해함. 잘못 해석함.
· 正誤(정오) : 그릇된 것을 바로잡음.

玉	구슬 옥	ー ニ 干 王 玉
	玉, 총5획	옥, 임금, 상대편의 것을 높여 이르는 말

음
음
반 石(돌 석)
뜻 精金美玉(정금미옥)

· 玉童子(옥동자) : 옥같이 귀한 아들.
· 玉色(옥색) : 약간 파르스름한 빛깔.
· 玉石(옥석) : 옥돌. 옥과 돌.
· 玉水(옥수) : 썩 맑은 샘물.
· 玉音(옥음) : 아름다운 음성.

往	갈 왕:	´ ゛ 彳 彳 彳 彳 彳 往 往
	彳, 총8획	보내다, 과거

음
음 去(갈 거), 過(지날 과)
반 來(올 래), 返(돌이킬 반, 3),
復(회복할 복)
뜻 說往說來(설왕설래),
右往左往(우왕좌왕)

● 틀리기 쉬운 한자
住(살 주)

· 往年(왕년) : 지나간 해. 옛날.
· 往來(왕래) : 가고 오고 함.
· 往復(왕복) : 갔다가 돌아옴.
· 往往(왕왕) : 때때로. 이따금.
· 已往(이왕) : 지나간 때. 이전.

謠	노래 요 言, 총17획	`一 亠 亍 亍 言 言 言 言 評 評 評 評 謠` `謠 謠 謠`

 歌謠(가요) : 노래.
歌(노래 가), 曲(굽을/악곡 곡)
· 農謠(농요) : 농부들이 부르는 속요.
· 童謠(동요) : 어린이들이 부르는 노래.
· 民謠(민요) : 민중들 속에서 오래도록 불려온 노래.
· 俗謠(속요) : 민간에 널리 불리던 속된 노래.

容	얼굴 용 宀, 총10획	`丶 宀 宀 宀 宓 宓 突 容 容 容` 담다, 쉽다, 꾸미다, 용납하다, 용서하다

 包(쌀 포)
花容月態(화용월태)
· 容易(용이) : 아주 쉬움.
· 內容(내용) : 사물의 속내나 실속.
· 收容(수용) : 거두어 일정한 곳에 넣어둠.
· 受容(수용) : 받아들임.
· 許容(허용) : 허락하고 용납함.

員	인원 원 口, 총10획	`丶 冂 冂 尸 月 目 目 昌 員 員` 관원, 수효

 貟
· 動員(동원) : 인원 · 물자 · 기술 등을 집중시키거나 출동시킴.
· 社員(사원) : 회사에 근무하는 사람.
· 人員(인원) : 사람의 수.
· 全員(전원) : 전체의 인원.
· 會員(회원) : 어떤 회를 구성하는 사람.

圓	둥글 원	丨 冂 冂 冃 冃 冃 罔 罔 圊 圊 圎 圎 圓
	口, 총13획	원만하다, 둘레, 동그라미

음
훈
상 方(모 방)
형

· 圓滿(원만) : 모나지 않고 두루 너그러움.
· 圓卓(원탁) : 둥근 탁자.
· 圓形(원형) : 둥글게 생긴 모양.
· 同心圓(동심원) : 중심을 같이한 둘 이상의 원.
· 半圓(반원) : 반동그라미.

爲	할 위(:)	` ´ ⺗ ⺗ ⺗ ⻖ ⻖ 爲 爲 爲 爲 爲
	爪, 총12획	행위, 위하다, 되다, 삳다

음 為
훈
상
형 無所不爲(무소불위)

※첫 음절에서 장음과 단음 두 가지로 발음됨.
· 爲國(위:국) : 나라를 위함.
· 爲主(위주) : 주장을 삼음.
· 人爲(인위) : 사람의 힘으로 되는 일.
· 行爲(행위) : 행하는 짓. 행동.

衛	지킬 위	` ´ ⼻ 彳 彳 ⾏ ⾏ 徛 徛 徛 徛 衛 衛 衛 衛
	行, 총15획	막다, 나라 이름

음
훈 守(지킬 수)
상
형

· 衛生(위생) : 질병의 예방이나 치료에 힘쓰는 일.
· 衛星(위성) : 행성의 둘레를 운행하는 작은 천체.
· 防衛(방위) : 적이 쳐들어오는 것을 막아서 지킴.
· 守衛(수위) : 경비를 맡아봄, 또는 맡아보는 사람.
· 護衛(호위) : 따라다니면서 신변을 경호함.

肉	고기 육 肉, 총6획	ㅣ 冂 冂 肉 肉 肉 살, 몸, 혈연

약

유 身(몸 신), 體(몸 체)

상 骨(뼈 골), 血(피 혈)

성 弱肉強食(약육강식),
魚東肉西(어동육서)

· 肉聲(육성) : 직접 들리는 사람의 목소리.
· 肉眼(육안) : 본디의 눈이나 시력.
· 肉體(육체) : 사람의 몸.
· 肉親(육친) : 혈족 관계에 있는 사람.
· 肉筆(육필) : 본인이 직접 손으로 쓴 글씨.

恩	은혜 은 心, 총10획	ㅣ 冂 冃 冃 因 因 因 恩 恩 恩 인정, 동정, 사랑하다

약

유 惠(은혜 혜)

상 怨(원망할 원, 4), 恨(한 한, 4)

성 結草報恩(결초보은)

· 恩功(은공) : 은혜와 공로.
· 恩德(은덕) : 은혜와 덕.
· 恩人(은인) : 은혜를 베풀어준 사람.
· 恩惠(은혜) : 자연이나 남에게서 받는 고마운 혜택.
· 施恩(시은) : 은혜를 베풂.

陰	그늘 음 阜(阝), 총11획	㇇ ㇌ 阝 阝 阝 阝 阸 陰 陰 陰 陰 음기, 세월, 몰래, 흐리다, 음침하다

약 陰

유

상 陽(볕 양)

성 陰德陽報(음덕양보),
一寸光陰(일촌광음)

· 陰陽(음양) : 음陰과 양陽.
· 陰電子(음전자) : 음전기를 띤 전자.
· 陰地(음지) : 그늘진 곳.
· 陰害(음해) : 남을 넌지시 해침.
· 陰凶(음흉) : 음침하고 흉악함.

應	응할 응:	` 一 广 广 广 广 广 广 庐 庐 庐 庐 庭 麿 應 應
	心, 총17획	응당, 대답하다, 호응하다

- 약 応
- 유
- 상 呼(부를 호)
- 동 同聲相應(동성상응),
 因果應報(인과응보)

- 應答(응답) : 물음이나 부름에 응하여 대답함.
- 應試(응시) : 시험에 응함.
- 應用(응용) : 지식·기술 따위를 다른 일에 활용함.
- 對應(대응) : 마주 대하여 서로 응함.
- 反應(반응) : 자극이나 작용에 대응하여 일어남.

義	옳을 의:	` ` 丷 丷 单 肖 羊 羊 羊 羊 義 義 義
	羊, 총13획	바르다, 뜻

- 약
- 유 可(옳을 가), 是(이/옳을 시),
 誼(옳을 의, 1)
- 상 未(아닐 미), 否(아닐 부, 4), 不(아
 닐 불/부), 弗(아닐 불, 2), 非(아닐
 비), 音(소리 음)
- 동 見利思義(견리사의),
 大義名分(대의명분)

- 義士(의사) : 의리와 지조를 굳게 지킨 사람.
- 義人(의인) : 의로운 사람.
- 義兄弟(의형제) : 의로 맺은 형제.
- 意義(의의) : 의미. 뜻.
- 定義(정의) : 사물의 본질적인 뜻.

議	의논할 의:	` 一 亠 亍 亍 言 言 言 訁 訁 許 許 許 莠 莠 莠 議 議 議 議
	言, 총20획	꾀하다, 책잡다, 의론

- 약
- 유 論(논할 론)
- 상
- 동 不可思議(불가사의)

- 議決(의결) : 의논하여 결정함.
- 議論(의논←의론) : 서로 의견을 주고받음.
- 議員(의원) : 국회나 지방의회의 의결권을 가진 사람.
- 議題(의제) : 협의할 문제.
- 會議(회의) : 모여 의논함, 또는 그 모임.

| 移 | 옮길 이
禾, 총11획 | 一 二 千 禾 禾 秋 秒 秒 移 移 移
바꾸다 |

유 轉(구를/옮길 전, 4),
推(밀/옮길 추, 4)

상

반

· 移動(이동) : 옮겨가 움직임.
· 移民(이민) : 다른 나라로 옮겨가서 사는 일.
· 移送(이송) : 다른 곳으로 옮겨 보냄.
· 移植(이식) : 식물 따위를 옮겨 심음.
· 移住(이주) : 집을 옮겨 삶.

| 益 | 더할 익
皿, 총10획 | ' ハ ハ 父 父 关 关 盆 益 益
이익, 더욱, 이롭다 |

약 益

유 加(더할 가), 增(더할 증)

상 損(덜 손, 4)

반 多多益善(다다익선), 百害無益
(백해무익), 益者三友(익자삼우)

· 國益(국익) : 국가의 이익.
· 無益(무익) : 이롭거나 도움이 될 만한 것이 없음.
· 實益(실익) : 실제의 이익.
· 有益(유익) : 이익이 있음.
· 利益(이익) : 이롭고 도움이 되는 일.

| 印 | 도장 인
卩, 총6획 | ' 「 F F 臼 印
찍다, 찍히다, 박히다 |

약

유

상

반 心心相印(심심상인)

· 印度(인도) : '인디아' 의 한자음 표기.
· 印稅(인세) : 서적의 발행자가 저작자에게 주는 돈.
· 印章(인장) : 도장.
· 印紙(인지) : 수수료 따위를 낸 것을 증명하는 종이쪽.
· 印畫(인화) : 인화지 위에 사진이 나타나도록 하는 일.

引

끌 인

弓, 총4획

ㄱ ㅋ 弓 引

당기다, 이끌다 ,늘이다

약

유 牽(끌 견, 3), 導(인도할 도)

상

성

· 引上(인상) : 끌어올림.
· 引受(인수) : 넘겨받음.
· 引用(인용) : 끌어다 씀.
· 引責(인책) : 스스로 책임을 짐.
· 引出(인출) : 예금 · 저금을 찾음.

認

알 인

言, 총14획

亠 二 亖 言 言 言 言 訂 訒 訒 訒 認 認 認

인식하다, 인정하다

약

유 識(알 식), 知(알 지)

상

성

· 認可(인가) : 인정하여 허락함.
· 認識(인식) : 사물을 깨달아 아는 일.
· 認定(인정) : 옳다고 믿고 정함.
· 公認(공인) : 국가나 공공단체가 인정함.
· 確認(확인) : 확실히 알아봄.

將

장수/장차 장(:)

寸, 총11획

丨 丬 丬 爿 爿 爿 爿 爿 爿 將 將

나아가다, 가지다

약 将

유

상 兵(병사 병), 卒(마칠/군사 졸)

성 獨不將軍(독불장군), 百戰老將(백전노장), 出將入相(출장입상)

※첫 음절에서 장음과 단음 두 가지로 발음됨.
· 將校(장:교) : 육 · 해 · 공군의 소위 이상의 무관을 통틀어 이르는 말.
· 將兵(장:병) : 장졸將卒. 장교와 사병.
· 將軍(장군) : 군軍을 통솔하는 무관.
· 將來(장래) : 앞으로 닥쳐올 날.
· 將次(장차) : 앞으로.

1 2 3 3Ⅱ 4 4Ⅱ 5 6 7 8

障	막을 장	′ ′ ′ ′ ′ ′ ′ ′ ′ ′ ′ ′ ′ 障 障 障 障 障 障
	阜(阝), 총14획	가로막히다, 장애, 보루, 병풍

- 障壁(장벽) : 가리어 막은 벽.
- 障害(장해) : 하고자 하는 일을 막아서 방해함.
- 故障(고장) : 기계 따위의 기능에 이상이 생기는 일.
- 保障(보장) : 잘못되는 일이 없도록 보증함.
- 支障(지장) : 일을 하는 데 거치적거리는 장애.

低	낮을 저:	′ ′ ′ ′ 化 低 低
	人(亻), 총7획	밑, 숙이다

高(높을 고)

- 低空(저공) : 고도가 낮은 공중.
- 低利(저리) : 싼 이자.
- 低俗(저속) : 낮고 속됨.
- 低下(저하) : 낮아짐.
- 高低(고저) : 높고 낮음. 높낮이.

敵	대적할 적	′ ′ ′ ′ ′ 产 产 肖 肖 肖 商 商 商 商 敵 敵
	攴(攵), 총15획	원수, 대등하다, 겨루다, 짝, 필적하다

- 敵國(적국) : 적대 관계에 있는 나라.
- 敵對(적대) : 적으로 맞서 버팀.
- 敵手(적수) : 힘이 비슷한 상대.
- 敵將(적장) : 적국의 장수.
- 無敵(무적) : 대적할 상대가 없을 정도로 아주 셈.

252

| 田 | 밭 전
 田, 총5획 | ㅣ 冂 冂 日 田 田
 밭 갈다, 사냥하다 |

- 田家(전가) : 농부의 집.
- 田園(전원) : 도시에서 떨어진 시골.
- 田宅(전택) : 논밭과 집.
- 油田(유전) : 석유가 나는 곳.
- 火田(화전) : 산에 불을 지른 다음 농사를 짓는 밭.

畓(논 답, 3)

| 絕 | 끊을 절
 糸, 총12획 | ˋ ㄠ ㄠ 糸 糸 糸 糹 紂 紹 絈 絈 絕
 뛰어나다, 으뜸, 결코, 없애다 |

- 絕交(절교) : 교제를 끊음.
- 絕對(절대) : 견주거나 맞설 만한 것이 없는 것.
- 絕望(절망) : 모든 희망이 끊어짐.
- 絕命(절명) : 숨이 끊어짐.
- 絕食(절식) : 먹을 것이 끊어져 없음.

斷(끊을 단)

空前絕後(공전절후),
 絕體絕命(절체절명)

| 接 | 이을 접
 手(扌), 총11획 | 一 十 扌 扌 扌 扩 扩 护 挼 接 接
 대접하다, 사귀다, 가까이하다 |

- 接近(접근) : 가까이함.
- 接待(접대) : 손님을 맞아서 치름.
- 接受(접수) : (문서, 금품 따위를) 받아들임.
- 間接(간접) : 다른 것을 통하여 연결되는 관계.
- 直接(직접) : 매개 없이 바로 접촉되는 관계.

近(가까울 근), 續(이을 속)

承上接下(승상접하)

政	정사 정 攴(攵), 총8획	一 T F 下 瓜 巧 政 政 나라를 다스리는 일, 바로잡다

유 治(다스릴 치)

· 政局(정국) : 정치의 국면. 정치계의 형편.
· 政爭(정쟁) : 정치상의 싸움.
· 政治(정치) : 나라를 다스리는 일.
· 家政(가정) : 집안 살림을 다스려나가는 일.
· 市政(시정) : 시의 행정.

程	한도/길 정 禾, 총12획	一 二 千 千 禾 禾 利 和 和 和 程 程 법칙, 규정

· 程度(정도) : 얼마의 분량. 또는 어떠한 한도.
· 課程(과정) : 과업의 정도.
· 過程(과정) : 일이 되어가는 경로.
· 旅程(여정) : 여행하는 노정.
· 日程(일정) : 그날에 할 일. 또는 그 차례.

精	정할 정 米, 총14획	` ` ` ` ` ` ` ` ` ` 米 米 米 米 米 精 精 精 精 찧다, 정성스럽다, 깨끗하다, 세밀하다

유 誠(정성 성, 4Ⅱ)

精金美玉(정금미옥)

· 精米(정미) : 벼를 찧어 쌀을 만듦.
· 精選(정선) : 정밀하게 잘 골라 뽑음.
· 精誠(정성) : 참되고 성실한 마음.
· 精神(정신) : 사람의 마음이나 생각 또는 각오.
· 精進(정진) : 힘써 나아감.

制	절제할 제:	ノ ┌ ┌ ┍ ┝ ╪ 牟 制 制
	刀(刂), 총8획	억제하다, 금하다, 만들다, 규정

先則制人(선즉제인)

· 制度(제도) : 정해진 법규.
· 制動(제동) : 운동을 멈추게 함. 속력을 떨어뜨림.
· 制限(제한) : 한계나 범위를 정함.
· 規制(규제) : 어떤 규칙을 정하여 제한함.
· 統制(통제) : 일정한 방침에 따라 제한함.

提	끌 제	一 十 扌 扌 扌 扌 捍 捍 捍 捍 捍 提
	手(扌), 총12획	거느리다, 휴대하다, 들다

· 提起(제기) : 의논할 문제나 의견 따위를 내놓음.
· 提示(제시) : 어떤 의사를 글이나 말로 드러냄.
· 提案(제안) : 의안議案을 냄, 또는 그 의안.
· 提議(제의) : 의견이나 의안을 제출함.
· 提出(제출) : 의견이나 서류 따위를 내놓음.

濟	건널 제:	ヽ ヽ ㇒ ㇒ ㇒ ㇒ ㇒ ㇒ 浐 浐 浐 浐 浐 浐
		浐 浐 濟
	水(氵), 총17획	구제하다, 이루다, 많다, 나루

济

救(구원할 구)

經世濟民(경세제민)

· 濟民(제민) : 백성을 도탄에서 건져줌.
· 濟世(제세) : 세상을 구제함.
· 決濟(결제) : 결정적으로 처리하여 끝냄.
· 救濟(구제) : 불행한 처지에서 건져줌.
· 百濟(백제) : 삼국시대의 한 나라.

祭	제사 제: 示, 총11획	´ ク タ タ タ タ タ タ 祭 祭 祭 祭

음
훈
상
형

· 祭壇(제단) : 제사를 지내는 단.
· 祭禮(제례) : 제사의 예절.
· 祭典(제전) : 제사 의식. 성대한 행사.
· 祭天(제천) : 하늘에 제사 지냄.
· 祝祭(축제) : 축하의 제전.

製	지을 제: 衣, 총14획	´ ´ ´ ´ ´ 产 制 制 制 製 製 製 製 製 만들다

음
유 作(지을 작), 造(지을 조)
상
형

· 製藥(제약) : 약재를 섞어서 약을 만듦.
· 製作(제작) : 재료를 써서 물건을 만듦.
· 製材所(제재소) : 베어낸 나무로 재목을 만드는 곳.
· 製造(제조) : 공장 따위에서 물건을 만듦.
· 製品(제품) : 재료를 써서 만들어낸 물품.

256

除	덜 제 阜(阝), 총10획	´ ´ ´ 阝 阝 阶 阶 阶 除 除 除 버리다, 벼슬 주다, 나눗셈, 섬돌

음
유
상 加(더할 가)
형

· 除去(제거) : 덜어서 없애버림.
· 除名(제명) : 명부에서 이름을 빼버림.
· 除夜(제야) : 섣달그믐날 밤.
· 除外(제외) : 어떤 범위 밖에 둠.
· 解除(해제) : 설치한 것 따위를 풀어 없앰.

際	즈음/가 제:	⁷ ³ ㄹ ㄹ ㄹ ㄹ ㄹ ㄹ ㄹ 欧 欧 際 際 際 際
	阜(阝), 총14획	변두리, 사이, 때, 사귀다

- 際限(제한) : 죽 이어진 것의 끝이 되는 부분.
- 際會(제회) : 우연히 만남. 임금과 신하 사이에 뜻이 잘 맞음.
- 交際(교제) : 사귐.
- 國際(국제) : 나라들 사이에 관계되는 것.
- 實際(실제) : 사실의 경우나 형편.

助	도울 조:	ㅣ ㄇ ㄐ ㅂ ㅂ 盯 助
	力, 총7획	

扶(도울 부, 3Ⅱ)

- 助力(조력) : 힘써 도와줌.
- 助手(조수) : 책임자 밑에서 일을 도와주는 사람.
- 助長(조장) : (의도적으로) 도와서 북돋움.
- 共助(공조) : 함께 돕거나, 서로 도움.
- 救助(구조) : 구해줌.

早	이를 조:	ㅣ ㄇ ㅁ ㅂ ㅂ 早
	日, 총6획	일찍, 새벽

晩(늦을 만, 3)

- 早起(조기) : 아침에 일찍 일어남.
- 早期(조기) : 이른 시기.
- 早老(조로) : 나이에 비해 빨리 늙음, 겉늙음.
- 早生種(조생종) : 일찍 성숙되는 품종.
- 早朝(조조) : 이른 아침.

造	지을 조:	′ ⺊ ⺊ 牛 生 牛 告 告 告 浩 造
	辵(辶), 총11획	만들다, 이루다, 갑자기

약

유 構(얽을 구 4), 作(지을 작), 製(지을 제)

상

반

· 造船(조선) : 배를 만듦.
· 造作(조작) : 일을 꾸며 만들거나 지어 만듦.
· 造花(조화) : 종이나 헝겊 따위로 만든 꽃.
· 改造(개조) : 고쳐 다시 만듦.
· 創造(창조) : 처음으로 만듦.

鳥	새 조	′ ⻌ ⼾ ⼾ ⼾ 皀 鳥 鳥 鳥 鳥 鳥
	鳥, 총11획	

약

유

상

반 一石二鳥(일석이조), 花鳥風月(화조풍월)

틀리기 쉬운 한자
烏(까마귀 오, 3Ⅱ)

· 鳥道(조도) : 새도 넘기 어려울 만큼 험한 길.
· 鳥類(조류) : 척추동물의 한 강綱
· 白鳥(백조) : 해오라기과에 딸린 철새의 하나.
· 七面鳥(칠면조) : 꿩과에 딸린 새.
· 黃鳥(황조) : 꾀꼬리과에 딸린 새.

尊	높을 존	′ ⼋ ⼋ ⺈ 什 什 付 酋 酋 酋 尊 尊
	寸, 총12획	어른, 공경하다, 높이다

약

유 貴(귀할 귀), 崇(높을 숭, 4), 重(무거울/충할 중)

상 卑(낮을 비, 3Ⅱ)

반

· 尊敬(존경) : 높여 공경함.
· 尊貴(존귀) : 지위가 높고 귀함.
· 尊待(존대) : 존경하여 받들어 대접함.
· 尊長(존장) : 웃어른.
· 尊重(존중) : 높여서 중히 여김.

1
2
3
3Ⅱ
4
4Ⅱ
5
6
7
8

宗	마루 종	`,` `'` `宀` `宀` `空` `宇` `宗` `宗`
	宀, 총8획	으뜸, 근본, 일족, 교파, 종묘

- 宗家(종가) : 한 문중에서 맏이로만 이어 온 큰집.
- 宗教(종교) : 신을 믿고 숭배하는 정신 문화의 한 갈래.
- 宗團(종단) : 한 종교에서 한 종파를 이루는 단체.
- 宗孫(종손) : 종가의 대를 이을 맏손자.
- 宗親(종친) : 임금의 친족. 종실宗室.

走	달릴 주	`一` `十` `土` `+` `未` `未` `走`
	走, 총7획	달아나다

- 走力(주력) : 달리는 힘.
- 走者(주자) : 달리는 사람.
- 走行(주행) : 달려감.
- 競走(경주) : 빨리 달리기를 겨루는 일.
- 暴走(폭주) : 난폭하게 달림.

竹	대 죽	`'` `一` `午` `午` `竺` `竹`
	竹, 총6획	

- 竹工藝(죽공예) : 대나무로 하는 공예.
- 竹器(죽기) : 대나무로 만든 그릇.
- 竹刀(죽도) : 대나무로 만든 칼.
- 竹林(죽림) : 대나무 숲.
- 竹葉(죽엽) : 대나무의 잎.

竹馬故友(죽마고우)

準	준할 준:	` ` ` ` ` ` ` ` ` ` ` ` ` ` 準
	水(氵), 총13획	법도, 표준, 평평하다, 본받다

· 準備(준비) : 미리 마련하여 갖춤.
· 準則(준칙) : 준용할 규칙.
· 基準(기준) : 기본이 되는 표준.
· 水準(수준) : 사물의 일정한 표준이나 정도.
· 平準化(평준화) : 차이가 없게 함.

衆	무리 중:	` ` ` ` ` ` ` ` ` ` ` ` 衆
	血, 총12획	많다

群(무리 군, 4), 黨(무리 당),
徒(무리 도, 4)

寡(적을 과, 3Ⅱ)

衆口難防(중구난방)

· 衆生(중생) : 감각이 있는 모든 생명.
· 公衆(공중) : 사회의 여러 사람.
· 觀衆(관중) : 구경하는 사람들.
· 大衆(대중) : 많은 사람.
· 民衆(민중) : 다수의 일반 국민.

增	더할 증	` ` ` ` ` ` ` ` ` ` ` ` ` ` 增 增
	土, 총15획	많아지다, 늘리다, 겹치다

增

加(더할 가), 累(여러 루, 3),
益(더할 익), 添(더할 첨, 3)

減(덜 감), 損(덜 손, 4)

· 增加(증가) : 더하여 많아짐.
· 增强(증강) : 더하여 굳세게 함.
· 增産(증산) : 물건의 산출을 더하거나 더하여짐.
· 增設(증설) : 더 늘려 설치함.
· 增進(증진) : 늘어나거나 나아감.

260

志	뜻 지	一 十 士 吉 志 志 志
	心, 총7획	의향, 기록하다

- 의
- 유 意(뜻 의)
- 상
- 성 守眞志滿(수진지만)

· 志士(지사) : 크고 높은 뜻을 가진 사람.
· 志向(지향) : 어떤 목표에 뜻이 쏠려 향함.
· 同志(동지) : 뜻을 같이하는 일, 또는 그런 사람.
· 意志(의지) : 뜻.
· 寸志(촌지) : 마음을 나타낸 작은 선물.

指	가리킬 지	一 十 扌 扩 护 护 指 指 指
	手(扌), 총9획	손가락, 발가락

- 의
- 유
- 상
- 성

· 指名(지명) : 누구의 이름을 따서 가리킴.
· 指目(지목) : 어떠하다고 가리켜 정함.
· 指壓(지압) : 손으로 누르거나 두드림.
· 指定(지정) : 가리켜 정함.
· 指向(지향) : 일정한 방향·목표를 향해 나감.

支	지탱할 지	一 十 支 支
	支, 총4획	가지, 팔과 다리, 지불, 갈리다, 버티다

- 의
- 유
- 상 收(거둘 수)
- 성

· 支給(지급) : 내주거나 치러줌.
· 支流(지류) : 원 물줄기에서 갈려 흐르는 물줄기.
· 支店(지점) : 본점에서 갈라져 나온 가게.
· 支出(지출) : 돈을 치름.
· 收支(수지) : 수입과 지출.

至	이를 지 至, 총6획	一 工 互 互 互 至 두루 미치다, 지극하다, 동지, 하지

유 極(극진할 극)

상 自(스스로 자)

숙 自初至終(자초지종), 至上命令
(지상명령), 至誠感天(지성감천)

· 至高(지고) : 더없이 뛰어남.
· 至急(지급) : 매우 급함.
· 至難(지난) : 더할 수 없이 어려움.
· 至純(지순) : 더할 수 없이 순결함.
· 冬至(동지) : 24절기의 하나. 1년중 밤이 가장 긴 날.

職	직분 직 耳, 총18획	一 丆 丆 丒 耳 耳 耶 耶 耶 耶 聅 職 職 職 직책, 벼슬, 일

· 職分(직분) : 마땅히 해야 할 본분.
· 職位(직위) : 직무상의 지위.
· 公職(공직) : 국가기관이나 공공단체의 직무.
· 無職(무직) : 일정한 직업이 없음.
· 休職(휴직) : 일정한 기간 직무를 쉼.

進	나아갈 진: 辵(辶), 총12획	丿 亻 仁 仨 仨 隹 隹 隹 淮 淮 進 전진하다, 힘쓰다

유 就(나아갈 취, 4)

상 退(물러날 퇴)

숙 一進一退(일진일퇴),
進退兩難(진퇴양난)

· 進級(진급) : 학년이나 계급 · 등급 따위가 오름.
· 進路(진로) : 앞으로 나아갈 길.
· 進退(진퇴) : 나아감과 물러감.
· 進行(진행) : 앞으로 나아감. 일을 치러감.
· 前進(전진) : 앞으로 나아감.

眞	참 진	一 一 十 六 六 冇 冇 冒 眉 眞 眞
	目, 총10획	참으로, 사진, 초상

약 真

유 實(열매/참으로 실)

상 假(거짓 가), 僞(거짓 위, 3)

성 守眞志滿(수진지만)

· 眞理(진리) : 참된 이치.
· 眞率(진솔) : 진실하고 솔직함.
· 眞實(진실) : 바르고 참됨.
· 眞心(진심) : 참된 마음. 참마음.
· 寫眞(사진) : 물건의 모양을 그대로 그려냄.

次	버금 차	一 ン ブ ブ 方 次
	欠, 총6획	둘째, 차례, 번, 잇다, 머무르다

약

유 副(버금 부)

상

성

· 次男(차남) : 둘째 아들.
· 次女(차녀) : 둘째 딸.
· 次善(차선) : 최선最善의 다음.
· 次元(차원) : 일반적인 공간의 넓이 정도를 나타내는 수.
· 席次(석차) : 자리의 차례. 성적의 차례.

察	살필 찰	' '' 宀 宀 宀 宀 宓 宓 宓 宓 突 察 察
	宀, 총14획	상고하다, 자세하다

약

유 省(살필 성)

상

성 觀風察俗(관풍찰속)

· 檢察(검찰) : 조사하여 사정을 밝힘. 형사 사건에서, 범죄의
  형적을 수사하여 증거를 모으는 일.
· 考察(고찰) : 생각하여 살펴봄.
· 觀察(관찰) : 사물의 동태 따위를 주의 깊게 살펴봄.
· 査察(사찰) : 조사하여 살핌.
· 省察(성찰) : 자신을 돌이켜보고 깊이 생각함.

創	비롯할 창:	ノ ハ ハ ハ � ㄑ ㄣ ㄈ ㅟ 亼 仑 亼 創 創
	刀(刂), 총12획	시작하다, 흠이 나다, 데다, 징계하다

😀

😊 初(처음 초)

😎

😀 · 創始(창시) : 처음 비롯함.
· 創業(창업) : 사업을 처음으로 이룸.
· 創意力(창의력) : 새로운 것을 만들어내는 힘.
· 創作(창작) : 예술작품을 독창적으로 만드는 일.
· 獨創(독창) : 스스로 새롭고 독특한 것을 생각해냄.

處	곳 처:	ノ ト ㅏ 广 广 虍 虍 虍 庐 處 處
	虍, 총11획	살다, 처하다, 머무르다, 처리하다

😀 処

😊 所(바 소)

😎

😀 長林深處(장림심처)

· 處斷(처단) : 결단하여 처분하거나 처치함.
· 處理(처리) : 일을 다스려서 치러감.
· 處分(처분) : 처리하여 치움.
· 處事(처사) : 일을 처리함.
· 處所(처소) : 사람이 살거나 임시로 머무르는 곳.

請	청할 청	` ﹁ ﹁ ﹁ ﹁ ﹁ 言 言 言 計 計 請 請 請 請 請
	言, 총15획	묻다, 뵈다, 청컨대

😀

😊

😎

😀 · 請求(청구) : 달라고 요구함.
· 請約(청약) : 인수 계약을 신청하는 일.
· 不請客(불청객) : 청하지 않았는데 스스로 온 손님.
· 要請(요청) : 요긴하게 청함.
· 提請(제청) : 알맞은 사람을 천거하여 임명을 청함.

總	다 총: 糸, 총17획	` ˊ ˇ ˝ ㆆ ㅒ ㅒ ㅒˊ 糺 糺 紹 紹 紹 總 總 總

거느리다, 모으다, 합하다, 묶다, 총각

 総

- 總論(총론) : 논문이나 저서 첫머리에 그 대강을 적은 글.
- 總理(총리) : 국무총리.
- 總務(총무) : 단체나 기관의 전반적인 사무.
- 總選(총선) : 의원 전체에 대한 선거.
- 總長(총장) : 특수 업무를 통괄하는 으뜸 관직.

銃	총 총 金, 총14획	´ ˊ ˇ ㅛ ㅜ ㅜ ㅜ ㅛ ㅛˊ 釷 釷 銲 銲 銃

- 銃口(총구) : 총부리. 총구멍.
- 銃器(총기) : 소총이나 권총 따위의 무기.
- 銃殺(총살) : 총으로 쏘아 죽임.
- 空氣銃(공기총) : 압축 공기의 작용으로 탄알을 쏘는 총.
- 小銃(소총) : 혼자 가지고 다니며 사용하는 소형 화기.

築	쌓을 축 竹, 총16획	′ ′ ′ ′ ′ ′ ′ ′ ′ ′ 竻 筑 筑 築 築 築 築

다지다, 짓다, 건축물

- 築城(축성) : 성을 쌓음.
- 改築(개축) : 새로 고치어 쌓거나 지음.
- 建築(건축) : 건물을 만드는 일.
- 新築(신축) : 새로 축조하거나 건축함.
- 增築(증축) : 지금 있는 건물에 더 늘려서 지음.

蓄	모을 축	｀ 丶 艹 艹 艹 苹 莘 莘 莳 莳 莳 蓄 蓄 蓄
	艸(艹), 총14획	※ ++ 의 한국어문회 권장 필순은 ｀ 丶 艹 艹 임
		쌓다, 쌓아두다, 기르다, 감추다

貯(쌓을 저), 積(쌓을 적, 4)

· 蓄財(축재) : 재물을 모음, 또는 모은 재산.
· 蓄電器(축전기) : 전기를 모아두는 장치.
· 備蓄(비축) : 미리 모아둠.
· 貯蓄(저축) : 절약해 모아둠.

忠	충성 충	｀ 口 口 中 忠 忠 忠 忠
	心, 총8획	진심, 정성스럽다

逆(거스를 역)

忠言逆耳(충언역이)

· 忠告(충고) : 고치도록 타이름, 또는 그 말.
· 忠信(충신) : 충성과 신의. 성심을 다함에 거짓이 없는 일.
· 忠臣(충신) : 충성을 다하는 신하.
· 忠言(충언) : 충직한 말.
· 忠孝(충효) : 충성과 효도.

蟲	벌레 충	｀ 口 口 中 虫 虫 虫 虫 虫 蟲 蟲 蟲 蟲
	虫, 총18획	蟲 蟲 蟲 蟲

虫

· 蟲齒(충치) : 벌레 먹은 이.
· 毒蟲(독충) : 독이 있는 벌레.
· 殺蟲(살충) : 벌레를 죽임. 해충을 죽임.
· 益蟲(익충) : 사람에게 이로움을 주는 벌레.
· 害蟲(해충) : 해가 되는 벌레.

取	취할 취: 又, 총8획	ᅳ 厂 F F E 耳 取 取 가지다

百無一取(백무일취)

· 取得(취득) : 자기의 것으로 삼아 가짐.
· 取消(취소) : 지워 없앰.
· 取材(취재) : 작품이나 기사의 재료를 구하여 얻음.
· 取調(취조) : 혐의자나 죄인을 속속들이 조사함.
· 取下(취하) : 신청했던 일이나 서류 등을 철회함.

測	헤아릴 측 水(氵), 총12획	ᅳ ᅳ 氵 氵 汩 沪 沪 泪 泪 浿 測 測 재다, 맑다, 알다

變化難測(변화난측)

· 測量(측량) : 생각하여 헤아림.
· 測雨器(측우기) : 비가 온 분량을 재는 기구.
· 測定(측정) : 헤아려서 정함.
· 計測(계측) : 물건의 길이·넓이를 재어 계산함.
· 觀測(관측) : 관찰하여 헤아림.

置	둘 치: 网(罒), 총13획	ᅵ ᅟ 冖 罒 罒 罒 罒 罘 罘 罜 置 置 置 베풀다, 버리다, 놓다

· 置重(치중) : 어떤 곳에 중점을 둠.
· 配置(배치) : 갖추어서 베풀어둠.
· 設置(설치) : 베풀어서 둠.
· 位置(위치) : 있는 곳이나 자리.
· 存置(존치) : 그대로 두어둠.

267

齒	이 치	` ` ⺊ ⺊ ⺊ 屵 岼 塔 塔 塔 塔 塔 塔 齒 齒
	齒, 총15획	나이, 나란히 서다

약 歯

유

상

상 角者無齒(각자무치)

· 齒科(치과) : 의학의 한 분과.
· 齒石(치석) : 이에 누렇게 엉기어 붙은 단단한 물질.
· 齒藥(치약) : 이를 닦는 데 쓰는 약.
· 齒音(치음) : 잇소리.
· 年齒(연치) : 나이.

治	다스릴 치	` ` ⺡ ⺡ ⺡ ⺡ 治 治
	水(氵), 총8획	병 고치다, 익히다, 공적

약

유 政(정사 정)

상 亂(어지러울 란, 4)

상 以熱治熱(이열치열),
治國安民(치국안민)

● **틀리기 쉬운 한자**
冶(풀무 야, 1)

· 治世(치세) : 잘 다스려진 세상.
· 治水(치수) : 수리시설을 하여 물길을 바로잡음.
· 治安(치안) : 사회질서를 보전하고 유지함.
· 治下(치하) : 지배나 통치의 아래.
· 統治(통치) : 나라나 지역을 도맡아 다스림.

侵	침노할 침	` ⺊ ⺊ ⺊ 伊 伊 伊 侵 侵
	人(亻), 총9획	범하다, 습격하다

약

유 犯(범할 범, 4)

상

상

· 侵水(침수) : 물이 들거나 물에 잠김.
· 侵入(침입) : 침범하여 들어가거나 들어옴.
· 侵害(침해) : 침범하여 해침.
· 共侵(공침) : 둘 이상의 나라가 함께 침략함.
· 不可侵(불가침) : 침범해서는 안 됨.

| 快 | 쾌할 쾌
心, 총7획 | ᐟ ᐟ ᐟ 忄 忄 快 快
즐겁다, 시원하다, 빠르다 |

· 快擧(쾌거) : 가슴이 후련할 만큼 장한 일(행위).
· 快樂(쾌락) : 유쾌하고 즐거운 느낌.
· 快適(쾌적) : 몸과 마음에 알맞아 기분이 썩 좋음.
· 輕快(경쾌) : 가뜬하고 상쾌함.
· 明快(명쾌) : 분명하여 시원스러움.

眼明手快(안명수쾌)

| 態 | 모습 태:
心, 총14획 | ᐟ ᐟ ᐟ ᐜ 育 肖 肖 能 能 能 態 態 態
모양, 태도 |

狀(형상 상), 樣(모양 양, 4),
姿(모양 자, 4)

白紙狀態(백지상태), 人情世態
(인정세태), 花容月態(화용월태)

· 態度(태도) : 속의 뜻이 드러나 보이는 겉모양.
· 態勢(태세) : 갖추어진 태도와 자세.
· 事態(사태) : 일의 되어가는 형편이나 상태.
· 姿態(자태) : 몸을 가지는 모양이나 맵시.
· 形態(형태) : 사물의 생긴 모양.

| 統 | 거느릴 통:
糸, 총12획 | ᐟ ᐜ ᐜ 幺 쏨 糸 糸 糸' 紵 統 統 統
계통, 합치다, 모두, 큰 줄기 |

率(거느릴 솔, 3Ⅱ), 合(합할 합)

· 統計(통계) : 한데 몰아서 셈함.
· 統一(통일) : 나누어진 것들을 하나로 합침.
· 統合(통합) : 모두 합쳐 하나로 만듦.
· 傳統(전통) : 예로부터 전해 내려오는 것.
· 正統(정통) : 바른 계통. 정당한 혈통.

| 退 | 물러날 퇴:
 辵(辶), 총10획 | ㄱ ㄱ ㅋ ㅌ 艮 艮 艮 艮 退 退 退
 그만두다, 떠나가다 |

· 退任(퇴임) : 임무에서 물러남.
· 退場(퇴장) : 회의장·경기장 같은 데서 나감.
· 退職(퇴직) : 현직現職에서 물러남.
· 退出(퇴출) : 물러나서 나감.
· 後退(후퇴) : 뒤로 물러감.

去(갈 거)
進(나아갈 진)
一進一退(일진일퇴),
進退兩難(진퇴양난)

| 波 | 물결 파
 水(氵), 총8획 | ﹅ ﹅ ﹅ ﹀ 氵 氵 沪 波 波
 진동하는 결, 움직이다 |

· 波高(파고) : 물결의 높이.
· 波動(파동) : 물결의 움직임.
· 波狀形(파상형) : 물결꼴.
· 人波(인파) : 많은 사람들의 움직이는 모양.
· 寒波(한파) : 기온이 급작스레 내려가는 현상.

江湖煙波(강호연파),
一波萬波(일파만파)

| 破 | 깨뜨릴 파:
 石, 총10획 | ㄱ ㄱ ㄱ 石 石 矿 矿 矿 砂 破
 갈라지다, 흩뜨리다, 다하다 |

· 破局(파국) : 일이 결딴나는 판.
· 破産(파산) : 재산을 몽땅 잃고 망함.
· 破字(파자) : 한자의 자획을 풀어 나누는 것.
· 破紙(파지) : 찢어진 종이.
· 打破(타파) : 깨뜨려 없앰.

270

包	쌀 포(:)	ノ ク ケ 勺 包
	勹, 총5획	보따리, 용납하다, 꾸러미를 세는 단위

容(얼굴 용), 圍(에워쌀 위, 4)

※첫 음절에서 장음과 단음 두 가지로 발음됨.
· 包括(포:괄) : 온통 휩싸서 하나로 묶음. * 括(묶을 괄, 1)
· 包容(포:용) : 너그럽게 감싸 받아들임.
· 包裝(포장) : 물건을 싸서 꾸림. * 裝(꾸밀 장, 4)
· 包含(포함) : 속에 들어 있음. * 含(머금을 함, 3Ⅱ)

布	베/펼 포(:)	ノ ナ 才 右 布
	巾, 총5획	돈, 베풀다, 벌이다

※첫 음절에서 장음과 단음 두 가지로 발음됨.
· 布告(포:고) : 일반에게 널리 알림.
· 布敎(포:교) : 종교를 널리 폄.
· 布施(보:시←포시) : 절이나 중 또는 가난한 이 등에게 돈이
나 물품을 베풂, 또는 그 돈이나 물품.
· 布木(포목) : 베와 무명.

砲	대포 포:	一 丆 石 石 石 矽 矽 砲 砲 砲
	石, 총10획	

· 砲兵(포병) : 대포로 장비된 군대.
· 大砲(대포) : 커다란 탄환을 멀리 내쏘는 큰 화기.
· 自走砲(자주포) : 차량으로 운반하고 사격할 수 있는 포.
· 銃砲(총포) : 총. 총과 대포.
· 祝砲(축포) : 축하하는 뜻으로 쏘는 공포.

暴	사나울 폭, 모질 포: 日, 총15획	丨 ⼍ ⼍ ⼍ ⼍ ⼍ ⼍ 星 ⼍ 異 暴 暴 暴 暴 暴 暴 나타내다, 쬐다, 갑자기(포)

약
유
상
형

- 暴徒(폭도) : 폭동을 일으키거나 가담한 무리.
- 暴動(폭동) : 집단이 폭력으로 소동을 일으키는 일.
- 暴力(폭력) : 함부로 거칠고 사나운 짓을 하는 힘.
- 暴行(폭행) : 난폭한 행동.
- 暴惡(포악) : 사납고 악함.

票	표 표 示, 총11획	⼀ ⼂ ⼍ ⼍ ⼍ ⼍ ⼍ 要 票 票 票 쪽지

약
유
상
형

- 票決(표결) : 투표로써 결정함.
- 開票(개표) : 투표함을 열어 득표 결과를 셈함.
- 賣票(매표) : 표를 팖.
- 暗票(암표) : 정상적인 유통과정을 거치지 않은 암거래 표.
- 車票(차표) : 차를 타려고 사는 표.

豊	풍년 풍 豆, 총13획	丨 ⼍ ⼍ ⼍ ⼍ 曲 曲 曲 曹 豊 豊 豊 豊 풍성하다, 풍년 들다, 우거지다, 넉넉하다

약
유
형 ㅣ시(흉할/흉년 흉)
형

- 豊年(풍년) : 농사가 잘된 해.
- 豊滿(풍만) : 넉넉하고 그득함.
- 豊作(풍작) : 풍년이 들어 잘된 농사.
- 豊足(풍족) : 매우 넉넉하여 모자람이 없음.
- 大豊(대풍) : 곡식이 썩 잘된 풍작

限	한할 한:	ㄱ ㄱ ㄅ ㄅㄱ ㄅㄹ ㄅㅌ ㄅㅌ 限 限 限
	阜(阝), 총9획	한정, 기한, 문지방, 지경

· 限界(한계) : 정하여진 범위.
· 限度(한도) : 일정하게 정한 정도.
· 限定(한정) : 제한하여 정함.
· 局限(국한) : 범위를 일정 부분에 한정함.
· 時限(시한) : 일정한 동안의 끝을 정한 시각.

港	항구 항:	ㆍ ㆍ ㆍ ㆍ ㆍ ㆍ ㆍ ㆍ ㆍ ㆍ ㆍ 港
	水(氵), 총12획	

· 港口(항구) : 바닷가에 배를 댈 수 있도록 만든 곳.
· 空港(공항) : 항공기가 뜨고 내릴 수 있도록 만든 곳.
· 漁港(어항) : 어선의 어업 기지가 되는 항구.

航	배 항:	ㆍ ㆍ ㆍ ㆍ ㆍ ㆍ ㆍ ㆍ 航 航
	舟, 총10획	선박, 건너다, 날다

船(배 선), 舟(배 주, 3)

· 航空(항공) : 공중을 날아서 다님.
· 航路(항로) : 뱃길. 항공로.
· 航進(항진) : 배나 항공기를 타고 앞으로 나아감.
· 航海(항해) : 배를 타고 바다를 다님.
· 密航(밀항) : 법을 어기고 몰래 해외로 항해함.

解	풀 해:	´ ´ ´ ⺈ ⻆ ⻆ ⻆ 角 角 刔 郓 郓 解 解
	角, 총13획	흩어지다, 벗기다, 화해하다, 풀이하다, 깨닫다

- 음 解
- 유 放(놓을 방)
- 상
- 형

- 解放(해방) : 풀어서 자유롭게 함.
- 解冰(해빙) : 얼음이 풀림.
- 見解(견해) : 어떤 사물이나 현상에 대한 의견이나 생각.
- 理解(이해) : 사리를 분별하여 앎. 깨우쳐 앎.
- 和解(화해) : 다툼을 그치고 풂.

鄕	시골 향	´ ⺀ ⺀ ⺀ ⺀ ⺀ ⺀ ⺀ ⺀ ⺀ ⺀ ⺀ ⺀ ⺀ 鄕 鄕
	邑(阝), 총13획	고향, 마을, 장소

- 음
- 유
- 상 京(서울 경)
- 형

- 鄕村(향촌) : 시골.
- 京鄕(경향) : 서울과 시골.
- 同鄕(동향) : 같은 고향.
- 望鄕(망향) : 고향을 그리워함.
- 他鄕(타향) : 다른 고장.

● 틀리기 쉬운 한자
卿(벼슬 경, 3)

香	향기 향	´ ⼆ ⼲ ⺓ ⽲ ⽲ ⾹ 香 香
	香, 총9획	

- 음
- 유
- 상
- 형

- 香氣(향기) : 향내.
- 香料(향료) : 향기를 내는 물질.
- 香水(향수) : 향료를 섞어 만들어 향기가 나는 물.
- 淸香(청향) : 맑고 깨끗한 향기.

虛	빌 허	`丶 ⺊ ⺊ 广 广 户 序 虏 虏 虚 虚 虚`
	虍, 총12획	헛되다, 공허, 하늘

약 虚

유 空(빌 공)

상 實(열매/찰 실)

성 虛張聲勢(허장성세),
虛虛實實(허허실실)

· 虛空(허공) : 텅 빈 공중.
· 虛費(허비) : 헛되이 씀, 또는 그 비용.
· 虛送(허송) : 헛되이 보냄.
· 虛實(허실) : 허함과 실함. 거짓과 참.
· 虛言(허언) : 빈말.

驗	시험 험:	`丨 厂 厂 厂 厂 馬 馬 馬 馬 馬` `馬 馬 馬 馬 馬 馬 馬 馬 驗`
	馬, 총23획	시험하다, 증험, 보람

약 験

유 試(시험 시)

상

성

· 經驗(경험) : 실지로 보고 듣고 겪는 일.
· 受驗(수험) : 시험을 치름.
· 實驗(실험) : 실제로 시험하는 것.
· 體驗(체험) : 몸소 겪은 경험.
· 效驗(효험) : 일의 좋은 보람. 효력.

賢	어질 현	`一 ⺊ 卬 ⺽ 臤 臤 臤 臤 臤 臤 賢 賢 賢` `賢`
	貝, 총15획	현명하다

약 賢

유

상 愚(어리석을 우, 3Ⅱ)

성

· 賢答(현답) : 현명한 대답.
· 賢明(현명) : 어질고 사리에 밝음.
· 賢母(현모) : 현명한 어머니.
· 賢人(현인) : 어질고 총명한 사람.
· 先賢(선현) : 옛날의 현인.

血	피 혈 血, 총6획	´ ⼍ ⼎ 血 血 血 피칠하다, 물들이다

음

훈

상 肉(고기 육)

약

· 血氣(혈기) : 피와 기운. 격동되기 쉬운 의기.
· 血眼(혈안) : 기를 쓰고 덤벼서 핏발 선 눈.
· 血壓(혈압) : 피가 혈관 속을 흐를 때 생기는 압력.
· 血統(혈통) : 같은 핏줄을 타고난 겨레붙이의 계통.
· 無血(무혈) : 피를 흘리지 않음.

● 틀리기 쉬운 한자
皿(그릇 명, 1)

協	화할 협 十, 총8획	⼀ ⼗ 十 忄 ㄅ ㄅㄅ 恊 協 화합하다, 돕다, 협력하다

약

훈 調(고를 조), 和(화할 화)

상

음

· 協商(협상) : 여러 사람이 모여 서로 의논함.
· 協議(협의) : 여러 사람이 모여 서로 의논함.
· 協定(협정) : 협의하여 결정함. 또는 그 결정.
· 協助(협조) : 남이 하는 일을 거들어줌.
· 農協(농협) : 농업협동조합.

惠	은혜 혜: 心, 총12획	⼀ ⼁ 巾 ⼟ 吉 吉 車 車 車 車 惠 惠 惠 인자하다, 사랑하다, 베풀다

약

훈 恩(은혜 은)

상 怨(원망할 원, 4), 恨(한 한, 4)

음

· 受惠(수혜) : 혜택을 받는 일.
· 施惠(시혜) : 은혜를 베풂.
· 天惠(천혜) : 하늘이 베풀어준 은혜.
· 特惠(특혜) : 특별히 베푸는 혜택.

呼	부를 호	l ll lll ll' llー llー llー 呼
	口, 총8획	숨 내쉬다, 부르짖다

음
훈
상 應(응할 응), 吸(마실 흡)
장 呼兄呼弟(호형호제)

· 呼價(호가) : 값을 부름.
· 呼名(호명) : 이름을 부름.
· 呼應(호응) : 어떤 요구나 호소 같은 데 응하여 따름.
· 呼出(호출) : 불러냄.
· 呼吸(호흡) : 숨을 내쉬고 들이마심.

好	좋을 호:	l 女 女 女' 奵 好
	女, 총6획	사이좋다, 아름답다, 사랑하다, 잘

음
훈
상 惡(미워할 오)
장 好衣好食(호의호식)

· 好感(호감) : 좋게 여기는 감정.
· 好男(호남) : 미남자.
· 好惡(호오) : 좋아함과 싫어함.
· 好意(호의) : 친절한 마음씨.
· 好材(호재) : 증권거래에서, 시세를 올리는 조건.

戶	집 호:	ー ヨ ヨ 戶
	戶, 총4획	지게문, 외짝문, 출입구

음
훈
상
장 家家戶戶(가가호호)

· 戶口(호구) : 집과 식구.
· 戶長(호장) : 왕조 때, 고을 아전의 맨 윗자리, 또는 그 사람.
· 戶主(호주) : 한 집안의 주장이 되는 주인.
· 門戶(문호) : 드나드는 문.
· 窓戶(창호) : 창과 문을 아울러 이르는 말.

護	도울 호: 言, 총21획	`一 亠 宀 宀 宀 言 言 言 言 訃 訃 誛 誛` `誛 誛 護 護 護 護 護 護` ※ ⺾의 한국어문회 권장 필순은 `一 艹 艹 艹` 임 보호하다, 지키다, 통솔하다

- 護送(호송) : 보호하여 보냄.
- 護身(호신) : 자기 몸을 보호함.
- 救護(구호) : 도와 보살핌.
- 保護(보호) : 약한 것을 잘 돌보아 지킴.
- 守護(수호) : 지키고 보호함.

貨	재물 화: 貝, 총11획	`一 亻 什 化 化 伫 伫 貨 貨 貨 貨` 재화, 물건, 뇌물을 주다

財(재물 재)

- 貨物(화물) : 짐.
- 貨物車(화물차) : 짐을 나르는 데 쓰는 자동차.
- 貨主(화주) : 화물의 주인.
- 財貨(재화) : 재물.
- 通貨(통화) : 한 나라 안에서 통용되고 있는 화폐.

確	굳을 확
	
	石, 총15획
		`一 厂 厂 不 石 石 矴 矴 矿 碏 碏 碏 確`
		`確`
		
		단단하다, 확실하다

- 確固(확고) : 확실하고 굳음.
- 確答(확답) : 확실히 대답함.
- 確信(확신) : 굳게 믿음.
- 確言(확언) : 확실하게 말함.
- 確定(확정) : 확실하게 정함.

回	돌아올 회	丨 冂 冂 冋 回 回
	口, 총6획	돌다, 돌이키다, 피하다, 번, 회수

약

유 廻(돌 회, 2)

상

사 起死回生(기사회생)

· 回答(회답) : 대답함, 또는 그 대답.
· 回想(회상) : 지난 일을 돌이켜 생각함.
· 回送(회송) : 도로 돌려보냄.
· 回收(회수) : 도로 거두어들임.
· 回信(회신) : 편지 · 전신 · 전화 따위의 회답.

吸	마실 흡	丨 口 口 叩 吖 吸 吸
	口, 총7획	숨 들이쉬다, 빨다

약

유

상

사

· 吸收(흡수) : 빨아들임.
· 吸煙(흡연) : 담배를 피움.
· 吸引(흡인) : 끌어들임.
· 吸入(흡입) : 빨아들임.
· 吸着(흡착) : 달라붙음.

興	일어날 흥(:)	´ ′ ſ ſ ſ ſ 月 門 閂 閂 鼡 爾 爾 爾 興 興 興
	臼, 총16획	시작하다, 기뻐하다, 느끼다, 흥취

약 兴

유

상 亡(망할 망), 敗(패할 패)

사 興國強兵(흥국강병)

※ 첫 음절에서 장음과 단음 두 가지로 발음됨.
· 興味(흥:미) : 흥을 느끼는 재미.
· 興趣(흥:취) : 즐거운 멋과 취미. * 趣(뜻 취, 4)
· 興致(흥:치) : 흥과 운치.
· 興亡(흥망) : 흥하는 일과 망하는 일.
· 興盛(흥성) : 매우 성하고 기운참.

希

바랄 희

巾, 총7획

丿 ㄨ 㐅 产 产 肴 希

드물다, 성기다

약

유 望(바랄 망), 願(원할 원)

상

상

· 希代(=稀代, 희대) : 세상에 드문 일.
· 希望(희망) : 기대하고 바람.
· 希世(=稀世, 희세) : 세상에 드문 일.
· 希願(희원) : 앞일에 대한 바람.
· 希求(희구) : 바라며 구함.

4급

수준 및 특성						읽기배정	쓰기배정	출제문항수	합격문항수	시험시간
초급에서 중급으로 올라가는 급수						1000	500	100	70	50분

출제 기준	독음	훈음	한자 쓰기	완성형	반의어	뜻풀이	동음 이의어	부수	동의어	장단음	약자	필순	문제 (합계)
	30	22	20	5	3	3	3	3	3	5	3	0	100

※ 쓰기는 500자(5급 배정한자 500자)임

暇	틈/겨를 가 :	l 冂 冂 日 曰 曰 旷 昨 昨 暇 暇 暇 暇 暇
	日, 총13획	틈, 틈이 있는 날, 한가히 놀다

약

유

상

송

· 病暇(병가) : 병으로 얻는 휴가.
· 餘暇(여가) : 시간적인 틈이나 짬.
· 年暇(연가) : 1년 중 일정기간의 휴가.
· 閑暇(한가) : 편안한 겨를이 있음.
· 休暇(휴가) : 일정한 기간 동안 쉬는 일.

刻	새길 각	' 一 亍 亥 多 亥 刻 刻
	刀(刂), 총8획	깎다, 조각하다, 삭박히다, 시각

약

유 彫(새길 조, 2)

상

송 刻骨痛恨(각골통한),
一刻千金(일각천금)

· 刻苦(각고) : 몹시 애씀, 대단히 힘들임.
· 刻骨(각골) : 고마움, 또는 원한이 마음 깊이 새김.
· 刻印(각인) : 도장을 새김.
· 時刻(시각) : 시간의 어느 한 시점.
· 深刻(심각) : 깊고 간곡함. 매우 각박함.

覺	깨달을 각, 깰 교	' ⺊ ⺊ ⺊ ⻂ ⻂ ⻂ ⻂ 臾 臾 臾 臾 臾 臾 臾 臾 臾 覺 覺 覺
	見, 총20획	깨우치다, 터득하다

약 覚

유 悟(깨달을 오, 3Ⅱ)

상

송

· 感覺(감각) : 감각 기관으로 느끼거나 깨닫는 것.
· 視覺(시각) : 물체를 분간하는 눈의 감각.
· 視聽覺(시청각) : 시각과 청각을 아울러 이르는 말.
· 知覺(지각) : 사물의 이치를 가릴 줄 아는 능력.
· 聽覺(청각) : 소리를 느끼는 것.

| 干 | 방패 간
干, 총3획 | 一 二 干
범하다, 구하다, 간여하다, 마르다, 천간 |

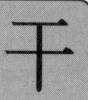

- 干滿(간만) : 간조干潮와 만조滿潮. 밀물과 썰물.
- 干與(간여) : 간섭하여 참여함.
- 干潮(간조) : 썰물로 해면의 높이가 가장 낮아진 상태.
- 干支(간지) : 천간天干과 지지地支.
- 十干(십간) : 열 개의 천간.

(상) 戈(창 과, 2), 滿(찰 만)

(화) 救國干城(구국간성)

● 틀리기 쉬운 한자
于(어조사 우, 3)

| 看 | 볼 간
目, 총9획 | 一 二 三 チ 手 看 看 看 看
지키다, 지켜보다 |

- 看過(간과) : 대강 보아 넘김.
- 看病(간병) : 환자를 보살핌.
- 看守(간수) : 보살피고 지킴. '교도矯導'의 옛 용어.
- 看板(간판) : 상점 등에 내건 표지.
- 看護(간호) : 환자나 노약자를 보살펴 돌봐줌.

(화) 走馬看山(주마간산)

| 簡 | 대쪽/
간략할 간(:)
竹, 총18획 | ノ ノ ノ ノ ノ ノ ノ ノ ノ ノ ノ ノ ノ ノ ノ ノ ノ ノ ノ
簡 簡 簡 簡
편지, 문서, 가리다, 검열하다, 소홀히 하다 |

※ 첫 음절에서 장음과 단음 두 가지로 발음됨.
- 簡易(간:이) : 간단하고 편함.
- 簡潔(간결) : 간단하고 깔끔함.
- 簡單(간단) : 간략함. 간편하고 단출함.
- 簡略(간략) : 간단하고 단출함.

284

| 敢 | 감히/
구태여 감:
攵(攴), 총12획 | 一 丆 丆 亓 釛 釛 釛 韴 瞉 瞉 敢 敢
함부로, 군세다, 결단성 있다 |

· 敢問(감문) : 감히 물음.
· 敢請(감청) : 감히 청함.
· 敢行(감행) : 과감하게 실행함.
· 果敢(과감) : 과단성 있게 용감함.
· 勇敢(용감) : 씩씩하고 겁이 없으며 기운참.

敢不生心(감불생심)

| 甘 | 달 감
甘, 총5획 | 一 十 廾 廾 甘
맛 좋다, 달게 여기다, 싱쾌하다, 만족하다 |

· 甘味(감미) : 단맛.
· 甘受(감수) : (질책·모욕 등을) 군말 없이 달게 받음.
· 甘言(감언) : 달콤한 말.
· 甘酒(감주) : 단술.
· 甘草(감초) : 콩과의 여러해살이풀.

苦(쓸 고)

甘言利說(감언이설), 苦盡甘來
(고진감래), 藥房甘草(약방감초)

| 甲 | 갑옷 갑
田, 총5획 | 丨 冂 冃 日 甲
껍질, 첫째, 아무개, 첫째 천간 |

· 甲富(갑부) : 첫째가는 큰 부자.
· 甲第(갑제) : 크고 너르게 아주 잘 지은 집.
· 甲板(갑판) : 큰 배 위에 깔아놓은 넓은 바닥.
· 同甲(동갑) : 같은 나이.
· 回甲(회갑) : '예순한 살'을 이르는 말. 환갑還甲.

降	내릴 강:, 항복할 항 阜(阝), 총9획	ㄱ 彐 阝 阝 阝 陜 陜 隆 降

🈺

🈺

🈺 昇(오를 승, 3Ⅱ)

🈺

· 降等(강등) : 등급을 낮춤.
· 降雪(강설) : 눈이 내리는 것. 또는 내린 눈.
· 降雨量(강우량) : 내린 비의 분량.
· 下降(하강) : 높은 데서 낮은 데로 내려옴.
· 降伏/降服(항복) : 싸움에 져서 굽혀 복종함.

居	살 거 尸, 총8획	ㄱ ㄱ 尸 尸 尼 居 居 살다, 있다, 앉다, 곳, 집

🈺

🈺 住(살 주)

🈺

🈺 居安思危(거안사위)

· 居室(거실) : 가족이 일상 생활하는 양식洋式 방.
· 居住(거주) : 일정한 곳에 자리 잡고 머물러 삶.
· 居處(거처) : 살고 있는 곳.
· 獨居(독거) : 혼자 살고 있음.
· 隱居(은거) : (세상을 피해) 숨어 삶.

巨	클 거: 工, 총5획	ㄱ ㄷ ㅌ 巨 巨

🈺

🈺 大(큰 대)

🈺 細(가늘 세), 小(작을 소)

🈺

· 巨金(거금) : 많은 돈. 큰 돈.
· 巨大(거대) : 엄청나게 큼.
· 巨物(거물) : 사회적으로 영향력이 큰 인물.
· 巨富(거부) : 썩 큰 부자.
· 巨人(거인) : 몸이 아주 큰 사람.

拒	막을 거:	一 十 扌 扩 打 扫 扫 拒
	手(扌), 총8획	거절하다, 겨루다, 방어

· 拒否(거부) : 승낙하지 않음. 동의하지 않음.
· 拒逆(거역) : 윗사람의 뜻이나 명령을 거스름.
· 拒絕(거절) : 받아들이지 않고 물리침.
· 抗拒(항거) : 순종하지 않고 맞서 버팀. 대항함.

🅰 拒門不納(거문불납)

據	근거 거:	一 十 扌 扩 扩 扩 护 护 护 捂 捂 捛 捛 據 據
	手(扌), 총16획	의거하다, 의지하다, 증거로 산다, 웅거하다

🅐 拠

· 根據(근거) : 근본이 되는 자리나 토대.
· 論據(논거) : 의론이나 논설이 성립하는 근거.
· 占據(점거) : 차지하여 자리를 잡음.
· 準據(준거) : 표준을 삼아 의거함..
· 證據(증거) : 어떤 사실을 증명할 수 있는 근거.

傑	뛰어날 걸	ノ イ イ' イ' イ' 仴 仴 仴 俜 傑 傑 傑
	人, 총12획	출중하다, 준걸

🅐 杰
🅑 秀(빼어날 수, 4), 俊(준걸 준, 3)

· 傑物(걸물) : 뛰어난 사람. 훌륭한 물건.
· 傑作(걸작) : 매우 뛰어난 작품.
· 傑出(걸출) : 남보다 훨씬 우뚝하게 뛰어남.
· 女傑(여걸) : 호걸스러운 여자.
· 人傑(인걸) : 매우 뛰어난 인재.

儉	검소할 검:	ノ イ イ 伶 伶 俭 俭 俭 俭 俭 俭 俭 儉 儉 儉 儉
	人(亻), 총15획	

약 倹

유

상

반 檀君王儉(단군왕검)

· 儉德(검덕) : 검소한 마음가짐.
· 儉朴(검박) : 검소하고 소박함.
· 儉素(검소) : 사치하지 않고 수수함.
· 儉約(검약) : 물건을 절약하여 낭비하지 않음.
· 節儉(절검) : 절약하고 검소하게 함.

| 擊 | 칠 격 | 一 厂 厃 訄 訄 車 車 車 軎 軎 軥 軥 軥 軥
擊 擊 擊 |
|---|---|---|
| | 手, 총17획 | 부딪치다, 공격하다, 마주치다, 보다 |

약

유 攻(칠 공), 打(칠 타)

상 防(막을 방), 守(지킬 수)

반 以卵擊石(이란격석),
人身攻擊(인신공격)

· 擊退(격퇴) : 물리침.
· 攻擊(공격) : (적을) 침.
· 射擊(사격) : 표적을 겨누어 활이나 총포를 쏨.
· 一擊(일격) : 한번 세게 침.
· 打擊(타격) : 세게 때려침.

| 激 | 격할 격 | 丶 氵 氵 氵 彳 彳 汮 泸 泸 激 激 激 激
激 激 |
|---|---|---|
| | 水(氵), 총16획 | 과격하다, 세차다, 빠르다 |

약

유

상

반 激化一路(격화일로)

· 激烈(격렬) : 몹시 세참.
· 激變(격변) : 엄청나게 변함.
· 激戰(격전) : 격렬한 전투.
· 過激(과격) : 지나치게 격렬함.
· 急激(급격) : 매우 빠르고 세참.

堅	굳을 견 土, 총11획	一 T T 三 三 三 臣 臣 臣 取 堅 堅

 坚

유 固(굳을 고)

상

 堅如金石(견여금석)

- 堅固(견고) : 굳고 단단함.
- 堅實(견실) : 튼튼하고 충실함.
- 堅持(견지) : 굳게 지니거나 지킴.

犬	개 견 犬, 총4획	一 ナ 大 犬

- 犬馬(견마) : 개와 말.
- 軍犬(군견) : 군사 목적에 쓰이는 개.
- 愛犬(애견) : 개를 사랑함. 또는 그 개.
- 忠犬(충견) : 주인에게 충실한 개.
- 鬪犬(투견) : 개를 싸움 붙임. 싸움을 붙이기 위해 기르는 개.

傾	기울 경 人(亻), 총13획	ノ 亻 亻 亻 化 仁 乍 乍 乍 佰 佰 傾 傾 傾 기울어지다, 비스듬하다, 잠깐

- 傾注(경주) : 기울여 쏟음. 한곳으로 주의나 힘을 기울임.
- 傾聽(경청) : 귀를 기울여 주의해 들음.
- 傾向(경향) : 어떤 방향으로 기울어 쏠림. 또는 그런 방향.
- 右傾(우경) : 우익右翼의 경향을 띰.
- 左傾(좌경) : 좌익左翼의 경향을 띰.

更	고칠 경, 다시 갱: 日, 총7획	一 厂 厂 万 亘 更 更 바꾸다

- 更新(경신) : 고쳐 새롭게 함, 또는 새롭게 고침.
- 更正(경정) : 잘못된 내용을 바르게 고침.
- 變更(변경) : 다르게 바꿈.
- 更生(갱생) : 다시 살아남. 바른 삶을 되찾음.
- 更新(갱신) : 법률 관계의 기간을 다시 연장함.

鏡	거울 경: 金, 총19획	 鈴 鈴 鏡 鏡 鏡 모범, 본보기, 안경, 비추어보다

- 鏡臺(경대) : 거울을 달아 세운 화장대.
- 銅鏡(동경) : 구리를 갈아 만든 거울.
- 望遠鏡(망원경) : 먼 곳을 확대하여 보는 광학 기계.
- 眼鏡(안경) : 시력을 돕거나 눈을 보호하기 위한 기구.
- 破鏡(파경) : 부부의 금실이 좋지 않아 이별하는 일.

明鏡止水(명경지수)

驚	놀랄 경: 馬, 총23획	' 十 + + 广 方 苟 苟 莳 莳 敬 敬 敬 敬 敬 驚 驚 驚 驚 驚 驚 驚 ※ ⺍ 의 한국어문회 권장 필순은 ' 十 ⺍ ⺍ 임

- 驚氣(경기) : 어린아이가 경련을 일으키는 병.
- 驚異(경이) : 놀랍고 이상스러움.
- 驚歎(경탄) : 매우 감탄함.
- 大驚(대경) : 크게 놀람.

驚天動地(경천동지),
大驚失色(대경실색)

290

季	계절 계:	一 二 千 千 禾 季 季 季
	子, 총8획	끝, 막내

- 季氏(계씨) : '남의 아우'를 높여 일컫는 말.
- 季節(계절) : 철.
- 季秋(계추) : 늦가을.
- 冬季(동계) : 겨울철.
- 夏季(하계) : 여름철.

戒	경계할 계:	一 二 千 开 戒 戒 戒
	戈, 총7획	주의하다, 타이르다, 새겨히다, 경계

警(깨우칠 경)

一罰百戒(일벌백계)

- 戒嚴令(계엄령) : 계엄 실시를 선포하는 명령.
- 戒律(계율) : 계戒와 율律.
- 家戒(가계) : 집안의 규율.
- 警戒(경계) : 잘못되지 않도록 미리 조심함.
- 訓戒(훈계) : 타일러 경계함.

系	이어맬 계:	一 丷 万 丟 乤 系 系
	糸, 총7획	잇다, 혈통, 핏줄, 실마리

- 系列(계열) : 서로 관련되는 계통이나 조직.
- 系統(계통) : 일정한 차례에 따라 이어져 있는 것.
- 家系(가계) : 대대로 이어 온 한 집안의 계통.
- 父系(부계) : 아버지 쪽의 혈통에 딸린 계통.
- 體系(체계) : 각기 다른 것을 계통이 서게 한 그 조직.

| 繼 | 이을 계: 糸, 총20획 | ` ` ` 소 소 소 糸 糸 糸 糸' 糸' 糸' 糸' 糸' 糸' 糸'
絲 絲 絲 繼 繼 繼 繼
이어나가다, 이어받는다, 매다 |

- 継
- 連(이을 련), 續(이을 속),
承(이을 승), 接(이을 접)
- 斷(끊을 단)
- 引受引繼(인수인계)

· 繼母(계모) : 의붓어머니.
· 繼續(계속) : 끊어지지 않게 잇댐.
· 繼承(계승) : 이어받음.
· 繼走(계주) : 이어달리기.
· 引繼(인계) : 남에게 넘겨줌. 또는 남으로부터 이어받음.

| 階 | 섬돌 계 阜(阝), 총12획 | ` ` 阝 阝 阝' 阝' 阝' 阝' 阵 階 階 階
층, 사다리, 층계, 계단, 차례 |

- 段(층계 단), 層(층 층)

· 階級(계급) : 지위 · 관직 등의 등급.
· 階段(계단) : 층층대.
· 階層(계층) : 사회를 형성하는 여러 층.
· 段階(단계) : 일의 차례를 따라 나아가는 과정.
· 位階(위계) : 지위의 등급.

| 鷄 | 닭 계 鳥, 총21획 | ` ´ ´ ´ ´ 爫 爫 爫 줄 줄 줄 줄 줄 줄' 줄'
줄' 줄' 鷄 鷄 鷄 鷄 鷄
 |

- 鶏
- 鷄口牛後(계구우후),
鷄卵有骨(계란유골)

· 鷄卵(계란) : 달걀.
· 鷄林(계림) : '신라' 의 딴 이름. '경주' 의 옛 이름.
· 鷄鳴(계명) : 닭의 울음.
· 養鷄場(양계장) : 닭을 치는 곳.
· 鬪鷄(투계) : 닭을 싸움 붙임.

孤	외로울 고	`丁 孑 孑 孑 孤 孤 孤`
	子, 총8획	저버리다, 단독, 홀로, 고아

🔵

😀 獨(홀로 독)

🔶

🔷 絕海孤島(절해고도)

🔴 **틀리기 쉬운 한자**
狐(여우 호, 1)

· 孤島(고도) : 외딴 섬.
· 孤獨(고독) : 홀로 외로움.
· 孤立(고립) : 외톨이로 됨.
· 孤臣(고신) : 임금의 사랑이나 신임을 얻지 못하는 신하.
· 孤兒(고아) : 부모를 여의어 홀로 된 아이.

庫	곳집 고	`` `一 广 广 广 庐 庐 庐 盲 庫`
	广, 총10획	곳간, 창고

🔵

😀 倉(곳집 창, 3Ⅱ)

🔶

🔷

· 寶庫(보고) : 귀중한 물건을 간수해두는 곳.
· 書庫(서고) : 책을 보관해두는 곳.
· 入庫(입고) : 곳집에 넣음.
· 在庫(재고) : 창고에 있음. 재고품.
· 車庫(차고) : 차량을 넣어두는 곳.

穀	곡식 곡	`一 十 士 产 声 壹 壹 壹 享 亭 亭 亭 穀 穀` 穀
	禾, 총15획	낟알, 복록, 좋다

🔵

😀

🔶

🔷 五穀百果(오곡백과)

· 穀食(곡식) : 벼, 보리, 밀 등을 통틀어 일컫는 말.
· 米穀(미곡) : 쌀. 쌀을 포함한 다른 곡식.
· 糧穀(양곡) : 양식으로 쓰이는 곡식.
· 雜穀(잡곡) : 멥쌀과 찹쌀 이외의 곡식.
· 秋穀(추곡) : 가을에 거두는 곡식.

困	곤할 곤:	ㅣ ㄇ ㄇ ㅐ ㅐ ㅐ 困
	口, 총7획	괴롭다, 어렵다, 지치다, 가난하다

· 困境(곤경) : 곤란한 처지. 딱한 사정.
· 困窮(곤궁) : 곤란하고 궁함.
· 困難(곤란←곤난) : 처리하기 어려움.
· 勞困(노곤) : 지쳐서 나른함.
· 貧困(빈곤) : 가난하고 군색함.

疲(피곤할 피)

骨	뼈 골	ㅣ ㅁ ㅁ ㅁ ㅁ 丹 丹 骨 骨 骨
	骨, 총10획	사물의 중추, 몸

· 骨格(골격) : 뼈대.
· 骨肉(골육) : 뼈와 살. 부모와 자식, 형제와 자매.
· 骨子(골자) : 가장 요긴한 부분.
· 骨材(골재) : 콘크리트 등에 쓰이는 모래나 자갈.
· 骨折傷(골절상) : 뼈가 부러지는 부상.

肉(고기 육)

刻骨痛恨(각골통한), 鷄卵有骨
(계란유골), 骨肉相殘(골육상잔),
言中有骨(언중유골), 玉骨仙風
(옥골선풍)

孔	구멍 공:	ㄱ 了 子 孔
	子, 총4획	성姓의 하나, 매우, 심히, 비다

· 孔孟(공맹) : 공자孔子와 맹자孟子.
· 孔子(공자) : 중국 춘추시대의 철학자·사상가.
· 九孔炭(구공탄) : 구멍이 아홉 뚫린 연탄.
· 毛孔(모공) : 털구멍.

294

攻

칠 공:

攴(攵), 총7획

`一 丁 工 丌 丌 攻 攻`

책망하다, 거세하다, 공격하다

약

유 擊(칠 격)

상 防(막을 방), 守(지킬 수)

성 難攻不落(난공불락), 不攻自破(불공자파), 人身攻擊(인신공격)

· 攻防(공방) : 공격과 방어.
· 攻勢(공세) : 공격하는 태세나 그 세력.
· 攻守(공수) : 공격과 수비.
· 速攻(속공) : 재빨리 공격함.
· 侵攻(침공) : 침범하여 공격함.

管

대롱/주관할 관

竹, 총14획

`′ ′ ′ ′ ′′ ′′′ ′′′′ ′′′′ ′′′′ ′′′′′ 竺 筥 管 管 管`

피리, 붓대, 가늘고 긴 대, 맡다

약

유

상

성

· 管理(관리) : 어떤 일을 맡아 관할하고 처리함.
· 管樂器(관악기) : 입으로 불어 소리 내는 관으로 된 악기.
· 管制(관제) : 관할하여 통제함.
· 保管(보관) : 맡아서 관리함.
· 移管(이관) : 옮겨 관할함.

鑛

쇳돌 광:

金, 총23획

`′ ′ ′ ′ ′ ′ ′ ′ ′ ′ ′ ′ ′ ′ ′ ′ ′ ′ ′ ′ 鑛 鑛 鑛 鑛 鑛 鑛 鑛 鑛 鑛`

광석, 광물

약 鉱

유

상

성

· 鑛脈(광맥) : 광물이 묻힌 줄기.
· 鑛山(광산) : 광석을 캐내는 곳.
· 鑛石(광석) : 유용한 금속이 많이 섞여 있는 광물.
· 採鑛(채광) : 광석을 캐냄.
· 炭鑛(탄광) : 석탄을 캐내는 광산.

構	얽을 구	一 十 扌 扌 朴 术 朴 朴 梣 梣 梺 構 構 構
	木, 총14획	생각을 얽어 짜내다, 꾸며대다

유 造(지을 조)

상

훈

· 構圖(구도) : 여러 요소를 조화 있게 배치하는 요령.
· 構成(구성) : 몇 개의 부분을 얽어서 하나로 만듦.
· 構造(구조) : 각 부분들을 모아 어떤 전체를 짜 이룸.
· 機構(기구) : 한 조직을 이루고 있는 구조적인 체계.
· 虛構(허구) : 사실이 아닌 것을 사실처럼 얽어 만듦.

君	임금 군	一 ⇁ ⇂ ⇃ 尹 尹 君 君
	口, 총7획	남편, 군자, 그대, 군, 자네

약

유

상 民(백성 민), 臣(신하 신)

훈 君臣有義(군신유의), 君子不器
(군자불기), 檀君紀元(단군기원),
檀君王儉(단군왕검), 檀君朝鮮
(단군조선)

· 君子(군자) : 덕행이나 학식이 높은 사람.
· 君主(군주) : 임금, 왕.
· 檀君(단군) : 우리 겨레의 시조로 받드는 임금.
· 聖君(성군) : 나라를 잘 다스린 훌륭한 임금.
· 暴君(폭군) : 포악한 임금.

群	무리 군	一 ⇁ ⇂ 尹 尹 君 君 君 君' 群 群 群 群
	羊, 총13획	떼, 여럿의, 많다, 떼를 짓다, 모이다

약

유 黨(무리 당), 徒(무리 도),
衆(무리 중)

상

훈

· 群小(군소) : 그다지 크지 않은 여러 개.
· 群臣(군신) : 뭇 신하들.
· 群衆(군중) : 한데 모인 뭇 사람들.
· 群集(군집) : 여러 사람이나 물건이 모임.
· 一群(일군) : 한 떼, 또는 한 무리.

屈	굽힐 굴 尸, 총8획	丿 尸 尸 屰 屈 屈 屈 屈 굽다, 다하다

- 약
- 유 曲(굽을 곡), 服(옷/복종할 복)
- 상
- 성 百折不屈(백절불굴)

· 屈曲(굴곡) : 굽이.
· 屈服(굴복) : 굽히어 복종함.
· 屈身(굴신) : 몸을 굽힘.
· 屈折(굴절) : 꺾임.
· 不屈(불굴) : 뻗대고 굽히지 않음.

窮	다할 궁 穴, 총15획	丶 丷 宀 宀 宀 穴 穴 穷 穷 穷 窮 窮 窮 窮 窮 마치다, 궁하다, 가난하다, 연구하다

- 약
- 유 極(다할 극), 貧(가난할 빈)
- 상
- 성 勢窮力盡(세궁역진)

· 窮理(궁리) : 이리저리 따져 깊이 생각하거나 연구함.
· 窮地(궁지) : 곤란하여 어찌할 수가 없는 처지.
· 無窮(무궁) : 공간이나 시간 따위의 끝이 없음.
· 貧窮(빈궁) : 가난하고 궁함.
· 春窮期(춘궁기) : 봄철에 농민이 몹시 살기 어려운 때.

券	문서 권 刀, 총8획	丶 丷 䒑 䒑 半 关 券 券 증서, 계약서

- 약
- 유
- 상
- 성

· 福券(복권) : 맞으면 일정한 상금을 타게 되는 표.
· 旅券(여권) : 외국 여행을 승인하는 증서.
· 入場券(입장권) : 입장하기 위한 표.
· 證券(증권) : 재산의 권리나 의무를 나타내는 문서.
· 會員券(회원권) : 회원임을 증명하는 표.

勸	권할 권:	` ⺊ ⺊⺊ ⺊⺊⺊ ⺿ ⺿ ⺿⺿ ⺿⺿⺿ ⺿⺿⺿⺿ 艹艹 芦 芦 芦 萨
	力, 총20획	萨 萨 萑 萑 雚 雚 勸 勸 ※ ⺾ 의 한국어문회 권장 필순은 ` ⟶ ⺾⺾ ⺾⺾⺾ 임

권장하다, 권고, 권면

 劝, 勧

奨(장려할 장)

상

德業相勸(덕업상권)

· 勸告(권고) : 권하여 타이름.
· 勸農(권농) : 농사를 두루 장려함.
· 勸善(권선) : 착한 일을 하도록 권장함.
· 勸酒(권주) : 술을 권함.
· 勸學(권학) : 학문을 힘써 배우도록 함.

卷	책 권(:)	` ⺊ ⺊⺊ ⺊⺊⺊ ⺿ ⺿⺿ ⺿⺿⺿ 券 卷
	卩(㔾), 총8획	말다, 두루마리, 권(책을 세는 단위)

약

운

상

讀破萬卷(독파만권)

· 卷煙(권:연) : '궐련' 의 본말. 얇은 종이로 말아놓은 담배.
· 卷頭言(권두언) : 머리말.
· 卷末(권말) : 책의 맨 끝.
· 卷數(권수) : 책의 수효.
· 卷雲(권운) : 높이 뜨는 구름의 한 가지.

歸	돌아갈 귀:	` ⼁ ⼁ ⼁ ⼁ 阜 阜 阜 阜 阜 阜 阜 阜 阜 阜
	止, 총18획	歸 歸 歸 歸

돌려보내다, 따르다, 맡기다, 시집가다

약 帰

운

상

事必歸正(사필귀정),
視死如歸(시사여귀)

· 歸家(귀가) : 집으로 돌아오거나 돌아감.
· 歸依(귀의) : 돌아가 몸을 기댐.
· 歸着(귀착) : 돌아가 닿음. 어떤 결말에 이름.
· 歸鄕(귀향) : 고향으로 돌아가거나 돌아옴.
· 歸化(귀화) : 다른 나라 국민이 됨.

均	고를 균	一 十 土 圹 圴 均 均
	土, 총7획	평평하다, 두루

약

유 平(평평할 평)

상

유

· 均等(균등) : 고르고 가지런함.
· 均分(균분) : 여럿이 고르게 나눔.
· 均一(균일) : 한결같이 고름.
· 均田(균전) : 토지를 백성에게 고루 나누어주는 일.
· 平均(평균) : 고르게 한 분량이나 바탕.

劇	심할 극	丶 丨 广 广 尸 声 声 虍 虐 虐 虜 康 劇 劇
	刀(刂), 총15획	대단히다, 번거롭다, 고생하다, 연극

약

유

상

유

· 劇團(극단) : 연극 상연을 목적으로 결성된 단체.
· 劇本(극본) : 연극이나 방송극 등의 대본.
· 劇藥(극약) : 생명에 위험을 줄 수 있는 의약제.
· 劇場(극장) : 연극 · 영화 등을 전문으로 상연하는 곳.
· 劇的(극적) : 연극을 보는 것처럼 감격적인 (것).

勤	부지런할 근(:)	一 十 卄 艹 芦 芦 莒 莒 莒 菫 菫 勤 勤
	力, 총13획	근무하다, 힘쓰다, 일

약

유

상 慢(게으를 만, 3), 怠(게으를 태, 3)

유 敬天勤民(경천근민)

※ 첫 음절에서 장음과 단음 두 가지로 발음됨.
· 勤儉(근:검) : 부지런하고 검소함.
· 勤勞(근:로) : 부지런히 일함.
· 勤務(근:무) : 직무에 종사함.
· 勤苦(근고) : 부지런히 일하고 수고롭게 애씀.

筋	힘줄 근 竹, 총12획	ノ ト ト ト ト ト ト ト ト ナ 筋 筋 힘, 체력

- 筋骨(근골) : 근육과 뼈. 체력. 신체.
- 筋力(근력) : 근육의 힘. 기력氣力.
- 筋肉(근육) : 힘줄과 살.
- 心筋(심근) : 심장의 벽을 싸고 있는 근육.
- 鐵筋(철근) : 콘크리트 속에 박아 뼈대로 삼는 쇠막대.

奇	기특할/ 기이할 기 大, 총8획	一 ナ 大 太 杏 杏 杏 奇 괴상하다, 새롭다

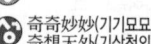

奇奇妙妙(기기묘묘), 奇想天外(기상천외)

- 奇計(기계) : 기묘한 꾀.
- 奇妙(기묘) : 기이하고 묘함.
- 奇異(기이) : 기묘하고 이상함.
- 奇特(기특) : 신통하고 귀여움. 신기하고 신통함.
- 好奇心(호기심) : 새롭고 기이한 것에 끌리는 마음.

寄	부칠 기 宀, 총11획	' ' 宀 宀 宀 宀 车 宇 客 客 寄 보내다, 붙어 있다, 머물러 있다, 맡기다

- 寄生蟲(기생충) : 다른 생물에 기생하는 동물.
- 寄宿(기숙) : 남의 집에서 먹고 자고 함.
- 寄食(기식) : 남의 집에 얹혀 밥을 먹음.
- 寄與(기여) : 남에게 이바지함.
- 寄着地(기착지) : 도중에 잠시 들르는 곳.

機	틀 기	` ┤ ┤ ┦ ┦ ┦ ┦ ┦ ┦ ┦ ┦ ┦ ┦ ┦ ┦ 機 機 機
	木, 총16획	기계, 기틀, 재치, 거짓, 기회, 계기, 베틀

음

훈

상

④ 心機一轉(심기일전),
危機一髮(위기일발)

· 機密(기밀) : 매우 중요한 비밀.
· 機會(기회) : 어떤 일을 하기에 알맞은 때나 경우.
· 動機(동기) : 행동을 일으키게 하는 요인.
· 危機(위기) : 위험한 고비.
· 投機(투기) : 기회를 틈타 큰 이익을 보려는 짓.

紀	벼리 기	` ㄠ ㄠ ㅎ ㅎ ㅎ ㅎ 糸 糸 糸
	糸, 총9획	벼리(ㄱ물코를 꿴 굵은 줄), 세월, 실마리, 규율

음

훈

상

④ 檀君紀元(단군기원)

· 紀念/記念(기념) : 잊지 않고 생각함.
· 紀元(기원) : (역사상의) 햇수를 세는 기준이 되는 해.
· 紀律(기율) : 정연한 질서.
· 檀紀(단기) : 단군의 즉위년을 원년으로 잡은 기원.
· 世紀(세기) : 백 년 동안, 또는 그동안의 시대.

納	들일 납	` ㄠ ㄠ ㅎ ㅎ ㅎ 糸 糸 糸 納
	糸, 총10획	바치다, 받다

음

훈

④ 出(날 출), 吐(토할 토, 3)

④ 拒門不納(거문불납)

· 納期(납기) : 세금 · 공과금 따위를 낼 기한.
· 納得(납득) : 남의 말이나 행동을 잘 이해함.
· 納稅(납세) : 세금을 냄.
· 納入(납입) : 세금 · 공과금 따위를 냄.
· 納品(납품) : 주문 받은 물품을 대어줌.

段	층계 단	´ ┌ ┌ ┌ 戶 戶 殴 段 段
	殳, 총9획	구분, 갈림, 가지, 조각

음

유 階(섬돌 계)

상

형

- 段落(단락) : 일이 다 된 끝.
- 段數(단수) : 단의 수. 술수를 쓰는 재간의 정도.
- 文段(문단) : 문맥상의 단락.
- 手段(수단) : 일을 처리해내는 솜씨와 꾀.
- 初段(초단) : 태권도 · 바둑 등의 첫째의 단.

徒	무리 도	´ ´ ´ ´ 彳 彳 彴 徉 徒 徒
	彳, 총10획	동류, 제자, 하인, 맨손, 형벌, 다만, 헛되이

음

유 群(무리 군), 黨(무리 당), 衆(무리 중)

상

형 無爲徒食(무위도식)

● **틀리기 쉬운 한자**
徙(옮길 사, 1)

- 徒黨(도당) : 무리.
- 徒勞(도로) : 보람없이 애씀. 헛되이 수고함.
- 徒步(도보) : 타지 않고 걸어감.
- 生徒(생도) : 사관학교의 학생.
- 暴徒(폭도) : 폭동을 일으키는 무리.

盜	도둑 도	` ` 丶 冫 冫 冫 氵 汾 次 次 盗 盗 盗 盗
	皿, 총12획	훔치다, 도둑질

음

유 賊(도둑 적)

상

형

- 盜難(도난) : 도둑을 맞는 재난
- 盜用(도용) : 남의 것을 허가도 없이 씀.
- 盜賊(도적) : 도둑.
- 盜聽(도청) : 몰래 엿들음.
- 強盜(강도) : 강제로 남의 금품을 빼앗음. 또는 그 도둑.

逃	도망할 도	ノ ノ ノ カ 北 北 兆 兆 兆 逃 逃
	辵(辶), 총10획	달아나다, 피하다, 떠나다

亡(망할 망), 避(피할 피)

夜牛逃走(야반도주)

· 逃亡(도망) : 달아남.
· 逃身(도신) : 몸을 피하여 도망함.
· 逃走(도주) : 달아남.
· 逃避(도피) : 도망하여 피함.

卵	알 란(난)	ー ㄷ ㄸ ㄸ 丱 卵 卵
	卩, 총7획	

鷄卵有骨(계란유골),
以卵擊石(이란격석)

· 卵子(난자) : 동물 암컷의 생식세포.
· 明卵(명란) : 명태의 알. 명란젓.
· 産卵(산란) : 알 낳기.
· 受精卵(수정란) : 수정을 끝낸 난자.
· 土卵(토란) : 천남성과의 다년초.

亂	어지러울 란(난)	ー ʹ ʹ ʺ ʺ ʺ ˮ 矞 矞 矞 矞 矞 亂
	乙(乚), 총13획	어지럽히다, 다스리다, 난리

乱

治(다스릴 치)

亂臣賊子(난신적자),
一絲不亂(일사불란)

· 散亂(산란) : 어지럽고 어수선함.
· 戰亂(전란) : 전쟁으로 말미암은 난리.
· 避亂(피란) : 난리를 피함.
· 混亂(혼란) : 갈피를 잡을 수 없이 어지러움.
· 患亂(환란) : 재앙과 병란.

覽	볼 람(남) 見, 총21획	一 丅 丆 丙 丙 臣 臣' 臣'' 臣'' 臣'' 臣'' 臣'' 臣'' 臣'' 臣'' 臣'' 臣'' 臣'' 臣'' 覽 覽 살펴보다, 바라보다, 전망

약 覧
유 觀(볼 관)
상
성 博覽強記(박람강기)

· 觀覽(관람) : 구경.
· 要覽(요람) : 중요한 것만 뽑아서 보게 한 책.
· 遊覽(유람) : 돌아다니며 구경함.
· 展覽會(전람회) : 작품 등을 진열해놓고 보이는 모임.
· 回覽(회람) : 여러 사람이 차례로 돌려봄.

略	간략할 략(약) 田, 총11획	丨 冂 日 田 田 田' 田' 田久 畋 略 略 다스리다, 생략하다, 대략

약
유
상
성 黨利黨略(당리당략), 雄才大略(웅재대략), 鐵血政略(철혈정략)

· 略圖(약도) : 줄여서 중요한 것만 그린 도면이나 지도.
· 略歷(약력) : 간략하게 적은 이력.
· 略稱(약칭) : 간략히 줄인 이름. 줄여서 일컬음.
· 略字(약자) : 글자의 획수를 줄여서 쓰는 글자.
· 省略(생략) : 줄이거나 뺌.

糧	양식 량(양) 米, 총18획	丶 丷 䒑 半 米 米 米' 米口 米日 米日 米旦 米旦 糧 糧 糧 糧 糧 糧 식량, 자료, 구실(조세)

약
유
상
성 老少異糧(노소이량)

· 糧食(양식) : 살아가는 데 필요한 먹을거리. 식량食糧.
· 軍糧米(군량미) : 군대의 양식으로 쓰는 쌀.

慮	생각할 려(여):	` ー ナ 广 广 庐 庐 庐 庐 庐 庐 庐 庐 庐
	心, 총15획	慮
		걱정하다, 꾀하다

・考慮(고려) : 생각하여 봄.
・配慮(배려) : 보살펴주려고 마음을 써줌.
・思慮(사려) : 여러 가지로 신중하게 생각함.
・心慮(심려) : 마음속으로 걱정함.
・念慮(염려) : 앞일을 이리저리 헤아려 걱정함.

考(생각할 고), 念(생각 념), 思(생각 사), 想(생각 상)

千慮一得(천려일득), 千慮一失(천려일실), 千思萬慮(천사만려)

烈	매울 렬(열)	ー ア ヺ 歹 列 列 列 烈 烈 烈
	火(灬), 총10획	세차나, 사납다, 굳세다, 빛나다, 공덕

・烈士(열사) : 절의를 굳게 지켜 죽은 사람.
・強烈(강렬) : 강하고 열렬함.
・極烈(극렬) : 지독히 심하거나 지나치게 맹렬함.
・先烈(선열←선렬) : 의義를 위해 목숨을 바친 열사.
・熱烈/烈烈(열렬) : 대단히 맹렬함.

龍	용 룡(용)	` ー ナ ナ ウ 产 音 音 音 育 節 節 龍 龍
	龍, 총16획	龍 龍

・龍宮(용궁) : 바닷속에 있다는 용왕의 궁전.
・龍王(용왕) : 용궁의 임금.
・登龍門(등용문←등룡문) : 어려움을 통과하여 크게 출세함.
・飛龍(비룡) : 하늘을 나는 용.
・靑龍(청룡) : 푸른빛을 띤 용.

竜

魚變成龍(어변성룡)

柳 | 버들 류(유): | 一 十 十 才 木 杉 柯 柳 柳 柳
木, 총9획

· 路柳(노류) : 길가의 버들.
· 花柳(화류) : 꽃과 버들. '유곽遊郭'을 비유함.

風前細柳(풍전세류)

輪 | 바퀴 륜(윤) | 一 厂 ក ក ក 亘 車 軒 軡 軡 軡 軡 輪 輪
輪
車, 총15획 | 둘레, 수레, 돌다

· 輪作(윤작) : 농작물을 해마다 바꾸어 심는 일.
· 輪轉機(윤전기) : 윤전인쇄기.
· 競輪(경륜) : 자전거로 하는 경기競技
· 年輪(연륜) : 나이테. 한 해 한 해 쌓아 올린 역사.
· 五輪旗(오륜기) : 올림픽 대회에 쓰이는 기.

離 | 떠날 리(이): | ' 亠 亠 亣 亩 卤 卤 ' 盾 肏 肏 肏 肏 肏 肏
离 离 离 離 離
隹, 총19획 | 떼어놓다, 떨어지다, 갈라지다, 흩어지다

合(합할 합)

離合集散(이합집산),
會者定離(회자정리)

· 離別(이별) : 서로 헤어짐.
· 離散(이산) : 헤어져 떠남.
· 離職(이직) : 직업을 잃거나 직장을 떠남.
· 流離(유리) : 떠돌아다님.
· 分離(분리) : 따로 떨어짐, 또는 그렇게 되게 함.

妹

누이 매

女, 총8획

亻 女 女 女 女 妹 妹 妹

약
유
상 姉(손위누이 자)
성

· 妹夫(매부) : 누이의 남편.
· 妹弟(매제) : 누이동생의 남편.
· 妹兄(매형) : 손위 누이의 남편.
· 男妹(남매) : 오누이.
· 姉妹(자매) : 여자 동기.

勉

힘쓸 면:

力, 총9획

勉 勉 勉 勉 勉 勉 免 免 勉

부지런하다, 권면하다

약
유 勵(힘쓸 려, 3Ⅱ)
상
성

· 勉從(면종) : 마지못해 복종함.
· 勉學(면학) : 학문에 힘씀.
· 勉行(면행) : 힘써 행함.
· 勸勉(권면) : 타일러 힘쓰게 함.

鳴

울 명

鳥, 총14획

丨 口 口 口' 口' 미 미 미 미 鳴 鳴 鳴 鳴 鳴

울리다, 부르다

약
유
상
성

· 鷄鳴(계명) : 닭의 울음.
· 共鳴(공명) : 남의 사상이나 의견 따위에 동감함.
· 悲鳴(비명) : 위험이나 두려움 때문에 지르는 소리.

틀리기 쉬운 한자
嗚(탄식할 오, 3)

模	본뜰 모 木, 총15획	一 十 才 才 木 朾 朾 朾 榸 模 模 模 模 模 模 ※ ⺾ 의 한국어문회 권장 필순은 ｜ → ⺌ ⺾ 임 법, 본보기, 무늬

 약
 유 範(법 범)
상
형

· 模範(모범) : 본받아 배울 만한 본보기.
· 模樣(모양) : 겉으로 나타나는 생김새나 됨됨이.
· 模作(모작) : 본떠 지음. 본떠 만듦.
· 模造(모조) : 본떠서 만듦, 또는 그 물품.
· 規模(규모) : 사물의 구조나 구상의 크기.

妙	묘할 묘 : 女, 총7획	⺊ ⺕ 女 妒 妙 妙 妙 예쁘다, 젊다

약
유
상
형 奇奇妙妙(기기묘묘),
妙技百出(묘기백출)

· 妙技(묘기) : 기묘한 기술과 재주.
· 妙味(묘미) : 신비롭고 좋은 맛.
· 妙手(묘수) : 묘한 수.
· 妙案(묘안) : 좋은 생각. 또는 아주 뛰어난 방안.
· 絶妙(절묘) : 아주 묘함.

墓	무덤 묘 : 土, 총14획	｜ ⺊ ⺀ ⺾ ⺾ 莒 莒 莫 莫 莫 莫 墓 墓 墓 ※ ⺾ 의 한국어문회 권장 필순은 ｜ → ⺌ ⺾ 임

약
유
상
형

· 墓碑(묘비) : 무덤 앞에 세우는 비석.
· 墓所(묘소) : 묘. 무덤이 있는 곳.
· 墓地(묘지) : 무덤이 있는 땅.
· 省墓(성묘) : 조상의 산소를 살펴봄.
· 支石墓(지석묘) : 고인돌로 이룬 분묘.

308

舞	춤출 무: 舛, 총14획	ノ ニ ニ ニ 無 無 無 舞 舞 舞 舞 舞

음

유

상

형

· 舞曲(무곡) : 춤곡.
· 舞樂(무악) : 춤출 때 연주하는 아악.
· 舞衣(무의) : 춤출 때 입는 옷.
· 歌舞(가무) : 노래와 춤.
· 處容舞(처용무) : 조선시대 궁중무의 한 가지.

拍	칠 박 手(扌), 총8획	一 十 扌 扌' 扩 扑 拍 拍 손뼉 치다, 박자

음

유

상

형

· 拍手(박수) : 두 손뼉을 마주 두드림.
· 拍子(박자) : 음악이나 춤의 가락을 돕는 장단.
· 拍車(박차) : 승마용 구두의 뒤축에 단 쇠로 만든 톱니 모양
의 물건. 어떤 일을 촉진하려고 더하는 힘.
· 半拍(반박) : 반 박자.

髮	터럭 발 髟, 총15획	一 厂 F F E E 長 髟 髟 髟 髟 髟 髮 髮

음

毛(털 모)

상

危機一髮(위기일발)

· 假髮(가발) : 가짜 머리.
· 毛髮(모발) : 사람의 몸에 난 털, 특히 머리털.
· 白髮(백발) : 하얗게 센 머리털.
· 理髮(이발) : 머리털을 깎고 다듬음.
· 長髮(장발) : 길게 기른 머리털.

妨	방해할 방 女, 총7획	ㄴ 여 女 女 女 姸 妨 妨

· 妨害(방해) : 남의 일에 헤살을 놓아 해를 끼침.
· 無妨(무방) : 괜찮음. 해롭잖음.

犯	범할 범 : 犬, 총5획	ノ ろ ず ず' 犯 침범하다, 범인, 범죄

犯(침노할 침)

· 犯人(범인) : 범죄인.
· 犯罪(범죄) : 죄를 저지름. 또는 저지른 죄.
· 犯行(범행) : 범죄 행위를 함. 또는 그런 행위.
· 防犯(방범) : 범죄가 생기지 않도록 미리 막음.
· 侵犯(침범) : 침노하여 범하거나 건드림.

範	법 범 : 竹, 총15획	ノ ╯ ⺮ ⺮ ⺮ ⺮ ⺮ ⺮ ⺮ 產 箹 箹 箹 範 範 본보기, 한계

模(본뜰 모)

· 範例(범례) : 본으로 삼거나 본으로 보여줄 만한 것.
· 範圍(범위) : 무엇이 미치는 한계.
· 規範(규범) : 지켜야 할 규칙이나 기준.
· 示範(시범) : 모범을 보임.
· 典範(전범) : 본보기.

辯	말씀 변:	`ˊ ㅗ ㅗ 立 立 立 竼 辛 辛 辛 竼 竼`
	辛, 총21획	`竼 竼 竼 辯 辯 辯 辯`
		말을 잘하다, 논쟁하다

○ 약

○ 우

○ 상

○ 훈

· 辯論(변론) : 옳고 그른 것을 가려서 따짐.
· 辯護(변호) : 남을 위하여 이롭도록 변명하여 감싸줌.
· 答辯(답변) : 묻는 말에 변명하여 대답함.
· 代辯(대변) : 어떤 기관이나 개인을 대신하여 말함.
· 抗辯(항변) : 항거하여 변론함.

普	넓을 보:	`ˋ ˊ ˇ ㅛ ㅛ 业 业 业 並 普 普 普`
	日, 총12획	넓다, 두루, 보통

○ 약

○ 우

○ 상

○ 훈

· 普及(보급) : 널리 펴서 알리거나 사용하게 함.

                                      * 及(미칠 급, 3Ⅱ)

· 普天(보천) : 천하天下.
· 普通(보통) : 평범하고 예사로움.
· 高普(고보) : 일제 때, 고등보통학교의 준말.

伏	엎드릴 복	`ˊ ㅓ ㅓ 仕 伏 伏`
	人(亻), 총6획	굴복하다, 숨다, 절후

○ 약

○ 우

○ 상 起(일어날 기)

○ 훈 伏地不動(복지부동)

· 伏拜(복배) : 엎드려 절함.
· 伏罪(복죄) : 죄에 대한 형벌을 복종하여 받음.
· 伏地(복지) : 땅에 엎드림.
· 起伏(기복) : 일어남과 엎드림. 성하였다 쇠하였다 함.
· 三伏(삼복) : 초복初伏 · 중복中伏 · 말복末伏

複	겹칠 복	` ᠄ ᠄ ᠄ ᠄ ᠄ ᠄ ᠄ ᠄ ᠄ ᠄ ᠄ ᠄ ᠄ 複 複
	衣(衤), 총14획	겹, 겹옷

🤝 單(홑 단)

· 複寫(복사) : 베껴 쓰거나 찍음.
· 複數(복수) : 둘 이상의 수.
· 複式(복식) : 둘 이상으로 겹치는 방식.
· 複雜(복잡) : 여럿이 겹치고 뒤섞여 있음.
· 複製(복제) : 그대로 본떠서 만듦.

否	아닐 부:	一 ᠄ ᠄ ᠄ ᠄ ᠄ 否 否
	口, 총7획	부정하다

🤝 可(옳을 가), 當(마땅 당), 良(어질 량), 實(열매 실), 安(편안 안)

· 否決(부결) : 의논하는 안건에 대하여 옳지 않다고 결정함.
· 否認(부인) : 시인하지 않음.
· 否定(부정) : 그렇지 않거나 옳지 않다고 인정함.
· 可否(가부) : 옳고 그름의 여부.
· 與否(여부) : 그러함과 그러하지 아니함.

負	질 부:	' ᠄ ᠄ ᠄ ᠄ ᠄ ᠄ ᠄ 負
	貝, 총9획	패하다, 부상을 입다, 업다, 저버리다, 짐

🙂 敗(패할 패)
🤝 勝(이길 승)

· 負擔(부담) : 맡아서 지는 의무나 책임.
· 負傷(부상) : 몸을 다침.
· 負號(부호) : 뺄셈을 나타내는 기호 '-'의 이름.
· 勝負(승부) : 이김과 짐.
· 自負心(자부심) : 자부하는 마음.

316

憤	분할 분:	` ` ` ` `冖 `忄 `忄 `忄 `忄 `忄 `忄 `忄 `忄 `忄 憤
	心, 총15획	성내다, 흥분하다, 분노

- 憤怒(분노) : 분하여 성을 냄.
- 憤痛(분통) : 분하여 마음이 아픔.
- 激憤(격분) : 몹시 분개함.
- 悲憤(비분) : 슬프고 분함.
- 義憤(의분) : 의를 위하여 일어나는 분노.

粉	가루 분(:)	` ` ` ` `丷 `半 `米 `米 `米 `粉 粉
	米, 총10획	분, 분을 바르다, 희다, 빻다

※첫 음절에서 장음과 단음 두 가지로 발음됨.
- 粉紅(분·홍) : 분홍빛.
- 粉末(분말) : 가루.
- 粉食(분식) : 밀가루 따위의 가루로 만든 음식.
- 粉筆(분필) : 칠판에 글씨를 쓰는 데 사용하는 도구.

批	비평할 비:	` 一 十 扌 打 批 批 批
	手(扌), 총7획	손으로 치다, 비답 내리다

評(평할 평)

- 批答(비답) : 상소에 대하여 임금이 내리는 답.
- 批點(비점) : 과거 등에서 시관試官이 응시자가 지은 시나 문장을 평가할 때, 특히 잘 지은 대목에 찍던 둥근 점.
- 批判(비판) : 옳고 그름을 가려 판단하거나 지적함.
- 批判的(비판적) : 비판하는 태도·입장에 있는 모양.
- 批評(비평) : 옳고 그름 따위를 가려 논란함.

碑	비석 비 石, 총13획	一 ァ ァ 石 石 石' 矿 砷 砷 碑 碑 碑

· 碑文(비문) : 비석에 새긴 글.
· 碑石(비석) : 돌에 비문을 새긴 비.
· 碑身(비신) : 비문을 새긴 비석의 바탕돌.
· 記念碑(기념비) : 기념하기 위해 세운 비.
· 烈女碑(열녀비) : 열녀의 행적을 기리는 비.

祕	숨길 비: 示, 총10획	一 二 亍 亓 示 於 祁 祕 祕 祕 신비하다, 비밀

· 祕密(비밀) : 남에게 알려서 안 되는 것.
· 祕法(비법) : 비밀의 방법.
· 祕書(비서) : 요직에 있는 사람을 수행하는 사람.
· 祕話(비화) : 세상에 드러나지 않은 이야기.
· 極祕(극비) : 극히 중요한 비밀.

● 속자
秘

射	쏠 사 寸, 총10획	' ſ 竹 冎 月 甪 身 身 射 射

· 射殺(사살) : 쏘아 죽임.
· 射線(사선) : 사격을 하려고 머무르는 선.
· 射手(사수) : 활이나 총포 따위를 쏘는 사람.
· 射出(사출) : 화살이나 탄알 따위를 쏘아냄.
· 反射(반사) : 되쏨.

私	사사 사	一 二 千 禾 禾 私 私
	禾, 총7획	개인, 편애하다

약
유
상 公(공평할 공)
반 公平無私(공평무사), 先公後私(선공후사), 至公無私(지공무사)

· 私心(사심) : 제 욕심을 채우려는 마음.
· 私有(사유) : 개인의 소유.
· 私恩(사은) : 개인끼리 사사로이 입은 은혜.
· 私財(사재) : 개인이 사사로이 소유하고 있는 재산.
· 私學(사학) : 개인이 설립한 교육 기관, 곧 사립학교.

絲	실 사	` ㅅ ㅆ ㅊ 爭 爭 糸 糸 紗 紗 紗 絲
	糸, 총12획	

약 糸
유
상
반 一絲不亂(일사불란)

· 金絲(금사) : 금실.
· 色絲(색사) : 색실.
· 生絲(생사) : 삶아서 익히지 않은 명주실.
· 原絲(원사) : 직물의 원료가 되는 실.
· 鐵絲(철사) : 쇠로 만든 가는 줄.

辭	말씀/사양할 사	` ` ` ` ` ` ` ` ` ` ` ` ` 宀 宀 宀 宀 宀 宀 宀 宀 宀 辭 辭 辭 辭 辭 辭 辭
	辛, 총19획	사퇴하다, 사양하다

약 辞
유 說(말씀 설), 語(말씀 어), 言(말씀 언)
상 任(맡길 임)
반 美辭麗句(미사여구)

· 辭任(사임) : 임무를 내어놓음.
· 辭典(사전) : 낱말을 일정한 순서로 배열하여 해설한 책.
· 辭職(사직) : 직무를 내어놓음.
· 辭退(사퇴) : 어떤 직책을 그만두고 물러남.
· 言辭(언사) : 말. 말씨.

| 散 | 흩을 산:
 攴(攵), 총12획 | 一 十 卄 廿 壯 昔 昔 昔 昔 散 散 散 散
 한가롭다, 헤어지다, 거문고 가락, 산문 |

음
유
상 集(모을 집)
사 離合集散(이합집산)

· 散文(산문) : 운문과 달리 자유롭게 지은 문장.
· 散步(산보) : 이리저리 거닐어 다님.
· 散失(산실) : 흩어져 잃어버리거나 없어짐.
· 發散(발산) : 밖으로 퍼져서 흩어짐.
· 分散(분산) : 따로따로 흩어짐.

| 傷 | 다칠 상
 人(亻), 총13획 | ノ 亻 亻 伫 伫 倅 倅 倅 倅 傷 傷 傷 傷
 상처, 해치다, 애태우다 |

음
유 損(덜 손)
상
사 傷風敗俗(상풍패속),
 平地落傷(평지낙상)

· 傷心(상심) : 마음을 상함.
· 傷處(상처) : 다친 곳.
· 傷害(상해) : 상처를 내어 해를 입힘.
· 損傷(손상) : 깨지거나 상하여 생긴 손실.
· 重傷(중상) : 심한 부상.

| 象 | 코끼리/
 모양 상
 豕, 총12획 | ノ ィ ハ 石 色 色 免 免 象 象 象 象
 상아, 그림, 본뜨다 |

음
유
상
사 千態萬象(천태만상)

· 象形(상형) : 사물의 형상을 본뜸.
· 對象(대상) : 행위의 목표가 되는 것.
· 印象(인상) : 외래 사물이 사람 마음에 주는 감각.
· 表象(표상) : 대표적인 상징.
· 現象(현상) : 눈앞에 나타나 보이는 사물의 형상.

宣	베풀 선	⟨stroke order⟩ 宀, 총9획
	宀, 총9획	널리 펴다, 공포하다, 밝히다

宣戰布告(선전포고)

· 宣教(선교) : 종교를 전도하여 널리 펼침.
· 宣言(선언) : 널리 펴서 말함.
· 宣戰(선전) : 다른 나라에 대하여 전쟁 개시를 선언함.
· 宣傳(선전) : 이해와 공감을 얻기 위해 널리 알림.
· 宣布(선포) : 널리 알림.

● 틀리기 쉬운 한자
宜(마땅 의, 3)

舌	혀 설	⟨stroke order⟩ 舌, 총6획
	舌, 총6획	

萬里長舌(만리장설)

· 舌戰(설전) : 말다툼.
· 口舌(구설) : 시비하거나 비방하는 말.
· 口舌數(구설수) : 구설을 들을 운수.
· 毒舌(독설) : 사납고 날카롭게 남을 매도하는 말.
· 筆舌(필설) : 글과 말.

屬	붙일 속	⟨stroke order⟩ 尸, 총21획
	尸, 총21획	무리, 살붙이, 글을 엮다

属

附(붙을 부, 3Ⅱ)

· 屬性(속성) : 사물의 본질을 이루는 고유한 특징이나 성질.
· 金屬(금속) : 쇠붙이.
· 所屬(소속) : 어떤 기관이나 단체에 딸림.
· 從屬(종속) : 딴 사물에 딸리어 붙음.
· 直屬(직속) : 직접 딸림.

損	덜 손:	一 扌 扌 扌 扩 扩 捐 捐 捐 捐 捐 損 損
	手(扌), 총13획	감하다, 잃다, 상하다, 손해

약)

음) 傷(다칠 상), 失(잃을 실)

상) 得(얻을 득), 益(더할 익), 增(더할 증)

사) 損上益下(손상익하)

· 損失(손실) : 덜리거나 축이 나서 잃어버림.
· 損益(손익) : 손해와 이익.
· 損害(손해) : 본디에서 덜리거나 해롭게 되는 일.
· 缺損(결손) : 모자람. 한 부분이 없어서 불완전함.
· 破損(파손) : 깨어져 못 쓰게 됨.

松	소나무 송	一 十 才 才 木 朴 朴 松 松
	木, 총8획	

약)

음)

상)

사) 落落長松(낙락장송)

· 松林(송림) : 솔숲.
· 松葉(송엽) : 솔잎.
· 松竹(송죽) : 소나무와 대나무.
· 松板(송판) : 소나무의 널빤지.
· 白松(백송) : 소나무과의 늘푸른 큰키나무.

頌	칭송할/ 기릴 송:	′ 八 公 公 公 公 公 頌 頌 頌 頌 頌 頌
	頁, 총13획	

약)

음) 讚(기릴 찬), 稱(일컬을 칭)

상)

사)

· 頌歌(송가) : 공덕을 찬미하는 노래.
· 頌德(송덕) : 공덕을 일컬어서 기림.
· 頌祝(송축) : 경사스러움을 찬양하고 축하함.
· 讚頌(찬송) : 덕을 기리어 노래함.
· 稱頌(칭송) : 공덕을 일컬어 기림. 또는 그 말.

1
2
3
3ㅛ
4
4ㅛ
5
6
7
8

322

秀	빼어날 수 禾, 총7획	一 二 千 禾 禾 秀 秀

傑(뛰어날 걸), 俊(준걸 준, 3)

- 秀麗(수려) : 빼어나게 아름다움.
- 秀色(수색) : 뛰어나게 아름다운 경치.
- 秀才(수재) : 머리가 좋고 재주가 뛰어난 사람.
- 優秀(우수) : 여럿 가운데 뛰어남.
- 最優秀(최우수) : 가장 우수함.

叔	아재비 숙 又, 총8획	丨 卜 上 ‡ ‡ 未 叔 叔

- 叔母(숙모) : 작은어머니.
- 叔父(숙부) : 작은아버지.
- 叔行(숙항) : 아저씨뻘이 되는 항렬.
- 堂叔(당숙) : '종숙從叔'을 친근하게 일컫는 말.
- 外叔(외숙) : 어머니의 남자 형제.

肅	엄숙할 숙 聿, 총12획	一 ㄱ ∃ ⋿ ⼹ ⼹ ⼹ ⼹ ⼹ ⼹ 肅 肅 공경하다, 삼가다, 엄하다

肅

嚴(엄할 엄)

- 肅然(숙연) : 고요하고 엄숙함.
- 肅淸(숙청) : 불순한 이들을 없앰.
- 嚴肅(엄숙) : 장엄하고 정숙함.
- 自肅(자숙) : 제 행동을 스스로 삼가서 조심함.
- 靜肅(정숙) : 조용하고 엄숙함.

崇	높을 숭 山, 총11획	` `` ``` ``` ``` ``` ``` ``` ``` ``` 崇 높이다, 존중하다

· 崇高(숭고) : 존엄하고 고상함.
· 崇禮門(숭례문) : 남대문. 서울 4대문의 하나로, 남쪽에 있는 정문.
· 崇文(숭문) : 문예를 숭상함.
· 崇拜(숭배) : 거룩하게 높여 공경함.
· 尊崇(존숭) : 존경하고 숭배함.

高(높을 고), 尊(높을 존)

崇德廣業(숭덕광업)

氏	각시/성씨 씨 氏, 총4획	` ` ` 氏

· 氏族(씨족) : 같은 조상에서 나온 일족.
· 無名氏(무명씨) : 이름 없는 이.
· 姓氏(성씨) : '姓'을 높여 부르는 말.
· 宗氏(종씨) : 같은 성으로 촌수를 따지지 않는 족속.
· 從氏(종씨) : 자기 사촌형을 높여서 이르는 말.

額	이마 액 頁, 총18획	` ` ` ` ` ` ` ` ` ` ` ` ` 額 額 額 額 額 머릿수, 현판, 편액, 일정한 액수

· 額子(액자) : 그림 따위를 넣어 벽에 거는 틀.
· 金額(금액) : 돈의 액수.
· 殘額(잔액) : 나머지 금액.
· 差額(차액) : 차이 나는 액수.
· 總額(총액) : 전체의 액수.

銅頭鐵額(동두철액)

樣	모양 양 木, 총15획	一 十 オ オ 术 材 栏 栏 栏 栏 样 样 様 様 様 본보기, 무늬

- 약: 样
- 유: 態(모습 태)
- 상:
- 사: 各樣各色(각양각색),
多種多樣(다종다양)

· 樣相(양상) : 생김새나 모습.
· 樣式(양식) : 일정한 모양과 방식.
· 各樣(각양) : 각가지 모양.
· 多樣(다양) : 모양이나 양식이 여러 가지임.
· 外樣(외양) : 겉모양.

嚴	엄할 엄 口, 총20획	' ' ' ' 吅 吅 吅 岬 岬 岬 岬 岬 岬 严 严 嚴 嚴 嚴 嚴 혹독히다, 높다, 산가다, 엄숙하다, 경계

- 약:
- 유: 肅(엄숙할 숙)
- 상:
- 사: 嚴正中立(엄정중립)

· 嚴格(엄격) : 언행이 엄숙하고 딱딱함.
· 嚴禁(엄금) : 엄하게 금지함.
· 嚴命(엄명) : 엄한 명령.
· 嚴密(엄밀) : 매우 세밀함.
· 嚴重(엄중) : 몹시 엄함.

與	더불/줄 여: 臼, 총14획	' 「 F F F F 片 角 甪 甪 甪 與 與 與 같이하다, 참여하다, 허락하다, 돕다, 및, (여당)

- 약: 与
- 유: 授(줄 수), 參(참여할 참)
- 상: 野(들 야)
- 사: 與民同樂(여민동락),
與世推移(여세추이)

· 與信(여신) : 금융기관에서 고객에게 돈을 빌려주는 일.
· 與野(여야) : 여당과 야당.
· 給與(급여) : 돈이나 물품을 줌.
· 授與(수여) : 증서 · 상품 · 훈장 따위를 줌.
· 參與(참여) : 무슨 일에 참가하여 관계함.

域	지경 역 土, 총11획	一 十 土 圹 圹 圹 圹 域 域 域 구역, 나라, 경계를 짓다

약
유
상
형

· 廣域(광역) : 넓은 지역이나 구역.
· 區域(구역) : 일정하게 갈라놓은 지역이나 범위.
· 領域(영역) : 영향이나 세력이 미치는 범위.
· 異域(이역) : 다른 나라의 땅.
· 地域(지역) : 일정한 땅의 구역.

易	바꿀 역, 쉬울 이: 日, 총8획	⼁ 冂 冃 曱 曱 昜 易 易 주역周易, 편하다(이), 경시하다(이)

약
유 貿(바꿀 무, 3Ⅱ), 變(변할 변)
상 難(어려울 난)
형 移風易俗(이풍역속)

· 交易(교역) : 물건을 서로 사고 파는 일.
· 變易(변역) : 변하여 바뀜. 변하여 바꿈.
· 難易(난이) : 어려움과 쉬움.
· 容易(용이) : 쉬움.
· 平易(평이) : 까다롭지 않고 쉬움.

延	늘일 연 廴, 총7획	一 丿 千 延 延 延 延 끌다, 잇다, 지체되다

약
유
상
형 雨天順延(우천순연)

● 틀리기 쉬운 한자
廷(조정 정, 3Ⅱ)

· 延期(연기) : 정한 때를 뒤로 물림.
· 延命(연명) : 목숨을 겨우 이어가는 것.
· 延人員(연인원) : 날마다 든 인원을 모두 합한 수효.
· 延長(연장) : 시간이나 물건의 길이 따위를 늘임.
· 延着(연착) : 정한 시각보다 늦게 닿음.

322

燃	탈 연 火, 총16획	` ′ ⺊ ⺊ ⻊ ⺊ ⺊ ⺊ ⺊ ⺊ ⺆ 炒 炒 炒 炒 炒 燃 燃 燃 燃

음

훈

상

縁木求魚(연목구어),
天生縁分(천생연분)

· 燃燈會(연등회) : 불교 행사의 하나.
· 燃料(연료) : 동력 따위를 얻기 위해 태우는 물질.
· 可燃性(가연성) : 불에 타는 성질.
· 內燃(내연) : 연료가 기관의 내부에서 폭발·연소함.
· 不燃(불연) : 불에 타지 않음.

緣	인연 연 糸, 총15획	` ⺉ ⺀ ⺀ ⺁ ⺀ 糸 糸 糹 紵 紵 絽 絡 絽 緣 緣 인하다, 언분, 가신, 좇다, 연줄

음

훈 因(인할 인)

상

縁木求魚(연목구어)
天生縁分(천생연분)

· 緣故(연고) : 까닭.
· 緣分(연분) : 하늘에서 마련한 인연.
· 因緣(인연) : 연분. 어떤 사물과의 관계.
· 地緣(지연) : 지역을 바탕으로 하는 인연.
· 血緣(혈연) : 핏줄.

鉛	납 연 金, 총13획	′ ⺉ ⺊ ⺀ ⼇ ⻏ ⻏ 金 金 釒 鉛 鉛 鉛

음

훈

상

화

· 鉛毒(연독) : 납에 함유되어 있는 독.
· 鉛直線(연직선) : 지평선과 직각을 이루는 수직선.
· 鉛筆(연필) : 필기 용구의 한 가지.
· 鉛活字(연활자) : 납 활자.
· 黑鉛(흑연) : 육방정계에 딸린 순수한 탄소로 된 광물.

映	비칠 영(:)	｜ Ⅱ 日 日 日 日▼ 日▲ 映 映
	日, 총9획	

※첫 음절에서 장음과 단음 두 가지로 발음됨.

· 映窓(영:창) : 방과 마루 사이의 두 쪽 미닫이의 창.
· 映畵(영화) : 실재처럼 느끼게 하는 극예술의 하나.
· 映寫(영사) : 영화나 환등 따위를 비치어 나타내는 일.
· 上映(상:영) : 영화를 공개함.

營	경영할 영	' '' '' '' '' '' '' '' '' '' '' 燃 焚 焚 焚 焚 營 營 營
	火, 총17획	짓다, 계획하다, 진영, 집

營

· 營業(영업) : 영리를 목적으로 하는 사업.
· 營爲(영위) : 일을 경영함.
· 經營(경영) : 기업이나 사업을 관리하고 운영함.
· 國營(국영) : 나라에서 하는 경영.
· 運營(운영) : 일을 조직적으로 해나감.

324

迎	맞을 영	' ⌐ ⌐ 印 印 印 迎 迎
	辵(辶), 총8획	마중하다, 마중

送(보낼 송)

送舊迎新(송구영신)

· 迎神(영신) : 제사 때 신을 맞아들임.
· 迎入(영입) : 맞아들임.
· 迎接(영접) : 손님을 맞아서 대접함.
· 迎合(영합) : 서로 뜻이 맞음.
· 歡迎(환영) : 기꺼이 맞음.

豫	미리 예:	ノ ヲ ヲ ヲ ヲ ヲ ヲ ヲ 扝 秄 豻 豻 豫 豫 豫 豫
	豕, 총16획	기뻐하다, 머뭇거리다, 즐기다, 참여하다

 子

· 豫決(예결) : 예산과 결산.
· 豫防(예방) : 미리 막음.
· 豫習(예습) : 배우지 않은 것을 미리 학습함.
· 豫約(예약) : 미리 약속함. 또는 그 약속.
· 豫測(예측) : 미리 짐작하는 것.

상 決(결단할 결)

優	넉넉할 우	ノ イ イⁿ イⁿ イ⺀ イ⺀ イ⺀ イ⺀ 俨 俨 俨 俨 優 優 優 優
	人(亻), 총17획	도탑다, 후하다, 뛰어나다, 부드럽다

· 優待(우대) : 특별히 잘 대우함. 또는 그런 대우.
· 優等(우등) : 우수한 수준.
· 優勢(우세) : 형세가 상대편보다 나음.
· 優勝(우승) : 첫째로 이김.
· 優位(우위) : 남보다 유리한 위치나 입장.

상 劣(못할 렬, 3)

遇	만날 우:	l ⼞ ⼞ ⼞ ⼞ ⼞ 月 禺 禺 禺 遇 遇 遇 遇
	辵(辶), 총13획	대접하다, 등용되다, 마침

· 境遇(경우) : 놓이는 조건이나 사정 또는 형편.
· 待遇(대우) : 어떤 사회적 관계나 태도로 남을 대함.
· 不遇(불우) : 형편이 딱하고 어려움.
· 禮遇(예우) : 예로써 정중히 맞음.

郵	우편 우	ノ ニ ニ 三 チ チ 芹 垂 垂 垂 郵 郵
	邑(阝), 총11획	역참, 역말

- 郵送(우송) : 우편으로 보냄.
- 郵政局(우정국) : 예전에 체신부의 한 국. 우편 행정에 관한 사항을 맡아 봄.
- 郵便物(우편물) : 우편으로 전달되는 편지나 소포 따위.
- 郵票(우표) : 요금으로 우편물에 붙이는 작은 증표.

怨	원망할 원:	ノ ク タ ダ 処 処 怨 怨 怨
	心, 총9획	미워하다, 원수

恨(한 한)
恩(은혜 은), 惠(은혜 혜)

- 怨望(원망) : 억울하고 분하여 탓하거나 미워함.
- 怨聲(원성) : 원망하는 소리.
- 怨恨(원한) : 원통하고 한되는 생각.
- 宿怨(숙원) : 오래된 묵은 원한.
- 恩怨(은원) : 은혜와 원한.

援	도울 원:	一 十 扌 扌 扌 扩 扩 扩 擅 援 援
	手(扌), 총12획	당기다, 잡다, 구원하다, 도움

救(구원할 구)
孤立無援(고립무원)

- 援助(원조) : 도와줌.
- 救援(구원) : 구하여 도와줌.
- 聲援(성원) : 소리 지르며 응원함.
- 應援(응원) : 운동경기 따위에서 성원함.
- 支援(지원) : 지지하여 도움.

● 틀리기 쉬운 한자
拔(뽑을 발, 3)

1
2
3급
4
4급
5
6
7
8

源	근원 원 水(氵), 총13획	` ` ` 氵 氵 沪 沪 沪 沪 沪 源 源 源

- ·源流(원류) : 물의 원천. 사물이 일어나는 근원.
- ·源泉(원천) : 물의 근원. 사물의 근원.
- ·根源(근원) : 물이 나오는 곳. 근본이나 원인.
- ·資源(자원) : 어떤 목적에 이용되는 인적·물적 근원.
- ·電源(전원) : 전기가 생겨 나오는 근원.

危	위태할 위 卩(㔾), 총6획	ノ ㇒ ㇗ ㅜ 产 危 두려워하다, 높다

- ·危急(위급) : 위태롭고 급한 상태.
- ·危重(위중) : 병세가 대단히 중함.
- ·危害(위해) : 위험한 재해.
- ·危險(위험) : 위태하고 험함.
- ·安危(안위) : 편안함과 위태함.

상 安(편안 안)
송 居安思危(거안사위), 見危授命
(견위수명), 危機一髮(위기일발)

圍	에워쌀 위 囗, 총12획	丨 冂 冂 冃 冃 冃 圉 圉 圉 圍 圍 둘레, 포위, 둘러싸다, 두르다

약 囲
우 周(두루 주), 包(쌀 포)
- ·四圍(사위) : 사방의 둘레.
- ·周圍(주위) : 둘레. 주변을 둘러싸고 있는 환경.
- ·包圍(포위) : 둘레를 에워쌈.
- ·解圍(해위) : 포위한 것을 풂.

| 委 | 맡길 위
女, 총8획 | 一 二 千 壬 禾 秃 委 委
버리다, 자세하다 |

- 委員(위원) : 위원회를 구성하는 사람.
- 委員會(위원회) : 특정 목적 아래 위원으로 구성된 합의체.
- 委任(위임) : 어떤 일을 맡김. 또는 그 맡은 책임.
- 分科委(분과위) : 분과위원회.
- 常任委(상임위) : 상임위원회.

| 威 | 위엄 위
女, 총9획 | 丿 厂 厂 戶 反 反 威 威 威
세력, 힘, 거동, 으르다 |

- 威力(위력) : 위압하는 힘.
- 威勢(위세) : 위엄 있는 기세.
- 威信(위신) : 위엄과 신망.
- 威嚴(위엄) : 점잖고 엄숙함.
- 示威(시위) : 위력을 보임.

威風堂堂(위풍당당)

| 慰 | 위로할 위
心, 총15획 | 一 尸 尸 尺 尺 尽 厚 厚 厚 尉 尉 尉 慰 慰
慰 |

- 慰勞(위로) : 고달픔이나 괴로움을 풀도록 따뜻이 대함.
- 慰問(위문) : 위로하려고 문안함.
- 慰安(위안) : 위로하여 마음을 편하게 함.
- 自慰(자위) : 제 마음을 스스로 위로함.

乳	젖 유 乙(乚), 총8획	´ ´ ´ ´ ´ ´ ´ ´ 乳 젖 모양의 것, 젖 먹이다

· 乳母(유모) : 어머니 대신 젖 먹여 길러주는 여자.
· 乳齒(유치) : 배냇니. 젖니.
· 母乳(모유) : 제 어머니의 젖.
· 粉乳(분유) : 가루우유.
· 牛乳(우유) : 암소의 젖

儒	선비 유 人(亻), 총16획	′ ′ ′ ′ ′ ′ ′ ′ ′ ′ ′ ′ ′ 儒 儒 儒 유학, 유교

🐷 老士宿儒(노사숙유)

· 儒家(유가) : 유교儒敎의 학자나 학파.
· 儒林(유림) : 유도儒道를 닦는 학자들.
· 儒佛(유불) : 유교와 불교.
· 儒生(유생) : 유도를 닦는 선비.
· 儒學(유학) : 유교의 학문.

遊	놀 유 辵(辶), 총13획	′ ㆍ ㆍ ㅎ ㅎ ㅎ ㅎ ㅎ 㳘 㳘 游 游 遊 遊 즐기다, 떠돌다, 사귀다

· 遊覽(유람) : 돌아다니며 구경함.
· 遊說(유세) : 돌아다니며 제 뜻을 말하는 일.
· 遊休地(유휴지) : 쓰지 않고 놀리는 땅.
· 遊興(유흥) : 흥취 있게 놂.
· 周遊(주유) : 두루 다니면서 놂.

| 遺 | 남길 유
辵(辶), 총16획 | `一 ⼀ ⼝ 中 虫 史 虫 串 串 青 貴 貴 貴 遺 遺`
`遺 遺`
끼치다, 잃다, 버리다 |

遺風餘俗(유풍여속)

· 遺物(유물) : 죽은 사람이나 지난 시대가 후세에 끼친 물건.
· 遺言(유언) : 죽을 때 부탁하여 남기는 말.
· 遺傳(유전) : 끼쳐 내려옴.
· 遺族(유족) : 죽은 뒤에 남아 있는 가족.
· 遺風(유풍) : 돌아간 조상이나 선배를 닮은 기풍.

● 틀리기 쉬운 한자
遣(보낼 견, 3)

| 隱 | 숨을 은
阜(阝), 총17획 | `' ⼽ ⼸ ⼸' ⼸⼸ ⼸⼸ ⼸⼸ ⼸⼽ ⼸⼸ ⼸⼸ ⼸⼸ 隆 隆 隆`
`隆 隱 隱`
숨기다, 가리다 |

隱

見(볼 견), 現(나타날 현),
顯(나타날 현)

· 隱居(은거) : 숨어서 삶.
· 隱密(은밀) : 숨어 있어서 형적이 드러나지 않음.
· 隱者(은자) : 은인隱人. 세상을 버리고 숨어 사는 사람.
· 隱退(은퇴) : 직임에서 물러나 한가히 삶.
· 內密(내밀) : 밖으로 드러나지 않음.

| 依 | 의지할 의
人(亻), 총8획 | `' ⼂ ⼂' ⼂⼆ ⼂⼆ ⼂⼂ ⼂⼂ 依`
전과 같다 |

· 依據(의거) : 어떤 사실에 근거함.
· 依舊(의구) : 옛 모양과 변함 없음.
· 依存(의존) : 의지하여 존재함.
· 依支(의지) : 몸을 기대거나 맡김.
· 依他(의타) : 남에게 의지함.

儀	거동 의 人(亻), 총15획	ノ イ イ イ゙ 作 作 佯 佯 佯 佯 儀 儀 儀 법도, 본보기, 예절

· 儀禮(의례) : 형식을 갖춘 예의.
· 儀式(의식) : 격식을 갖춘 행사.
· 儀典(의전) : 의식儀式.
· 儀節(의절) : 예절.
· 祝儀金(축의금) : 축하하는 뜻으로 내는 돈.

疑	의심할 의 疋, 총14획	^ ヒ ヒ ゙ ゚ 疋 彡 彳 彳゙ 彳゙ 舒 舒 疑 疑

半信半疑(반신반의)

· 疑問(의문) : 의심스러운 생각을 함.
· 疑問點(의문점) : 의심스러운 대목.
· 疑心(의심) : 확실하지 않거나 믿지 못해 이상히 여김.
· 質疑(질의) : 의심나거나 모르는 점을 물어서 밝힘.

異	다를 이: 田, 총11획	丨 冂 冖 ⺜ 吅 胃 胃 胃 畀 異 異 뛰어나다, 괴이하다, 이상하게 여기다

同(한가지 동)

老少異糧(노소이량), 大同小異
(대동소이), 異口同聲(이구동성),
異體同心(이체동심)

· 異國(이국) : 남의 나라.
· 異端(이단) : 정통에서 벗어나는 학설.
· 異同(이동) : 다른 것과 같은 것. 서로 같지 않음.
· 異變(이변) : 괴이한 변고. 상례에서 벗어나는 변화.
· 異色(이색) : 다른 빛깔. 색다른 것.

仁	어질 인	ノ イ 仁 仁
	人(亻), 총4획	인자하다, 사랑하다, 어진 이

약

유 慈(사랑 자, 3Ⅱ)

상

성 殺身成仁(살신성인), 仁者無敵(인자무적), 仁者樂山(인자요산)

· 仁術(인술) : 본뜻은 사람을 살리는 어진 기술이라는 뜻으로 '의술醫術'을 이름.
· 仁義(인의) : 어짊과 의로움.
· 仁者(인자) : 마음이 어진 사람.
· 仁政(인정) : 어진 정치.

姉	손위누이 자	乚 女 女 女' 圹 圹 妨 姉
	女, 총8획	

약

유

상 妹(손아래누이 매)

성

· 姉妹結緣(자매결연) : 자매의 관계를 맺는 일.
· 姉夫(자부) : 손윗누이의 남편.
· 姉兄(자형) : 손윗누이의 남편.

姿	모양 자:	一 ィ ケ ク ク カ 女 ヌ 姿 姿
	女, 총9획	맵시, 풍치

약

유 態(모습 태)

상

성

· 姿色(자색) : 여자의 고운 얼굴.
· 姿勢(자세) : 몸을 가지는 모양.
· 姿態(자태) : 몸을 가지는 태도와 맵시.
· 雄姿(웅자) : 웅장한 자태.

資	재물 자	、 ゞ ゙ ゙ ゙゙ ゙゙ ゙゙ ゙゙ 沓 沓 沓 沓 資 資 資 資
	貝, 총13획	자본, 바탕, 도움

음 財(재물 재), 質(바탕 질)

유

상

반

· 資金(자금) : 어떤 목적에 쓰이는 돈.
· 資本(자본) : 밑천.
· 資質(자질) : 타고난 성품이나 소질.
· 物資(물자) : 경제나 생활의 바탕이 되는 물건.
· 投資(투자) : 이익을 얻으려고 사업 밑천을 댐.

殘	남을/해칠 잔	一 ヮ ゙゙ ゙゙ ゙゙ ゙゙ ゙゙ ゙゙ ゙゙ 殘 殘 殘
	歹, 총12획	잔인하다, 멸하다, 죽이다, 사납다, 재앙

약 残

유 餘(남을 여)

상 骨肉相殘(골육상잔)

반

· 殘金(잔금) : 남은 돈.
· 殘留(잔류) : 남아서 처져 있음.
· 殘惡(잔악) : 잔인하고 악독함.
· 殘餘(잔여) : 처져 있는 나머지.
· 殘在(잔재) : 남아 있음.

雜	섞일 잡	' ー ナ ナ カ ホ ホ 立 产 卒 卒 采 粂 粂 粂
		粂 雜 雜 雜
	隹, 총18획	어수선하다, 번거롭다, 함께

약 雑

유

상

반 純一無雜(순일무잡)

· 雜技(잡기) : 여러 가지 자질구레한 기예.
· 雜念(잡념) : 여러 가지 잡다한 생각.
· 雜談(잡담) : 실속 없이 지껄이는 말.
· 雜音(잡음) : 시끄러운 소리.
· 雜誌(잡지) : 여러 글을 모아 펴내는 정기 간행물.

壯	장할 장 :	ㅣ � � elements
	士, 총7획	씩씩하다, 굳세다, 웅장하다

- 壯觀(장관) : 굉장하여 볼 만한 광경.
- 壯談(장담) : 아주 자신 있게 말함.
- 壯烈(장렬) : 의기가 씩씩하고 열렬함.
- 壯士(장사) : 기개와 체질이 썩 굳센 사람.
- 壯快(장쾌) : 퍽 상쾌함.

약 壯
유
상
성 老當益壯(노당익장),
血氣方壯(혈기방장)

獎	장려할 장(:)	ㅣ � 獎
	犬, 총15획	권면하다, 칭찬하다, 돕다

약 獎
유 勸(권할 권)
상
성

● 속자
奬

※ 첫 음절에서 장음과 단음 두 가지로 발음됨.
- 獎學金(장:학금) : 학문 연구를 돕기 위해 주는 돈.
- 獎學生(장:학생) : 장학금을 받는 학생.
- 獎忠壇(장충단) : 군인의 영령을 제사 지내던 곳.
- 勸獎(권장) : 권하여 장려함.

帳	장막 장	ㅣ ㅣ 帳
	巾, 총11획	휘장, 천막, 장부책

약
유
상
성

- 記帳(기장) : 장부에 적음.
- 日記帳(일기장) : 일기를 적는 책.
- 布帳(포장) : 베·무명 등으로 만든 휘장.
- 學習帳(학습장) : 학습에 쓰이는 공책.
- 揮帳(휘장) : 둘러치는 막.

334

| 張 | 베풀 장
弓, 총11획 | ㄱ ㄱ ㄹ ㄹ ㄱ ㄱ ㄱ ㄱ ㄱ ㄱ 張
당기다, 펴다, 자랑하다 |

- 張大(장대) : 넓고 큼.
- 張本人(장본인) : 일을 꾀하여 일으킨 사람.
- 主張(주장) : 자기의 뜻대로 굳게 내세움.
- 出張(출장) : 직무를 띠고 임시로 다른 곳으로 나감.

 張三李四(장삼이사),
虛張聲勢(허장성세)

| 腸 | 창자 장
肉(月), 총13획 | ㅣ ㅐ ㅐ ㅐ ㅐ ㅐ ㅐ ㅐ ㅐ 腹 腸 腸 腸 |

- 斷腸(단장) : 창자가 끊어짐. 심한 슬픔을 비유.
- 大腸(대장) : 큰창자.
- 小腸(소장) : 작은창자.
- 直腸(직장) : 곧은창자.

九折羊腸(구절양장)

| 裝 | 꾸밀 장
衣, 총13획 | ㅣ ㅐ ㅕ ㅕ ㅕ 牛 牛 壯 壯 壯 壯 壯 裝
치장하다, 옷, 행장 |

裝

- 裝備(장비) : 장치裝置와 설비.
- 假裝(가장) : 거짓 꾸밈.
- 女裝(여장) : 남자가 여자처럼 차림.
- 旅裝(여장) : 나그네의 몸차림.
- 服裝(복장) : 옷, 또는 옷차림.

底	밑 저:	`丶 一 广 广 庐 庐 底 底`
	广, 총8획	속, 바닥, 이르다

- 底力(저력) : 밑바탕에 깔려 있는 든든한 힘.
- 底邊(저변) : 밑바탕.
- 底本(저본) : 문서 또는 저작물의 초고. 원본.
- 底意(저의) : 속뜻.
- 基底(기저) : 무슨 일의 기초가 되는 것.

積	쌓을 적	`一 二 千 千 禾 禾 禾 秆 秆 秆 秸 秸 秸 秸`
	禾, 총16획	`積 積`

- 積極(적극) : 활동적이고 철저한 것.
- 積金(적금) : 금융기관에 정해진 대로 해가는 저금.
- 積立(적립) : 모아서 쌓아둠.
- 積善(적선) : 착한 일을 많이 함.
- 蓄積(축적) : 모아서 쌓음.

累(여러 루, 3), 蓄(모을 축)

積小成大(적소성대),
積土成山(적토성산)

336

籍	문서 적	`' ^ ^ ^ ^^ ^^ ^^ ^^ ^^ 竺 竺 笋 笋 笋 笋 笋`
	竹, 총20획	`笋 笋 笋 籍 籍 籍`
		서적, 호적

- 國籍(국적) : 국가 구성원으로서의 자격·신분.
- 本籍(본적) : 일정한 곳에 고정해둔 호적.
- 書籍(서적) : 책.
- 典籍(전적) : 책.
- 學籍(학적) : 교육 관리상 필요한, 학생에 관한 기록.

書(글 서), 典(법 전)

績	길쌈 적 糸, 총17획	` ㄠ ㄠ ㅅ ㅅ ㅅ 糸 紅 紀 紲 緒 績 績 績 績 績 공, 일, 사업

- 功績(공적) : 공로의 실적.
- 成績(성적) : 해온 일이나 사업 따위의 결과.
- 實績(실적) : 실제의 업적 또는 공적.
- 業績(업적) : 사업에서 세운 공적.
- 治績(치적) : 잘 다스린 공적.

賊	도둑 적 貝, 총13획	l 冂 冂 目 目 貝 貝 貝 貯 貯 賊 賊 賊 도둑질, 역적, 죽이다, 해치다

盜(도둑 도)

亂臣賊子(난신적자)

- 山賊(산적) : 산속에서 재물을 빼앗는 도적.
- 逆賊(역적) : 제 나라를 반역하는 사람.
- 義賊(의적) : 부정한 재물을 훔쳐 나눠주는 도둑.
- 海賊(해적) : 바다에서 재물을 빼앗는 도적.
- 火賊(화적) : 불한당.

適	맞을 적 辵(辶), 총15획	` ㆍ ㆍ ㆍ ㆍ 商 商 商 商 商 商 商 適 適 適 마땅하다, 가다, 마침, 맞아들

適者生存(적자생존),
適材適所(적재적소)

- 適格(적격) : 일정한 규정이나 조건에 알맞은 자격.
- 適期(적기) : 알맞은 시기.
- 適當(적당) : 알맞음.
- 適任(적임) : 어떠한 임무에 마땅함.
- 適切(적절) : 꼭 알맞음.

專

오로지 전

寸, 총11획

一 丅 亓 冃 亘 亩 亩 叀 叀 專 專

제멋대로 하다, 전일하다

약

유

상

성 專心致志(전심치지)

- 專攻(전공) : 전문적으로 연구함.
- 專門(전문) : 어떤 일만을 맡아 하거나 연구하는 것.
- 專心(전심) : 마음을 한 군데에만 기울임.
- 專業(전업) : 전문으로 하는 직업이나 사업.
- 專用(전용) : 혼자서만 씀.

轉

구를 전:

車, 총18획

一 丅 亓 冃 日 亘 車 車 軎 軻 軻 輀 輀 輔 輔 轉 轉 轉

옮기다, 넘어지다

약 転

유 移(옮길 이)

상

성 急轉直下(급전직하), 心機一轉(심기일전)

- 轉落(전락) : 굴러 떨어짐.
- 轉入(전입) : 다른 데서 옮겨옴.
- 轉職(전직) : 직업이나 직무를 바꾸어 옮김.
- 轉學(전학) : 다른 학교로 학적을 옮겨가서 배움.
- 回轉(회전) : 빙빙 돎.

錢

돈 전:

金, 총16획

丿 人 亼 亼 仒 仒 余 金 金 釒 鈛 鈛 錢 錢 錢 錢

약 銭

유

상

성

- 錢穀(전곡) : 돈과 곡식.
- 口錢(구전) : 흥정을 붙여주고 양쪽으로부터 받는 돈.
- 急錢(급전) : 급히 쓸 돈.
- 金錢(금전) : 돈.
- 銅錢(동전) : 구리로 만든 돈.

折	꺾을 절 手(扌), 총7획	一 扌 扌 扩 扩 扩 折 타협하다, 일찍 죽다

약
유 層(층 층)
상
성 九折羊腸(구절양장), 百折不屈(백절불굴)

· 折半(절반) : 하나를 가른 반.
· 曲折(곡절) : 복잡한 사정이나 까닭.
· 骨折(골절) : 뼈가 부러짐.
· 層折(층절) : 층이 지고 꺾임.

占	점령할 점:, 점칠 점 卜, 총5획	丨 卜 卜 占 占 차지하다

약
유
상
성

· 占居(점거) : 어떤 곳을 차지하여 삶.
· 占領(점령) : 일정한 땅이나 대상을 차지함.
· 占術(점술) : 점을 치는 술법.
· 占有(점유) : 차지하여 제 것으로 삼음.
· 獨占(독점) : 독차지.

點	점 점(:) 黑, 총17획	丨 口 口 四 四 四 甲 里 里 里 黑 黑 黑 點 點 點 點 물방울, 조사하다, 불 켜다

약 点, 奌
유
상
성 點鐵成金(점철성금)

※첫 음절에서 장음과 단음 두 가지로 발음됨.
· 點心(점:심) : 낮에 끼니로 먹는 음식.
· 點檢(점검) : 자세히 또는 낱낱이 검사함.
· 點線(점선) : 많은 점을 이어서 이루어진 선.
· 點數(점수) : 성적을 나타내는 숫자.

| 丁 | 고무래/
장정 정
一, 총2획 | 一 丁

넷째 천간 |

약
유
상
훈 目不識丁(목불식정)

· 丁夜(정야) : 하룻밤을 갑·을·병·정·무의 다섯으로 나눈
  넷째 시각. 새벽 1시~3시 사이.
· 軍丁(군정) : 군적에 있는 지방의 장정.
· 男丁(남정) : 열다섯 살이 넘은 사내.
· 兵丁(병정) : 병역에 복무하는 장정.
· 壯丁(장정) : 나이가 젊고 건장한 남자.

| 整 | 가지런할 정:
攵(攴), 총16획 | 一 厂 厂 厄 申 東 東 剌 敕 敕 敕 敕 整
整 整 |

약
유
상
훈

· 整列(정렬) : 가지런하게 벌여 섬.
· 整理(정리) : 어수선하던 것을 바로잡아 다스림.
· 整備(정비) : 정돈하여 갖춤.
· 整然(정연) : 질서 있고 가지런함.

| 靜 | 고요할 정
靑, 총16획 | 一 一 一 主 主 丰 靑 靑 靑 靑 靜 靜 靜 靜
靜 靜

깨끗하다, 쉬다, 조용하다 |

약
유
상 動(움직일 동)
훈 一動一靜(일동일정)

· 動靜(동정) : 전개되거나 변화되는 낌새나 상태.
· 靜脈(정맥) : 피를 심장으로 돌려보내는 핏줄.
· 靜態(정태) : 움직임을 멎고 가만히 있는 상태.
· 安靜(안정) : 편안하고 고요함.
· 平靜(평정) : 평온하고 고요함.

帝	임금 제:	` 一 宀 宀 产 产 产 帝 帝
	巾, 총9획	

약

유 王(임금 왕), 皇(임금 황, 3Ⅱ)

상

성

· 帝國(제국) : 황제가 다스리는 나라.
· 帝王(제왕) : 황제와 국왕을 통틀어 이르는 말.
· 帝位(제위) : 황제나 임금의 자리.
· 上帝(상제) : 하늘을 다스리는 신.
· 天帝(천제) : 하늘을 다스리는 신.

條	가지 조	` 亻 亻 丫 ヤ ヤ 伦 仫 條 條 條
	木, 총11획	조리, 맥락, 조목, 법규

약 条

유

상

성 金科玉條(금과옥조)

· 條件(조건) : 내놓는 요구나 의견.
· 條例(조례) : 조목조목 적어놓은 규칙이나 법령.
· 條目(조목) : 낱낱의 조항이나 항목.
· 條約(조약) : 조문으로 맺는 약속.
· 信條(신조) : 결심하여 믿는 조목.

潮	조수/밀물 조	` ` 氵 氵 浐 浐 浐 浐 浐 潮 潮 潮 潮 潮
	水, 총15획	바닷물, 밀물이 들어오다

약

유

상

성

· 潮流(조류) : 바닷물의 수평 운동.
· 潮水(조수) : 주기적으로 들어왔다 나갔다 하는 바닷물.
· 滿潮(만조) : 가장 꽉 찬 밀물.
· 思潮(사조) : 사상의 시대적인 경향.
· 風潮(풍조) : 시대에 따라 변하는 세태.

| 組 | 짤 조
糸, 총11획 | ' ㄠ ㄠ ㄠ 糸 糸 糸 紀 紀 紀 組
베를 짜다, 끈, 조직하다 |

織(짤 직)

· 組立(조립) : 짜 맞춤, 또는 그 짜 맞춘 것.
· 組織(조직) : 여럿이 모여 하나의 유기적 집합체를 이룸.
· 組暴(조폭) : 조직폭력배.
· 組合(조합) : 여럿을 모아 한 덩이가 되게 함.
· 組合員(조합원) : 조합의 구성원.

| 存 | 있을 존
子, 총6획 | 一 ナ オ 右 存 存
안부를 묻다, 살아 있다, 보존하다 |

在(있을 재)

亡(망할 망), 廢(폐할 폐, 3)

適者生存(적자생존)

· 存立(존립) : 생존하여 자립함.
· 存亡(존망) : 존속과 멸망. 또는 삶과 죽음.
· 存在(존재) : 실제로 있음, 또는 있는 그것.
· 存置(존치) : 그대로 두어둠.
· 共存(공존) : 둘 이상이 함께 있음.

| 從 | 좇을 종(:)
彳, 총11획 | ' ' ' ' ' ' ' ' ' 彳 彳 彳 彳 彴 彸 從 從
일하다, 조용하다, 친족의 관계를 나타내는 말 |

主(주인 주)

女必從夫(여필종부),
類類相從(유유상종)

※첫 음절에서 장음과 단음 두 가지로 발음됨.
· 從弟(종:제) : 사촌 아우.
· 從祖父(종:조부) : 할아버지의 형이나 아우.
· 從事(종사) : 어떤 일을 일삼아서 함.
· 從前(종전) : 이전부터의 그대로.

| 鍾 | 쇠북 종
金, 총17획 | ´
鍾 鍾 鍾
술잔, 모이다 |

- 鍾路(종로) : 서울의 종각이 있는 거리.
- 鐘聲(종성) : 종소리.
- 鍾乳石(종유석) : 돌고드름.
- 自鳴鍾(자명종) : 일정한 시각에 울리는 시계.
- 打鍾(타종) : 종을 침.

| 座 | 자리 좌:
广, 총10획 | ` ´ ナ 广 广 广 座 座 座 座 |

席(자리 석)

- 座談(좌담) : 자리를 마주하고 하는 이야기.
- 座席(좌석) : 앉는 자리.
- 座長(좌장) : 여럿이 모인 자리에서 으뜸이 되는 어른.
- 座中(좌중) : 여러 사람이 모인 자리.
- 講座(강좌) : 대학에서 교수가 강의를 분담하는 학과. 일정한 주제에 따른 강의 형식을 취하여, 체계적으로 편성한 강습 회나 출판물·방송 따위.

| 周 | 두루 주
口, 총8획 | ´ ノ 冂 冃 用 冎 冎 周 周
둘레, 주나라, 두루 미치다 |

圍(에워쌀 위)

- 圓周(원주) : 원의 둘레.
- 周邊(주변) : 둘레의 언저리.
- 周知(주지) : 여러 사람이 두루 앎.
- 周波數(주파수) : 1초 동안에 되풀이되는 주파의 횟수.
- 一周(일주) : 한 바퀴를 돎, 또는 그 한 바퀴.

朱	붉을 주 木, 총6획	ノ 厂 仁 牛 牛 朱

약

유 紅(붉을 홍)

상

반 近朱者赤(근주자적)

- 朱紅(주홍) : 주홍빛.
- 朱黃(주황) : 주황빛.
- 印朱(인주) : 도장 찍는 데 쓰는 붉은빛의 재료.

酒	술 주(:) 酉, 총10획	` ` ` 冫 厂 沪 沔 沔 酒 酒 酒

약

유

상

반

※첫 음절에서 장음과 단음 두 가지로 발음됨.
- 酒酊(주:정) : 술 취해 정신없이 하는 짓. * 酊(술취할 정, 1)
- 酒客(주객) : 술꾼.
- 酒量(주량) : 술을 먹는 분량.
- 酒店(주점) : 술집.

證	증거 증 言, 총19획	` 亠 亠 亖 言 言 言 訁 訁 訐 訐 訐 訞 證 證 證 證 證 證 증명하다, 알리다

약 証

유

상

반

- 證明(증명) : 증거로 사물을 밝혀 확실하게 함.
- 證言(증언) : 사실을 증명하거나 증거가 되는 말.
- 檢證(검증) : 검사하여 증명함.
- 領收證(영수증) : 영수하였다는 표로 쓰는 증서.
- 確證(확증) : 확실한 증거.

持	가질 지	一 十 扌 扌 扩 扩 扶 持 持
	手(扌), 총9획	지니다, 보전하다, 돕다, 잡다

약
유
상
성

· 持論(지론) : 늘 가지고 있는 의론.
· 持病(지병) : 오래 가지고 있는 병.
· 持分(지분) : 제 소유로 있는 몫.
· 持續(지속) : 유지하여 오래 계속함.
· 持參(지참) : 물건을 가지고 참석함.

智	지혜/슬기 지	' ′ ∽ ≒ 矢 知 知 知 知 智 智 智
	日, 총12획	

약
유
상
성

· 智德(지덕) : 지혜와 덕행.
· 智略(지략) : 슬기와 꾀.
· 機智(기지) : 경우에 따라 재빠르게 대처하는 슬기.
· 衆智(중지) : 여러 사람의 지혜.

誌	기록할 지	ー ニ ≡ ≡ ᾱ ᾱ 言 言 言一 訐 訐 誌 誌 誌
	言, 총14획	외다, 기억하다, 표지

약
유
상
성

· 校誌(교지) : 학생이 교내에서 편집, 발행하는 잡지.
· 邑誌(읍지) : 읍의 역사, 지리, 풍속 등을 적은 책.
· 日誌(일지) : 날마다 직무에서의 사실을 적는 책.
· 學術誌(학술지) : 학술에 관한 전문적 글을 싣는 책.
· 會誌(회지) : 모임에서 펴내는 기관지.

織	짤 직 糸, 총18획	` ＾ ＾ ＾ 糸 糸 糸 糸 糸 糸 糸 絆 絆 絆 絆 絆 絈 織 織 織 베를 짜다, 조직하다, 만들다, 직물

組(짤 조)

· 織女(직녀) : 길쌈하는 여자. 직녀성.
· 織女星(직녀성) : 별 이름.
· 織物(직물) : 피륙 및 섬유로 짠 물건.
· 織造(직조) : 틀로 피륙 따위를 짜는 일.
· 毛織(모직) : 털실로 짠 피륙.

珍	보배 진 玉, 총9획	` ＝ Ｆ Ｆ Ｅ Ｅ 王 王 王 王 珍 珍 맛있는 음식, 희귀하다, 진귀하게 여기다

珎

寶(보배 보)

山海珍味(산해진미)

· 珍貴(진귀) : 보배롭고 귀중함.
· 珍奇(진기) : 진귀하고 기이함.
· 珍味(진미) : 음식의 썩 좋은 맛.
· 珍寶(진보) : 진귀한 보배.
· 珍重(진중) : 아주 소중히 여김.

盡	다할 진: 皿, 총14획	` ＝ ＝ ＝ 肀 肀 肀 肀 肀 肀 肀 肀 盡 盡 盡 없어지다, 끝나다, 죽다

尽

極(극진할 극)

苦盡甘來(고진감래), 勢窮力盡
(세궁역진), 盡忠報國(진충보국),
興盡悲來(흥진비래)

· 盡力(진력) : 있는 힘을 다함.
· 盡心(진심) : 마음을 다함. 정성을 다 기울임.
· 極盡(극진) : 정성이 더할 나위 없음.
· 未盡(미진) : 다하지 못함.
· 脫盡(탈진) : 원기가 다 빠져서 없어짐.

陣	진칠 진	` ⁊ ⻖ ⻖ ⻖ ⻖ ⻖ ⻖ ⻖ 陣
	阜(阝), 총10획	줄, 열, 진영

- 陣法(진법) : 진을 짜는 방법.
- 陣營(진영) : 진을 치고 있는 곳.
- 陣痛(진통) : 아이를 낳으려 할 때 배가 아픈 증세.
- 敵陣(적진) : 적의 진영이나 진지.
- 退陣(퇴진) : 진을 뒤로 물림.

差	다를 차	` ` ` ` ` ` ` ` ` 差
	工, 총10획	어긋나다, 틀리다, 병이 낫다, 조금

異(다를 이)

千差萬別(천차만별)

- 差度(차도) : 병이 조금씩 나아가는 정도.
- 差等(차등) : 차이가 나는 등급.
- 差別(차별) : 차이 나게 구별함.
- 差益(차익) : 뺄 것을 빼고 난 나머지의 이익.
- 差出(차출) : 사람을 뽑아냄.

讚	기릴 찬:	` ` ` ` ` ` ` ` ` ` ` ` ` ` ` ` ` ` 讚讚讚讚讚讚讚讚讚讚讚讚
	言, 총26획	칭찬하다, 밝히다

讚

頌(칭송할 송), 稱(일컬을 칭)

自畫自讚(자화자찬)

- 讚歌(찬가) : 찬미하거나 찬양하는 노래.
- 讚美(찬미) : 아름다운 것을 일컬어 기림.
- 讚辭(찬사) : 칭찬하는 말이나 글.
- 過讚(과찬) : 지나치게 칭찬함.
- 極讚(극찬) : 몹시 칭찬함.

採	캘 채:	‐ 十 扌 扌 扩 扩 扩 拧 挦 挦 採
	手(扌), 총11획	따다, 가려내다

- 採錄(채록) : 채집하여 적음.
- 擇(가릴 택)
- 採用(채용) : 사람을 골라서 씀.
- 採點(채점) : 시험 답안을 살펴 점수를 매김.
- 採集(채집) : 찾거나 캐거나 잡거나 하여 모음.
- 採取(채취) : 자연물에서 그 일부분을 베거나 떼어냄.

册	책 책	丿 刀 刀 刑 刑 册
	冂, 총5획	칙서, 봉하다

- 册
- 書(글 서)
- 册房(책방) : 책가게.
- 册床(책상) : 글을 읽거나 쓰는 데 받치고 쓰는 상.
- 册子(책자) : 책.
- 册張(책장) : 책의 낱낱의 장.
- 空册(공책) : 글씨를 쓸 수 있게 백지로 매어놓은 책.

泉	샘 천	′ 亻 宀 白 白 白 윾 윾 泉
	水, 총9획	

- 泉水(천수) : 샘에서 나는 물. 샘물.
- 九泉(구천) : 저승.
- 溫泉(온천) : 더운물이 솟는 샘.
- 寒泉(한천) : 찬물이 솟는 샘.
- 黃泉(황천) : 저승.

廳	관청 청 广, 총25획	` ー 广 广 广 广 广 广 广 广 广 广 广 广 广 广 庐 庐 庐 庐 廳 廳 廳 마루, 건물

 庁

· 廳舍(청사) : 관청의 사무실로 쓰이는 집.
· 廳長(청장) : 청廳의 우두머리.
· 官廳(관청) : 관리들이 나랏일을 보는 기관.
· 區廳(구청) : 구의 행정사무를 맡아보는 관청.
· 市廳(시청) : 시의 행정사무를 맡아보는 관청.

聽	들을 청 耳, 총22획	ー ┏ ┏ ┏ ┏ ┏ 耳 耳 耳 耳 耵 耵 聄 聄 聄 聤 聤 聽 聽 聽 聽 들어주다, 판결하다, 기다리다

약 聴
유 聞(들을 문)

· 聽講(청강) : 강의를 들음.
· 聽衆(청중) : 강연·설교 등을 듣는 군중.
· 聽取(청취) : 말이나 음악·방송 등을 들음.
· 視聽(시청) : 눈으로 보고 귀로 들음.
· 愛聽(애청) : 즐겨 들음.

招	부를 초 手(扌), 총8획	ー ┤ ┧ 扌 扪 拐 招 招

· 招待(초대) : 와달라고 청함.
· 招來(초래) : 어떤 결과를 가져옴.
· 招請(초청) : 청하여 부름.
· 招請狀(초청장) : 초청하는 뜻을 적은 편지.
· 自招(자초) : 스스로 부름.

推	밀 추/퇴 手(扌), 총11획	一 扌 扌 扌 扩 扩 扩 护 推 推 推 옮기다, 천거하다, 미루어 헤아리다

음

유 移(옮길 이)

상

성 與世推移(여세추이)

· 推理(추리) : 사리를 미루어서 생각함.
· 推移(추이) : 일이나 형편이 변하여 나아감.
· 推定(추정) : 미루어 생각하여 판정함.
· 推進(추진) : 밀고 나아감.
· 推測(추측) : 미루어 생각하여 헤아림.

縮	줄일 축 糸, 총17획	' ' ' ' ' ' ' ' 糸 糸 紣 紣 紣 紣 紣 縮 縮 縮 오그라들다, 올바르다, 세로

음

유

상 伸(펼 신, 3)

성

· 縮小(축소) : 줄여서 작게 만듦.
· 縮約(축약) : 규모를 축소하여 간략하게 함.
· 軍縮(군축) : 군비 축소
· 短縮(단축) : 시간이나 거리를 짧게 줄임.
· 壓縮(압축) : 많은 내용을 간추려 요약함.

就	나아갈 취: 尢, 총12획	' ' ' ' ' ' 古 古 亨 亨 京 就 就 이루다, 마치다

음

유 成(이룰 성), 進(나아갈 진)

상

성 所願成就(소원성취),
日就月將(일취월장)

· 就業(취업) : 일자리에 나아가 일을 함.
· 就任(취임) : 맡은 자리에 나아가 임무를 봄.
· 就職(취직) : 일정한 직업을 잡아 직장에 나아감.
· 去就(거취) : 어디로 가거나 다니거나 하는 동태.
· 成就(성취) : 목적한 대로 일을 이룸.

| 趣 | 뜻 취:
走, 총15획 | `⁻ ⁺ ⁺ ⁺ ⁺ ⁺ 走 走 赶 赶 赶 赶 趄 趣`
`趣`
풍취, 빨리 가다, 향하다 |

음

유 意(뜻 의)

상

초

- 趣味(취미) : 마음에 느껴 일어나는 멋이나 정취.
- 趣向(취향) : 하고 싶은 마음이 쏠리는 방향.
- 情趣(정취) : 좋은 감정을 자아내는 흥취.
- 志趣(지취) : 의지와 취향.
- 興趣(흥취) : 흥과 취미.

1
2
3
3Ⅱ
4
4Ⅱ
5
6
7
8

| 層 | 층 층
尸, 총15획 | `⁻ ⁻ ⁻ 尸 尸 尺 尺 屄 屄 屄 屄 屄 層 層`
`層` |

음

유 階(섬돌 계)

상 折(꺾을 절)

초

- 層階(층계) : 계단.
- 層數(층수) : 층의 수효.
- 加一層(가일층) : 더한층.
- 高層(고층) : 높이 지은 여러 층.
- 深層(심층) : 속에 깊이 있는 밑층.

| 寢 | 잘 침:
宀, 총14획 | `` ` ` ` 宀 宀 宀 宀 疒 疒 疒 疒 寢 寢``
쉬다, 눕다, 방, 잠 |

음

유

상 起(일어날 기)

초

- 寢具(침구) : 잠을 자는 데 쓰이는 물건.
- 寢席(침석) : 잠자리.
- 寢室(침실) : 잠을 자도록 마련된 방.
- 起寢(기침) : 잠자리에서 일어남.
- 午寢(오침) : 낮잠.

針	바늘 침(:)	ノ ノ ソ ⌒ ⌒ ⌒ ⌒ 牟 牟 牟 牟 針
	金, 총10획	바느질

※첫 음절에서 장음과 단음 두 가지로 발음됨.
· 針母(침:모) : 바느질 품을 파는 여자.
· 針線(침:선) : 바늘과 실. 바느질.
· 針葉樹(침엽수) : 잎이 바늘같이 생긴 나무의 총칭.
· 針子(침자) : 바늘.

稱	일컬을 칭	′ ′ ′ 千 千 禾 禾 禾 秋 秋 秆 秆 稱 稱
	禾, 총14획	부르다, 칭찬하다, 맞다, 헤아리다, 저울

 称

頌(칭송할 송), 讚(기릴 찬)

· 稱讚(칭찬) : 잘한다고 추어주는 것.
· 稱號(칭호) : 어떤 뜻으로 일컫는 이름.
· 尊稱(존칭) : 높이어 일컬음.
· 總稱(총칭) : 통틀어 일컬음.
· 呼稱(호칭) : 불러 일컬음.

彈	탄알 탄:	¹ ² ³ ³ ³ ³ ³ ³ ³ ³ ³ 彈 彈 彈 彈 彈
	弓, 총15획	튀기다, 타다, 치다, 탄핵하다

彈

· 彈頭(탄두) : 탄환의 머리 부분.
· 彈力性(탄력성) : 탄력이 있는 성질.
· 彈性體(탄성체) : 탄성을 갖는 물체.
· 彈壓(탄압) : 억눌러 꼼짝 못하게 함.
· 彈藥(탄약) : 탄알을 쏘는 데 쓰는 화약과 탄알.

歎	탄식할 탄: 欠, 총15획	一 十 艹 节 苣 苦 苗 昔 昔 黃 黃 蘡 歎 歎 歎 읊다, 화답하다, 칭찬하다, 한숨

역

유 恨(한 한)

상

숭

· 歎息(탄식) : 한탄하여 한숨을 쉼.
· 歎願書(탄원서) : 탄원의 뜻을 쓴 글이나 문서.
· 感歎(감탄) : 마음에 깊이 느껴 탄복함.
· 讚歎(찬탄) : 칭찬하거나 찬양하여 감탄함.
· 痛歎(통탄) : 몹시 탄식함, 또는 그 탄식.

脫	벗을 탈 肉(月), 총11획	） 刀 月 月 肝 肝 肸 胖 胖 脫 脫 빗어니디, 빠지다, 풀다

역

유

상

숭

· 脫線(탈선) : 정상 궤도를 벗어남.
· 脫稅(탈세) : 부정한 방법으로 납세하지 않는 일.
· 脫出(탈출) : 빠져나감.
· 離脫(이탈) : 떨어져 나가거나 떨어져 나옴.
· 虛脫(허탈) : 멍하니 일이 손에 안 잡히는 상태.

探	찾을 탐 手(扌), 총11획	一 十 扌 扌 扩 扩 押 押 押 探 探

역

유

상

숭

· 探究(탐구) : 학문 따위를 파고들어 깊이 연구함.
· 探問(탐문) : 찾아서 물음.
· 探査(탐사) : 샅샅이 더듬어서 조사함.
· 探知(탐지) : 더듬어 찾아 알아냄.
· 廉探(염탐) : 몰래 조사함.

擇	가릴 택 手(扌), 총16획	一 ㄧ 扌 扌 扩 扩 扩 扩 扩 扩 押 挦 挦 挦 挦 擇 擇 고르다, 구별하다, 뽑다, 선택하다

역 択

유 別(다를/분별할 별), 選(가릴 선),
採(캘/가려낼 채)

상

숙

· 擇交(택교) : 벗을 가려서 사귐.
· 擇一(택일) : 여럿 중에서 하나만 고름.
· 擇日(택일) : 좋은 날짜를 고름.
· 選擇(선택) : 여럿 중에서 골라 뽑음.
· 採擇(채택) : 골라서 가려내거나 뽑음.

討	칠 토(:) 言, 총10획	一 二 言 言 言 言 言 言 討 討 토벌하다, 꾸짖다, 구하다, 없애다

역

유 伐(칠 벌)

상

숙

※첫 음절에서 장음과 단음 두 가지로 발음됨.
· 討論(토:론) : 어떤 문제를 두고 여러 사람이 논의함.
· 討議(토:의) : 각자 의견을 내놓고 검토하고 의논함.
· 討伐(토벌) : 쳐 없앰.
· 討食(토식) : 음식을 억지로 청하여 먹음.

痛	아플 통: 疒, 총12획	一 亠 广 疒 疒 疒 疒 疒 病 病 痛 痛 슬퍼하다, 상하다, 원망하다, 몹시

역

유

상

숙 刻骨痛恨(각골통한)

· 痛飮(통음) : 술을 흠뻑 많이 마심.
· 痛快(통쾌) : 몹시 즐겁고 시원함.
· 痛恨(통한) : 몹시 한탄함.
· 苦痛(고통) : 괴로움과 아픔.
· 頭痛(두통) : 머리가 아픈 증세.

| 投 | 던질 투
手(扌), 총7획 | 一 十 扌 尹 护 抄 投
주다, 보내다, 의탁하다, 버리다 |

음

훈

상 打(칠 타)

반 意氣投合(의기투합),
漢江投石(한강투석)

· 投球(투구) : 공을 던짐.
· 投手(투수) : 야구에서 타자에게 공을 던지는 사람.
· 投宿(투숙) : 여관 같은 데 들어 잠.
· 投藥(투약) : 약을 지어주거나 사용함.
· 投票(투표) : 선거 따위에서 각자의 뜻을 나타내는 일.

| 鬪 | 싸움 투
鬥, 총20획 | ｜ ｜ ｜ ｜ ｜ ｜ ｜ ｜ ｜ ｜ ｜ ｜ ｜ ｜
鬥 鬥 鬥 鬥 鬪 鬪 |

음

훈

유 競(다툴 경, 5), 爭(다툴 쟁),
戰(싸움 전)

상

반 惡戰苦鬪(악전고투)

· 鬪牛士(투우사) : 투우를 전문으로 하는 사람.
· 鬪爭(투쟁) : 싸워서 다툼.
· 鬪志(투지) : 싸우고자 하는 뜻.
· 暗鬪(암투) : 서로 적의를 품고 속으로 다툼.
· 戰鬪(전투) : 두 편의 군대가 무장하여 싸움.

| 派 | 갈래 파
水(氵), 총9획 | 丶 ㇀ 氵 ㇀ 厂 沅 沠 沠 派
물 갈래, 보내다, 갈라지다 |

음

훈

상

반

· 派兵(파병) : 군대를 파견함.
· 派生(파생) : 본바탕에서 갈려 나와 생김.
· 黨派(당파) : 붕당이나 정당의 나누인 갈래.
· 特派(특파) : 특별히 파견함.
· 學派(학파) : 학문의 주장을 달리하여 갈라진 갈래.

判	판단할 판 刀(刂), 총7획	丶 丷 以 火 半 判 判 판결하다, 가르다, 맡다

- 判決(판결) : 일의 옳고 그름을 판단하여 결정함.
- 判斷(판단) : 사물의 가치와 관계를 결정함.
- 判事(판사) : 법관의 한 가지.
- 判定(판정) : 판별하여 결정함.
- 決判(결판) : 승부나 시비의 판정을 내림.

身言書判(신언서판)

篇	책 편 竹, 총15획	丿 ⺮ ⺮ ⺮ ⺮ ⺮ ⺮ 笠 笠 笆 笆 篁 篇 篇 篇 편(시문을 세는 단위)

- 篇首(편수) : 한 편의 시문이나 책의 첫머리.
- 短篇(단편) : 짤막하게 끝을 낸 글.
- 玉篇(옥편) : 한자 사전.
- 長篇(장편) : 긴 글.

千篇一律(천편일률)

評	평할 평: 言, 총12획	一 ⼆ ⼆ ⺊ 言 言 訁 訂 評 評 評 評

批(비평할 비)

- 評價(평가) : 사람이나 사물의 가치를 판단함.
- 評判(평판) : 세상 사람들의 비평.
- 論評(논평) : 논하여 비평함.
- 惡評(악평) : 나쁜 평판이나 평가.
- 好評(호평) : 좋은 평가.

| 閉 | 닫을 폐:
門, 총11획 | ㅣ ㅣ ㅏ ㅏ ㅏ ㅏ 門 門 門 閉 閉
막다, 가리다, 마치다 |

약
음
상 開(열 개)
성

· 閉門(폐문) : 문을 닫음.
· 閉店(폐점) : 가게를 닫음.
· 閉會(폐회) : 모임을 끝냄.
· 開閉(개폐) : 열고 닫음.
· 密閉(밀폐) : 샐 틈이 없이 꼭 막거나 닫음.

| 胞 | 세포 포(:)
肉(月), 총9획 | ㅣ ㅣ 刀 月 肜 肜 胸 胞 胞
태보, 친형제 |

약
음
상
성

※첫 음절에서 장음과 단음 두 가지로 발음됨.
· 胞胎(포:태) : 아이를 뱀.
· 胞衣(포의) : 태아를 싸고 있는 막과 태반.
· 胞子(포자) : 포자식물의 무성적인 생식 세포細胞. 홀씨.
· 同胞(동포) : 한 겨레. 같은 민족.

| 爆 | 불터질 폭
火, 총19획 | ' ' ' ゛ ゛ ゛ ゛ ゛ ゛ ゛ ゛ ゛ ゛ ゛ ゛
爆 爆 爆 爆 爆 |

약
음
상
성

· 爆擊(폭격) : 항공기가 폭탄으로 목표물을 부숨.
· 爆發(폭발) : 불이 일어나며 갑작스럽게 터짐.
· 爆藥(폭약) : 압력이나 열을 받으면 폭발하는 물질.
· 爆彈(폭탄) : 폭약을 채워 만든 탄환이나 폭탄.
· 爆破(폭파) : 폭발시켜 깨뜨림.

標	표할 표 木, 총15획	一 十 十 朴 朴 朴 朴 桿 桿 桿 桿 標 標 標 표, 표를 하다, 나타내다

- 標記(표기) : 무슨 표가 되는 기록.
- 標識(표지) : 다른 사물과 구별하여 알기 위한 기록.
- 標準(표준) : 사물의 정도를 정하는 기준이나 목표.
- 目標(목표) : 이루거나 도달하려고 함, 또는 그 대상.
- 音標(음표) : 음의 장단·고저를 표시하는 기호.

疲	피곤할 피 疒, 총10획	丶 一 广 广 广 疒 疒 疒 疲 疲 지치다, 고달프다, 야위다

困(곤할 곤)

- 疲困(피곤) : 지쳐 고달픈 상태.
- 疲勞(피로) : 몸이나 정신이 지쳐 고단함

避	피할 피: 辵(辶), 총17획	ᄀ ᄀ ᄀ 尸 尸 启 启 启 辟 辟 辟 辟 辟 辭 辭 辭 辭 避 숨다, 꺼리다

逃(도망할 도)

- 避難(피난) : 재난을 피함.
- 避難處(피난처) : 재난을 피해 옮긴 거처. 재해가 있을 때 피난할 수 있는 곳.
- 避世(피세) : 세상을 피해 숨음.
- 避身(피신) : 위험을 피하여 몸을 숨김.
- 小避(소피) : 오줌, 또는 오줌 누는 일.

恨	한할 한:	` ´ ⺖ ⺖ ⺖ ⺖ 归 怛 怛 恨
	心(忄), 총9획	뉘우치다, 원망스럽다, 유감, 한

· 恨死(한사) : 원통하게 죽음.
· 恨歎(한탄) : 한숨을 지음, 또는 그 한숨.
· 餘恨(여한) : 풀지 못하고 남은 원한.
· 情恨(정한) : 정과 한.

怨(원망할 원), 歎(탄식할 탄)

恩(은혜 은), 惠(은혜 혜)

刻骨痛恨(각골통한)

閑	한가할 한	l ⺆ ⺆ ⺆ ⺆ 門 門 門 閈 閑 閑 閑
	門, 총12획	막다, 문지방

· 閑居(한거) : 하는 일 없이 집에 한가히 있음.
· 閑談(한담) : 심심풀이로 하는 실없는 잡담.
· 閑良(한량) : 돈 잘 쓰고 잘 노는 사람.
· 閑職(한직) : 한가한 벼슬자리나 직무.
· 農閑期(농한기) : 농사일이 그리 바쁘지 않은 시기.

抗	겨룰 항:	` ⺘ ⺘ ⺘ 扩 扩 抗
	手(扌), 총7획	막다, 대항하다, 들다, 올리다

· 抗告(항고) : 상소의 한 가지.
· 抗議(항의) : 반대하는 뜻을 펌.
· 抗爭(항쟁) : 대항하여 다툼.
· 抗戰(항전) : 적에 대항하여 싸움.
· 反抗(반항) : 거슬러서 대듦.

| 核 | 씨 핵
木, 총10획 | 一 十 十 才 才 朾 栌 梀 核 核 核
핵심, 사실하다, 바르다 |

· 核武器(핵무기) : 원자핵을 이용한 무기.
· 核心(핵심) : 중심이 되는 가장 요긴한 부분.
· 核戰爭(핵전쟁) : 핵무기로 싸우는 전쟁.
· 結核(결핵) : 결핵병.

| 憲 | 법 헌:
心, 총16획 | 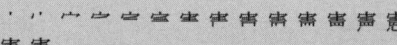
상관, 모범, 본뜨다 |

· 憲法(헌법) : 한 나라 통치의 기본 원칙을 정하는 법.
· 憲章(헌장) : 이상으로서 규정한 원칙적인 규범.
· 改憲(개헌) : 헌법을 고침.
· 立憲(입헌) : 헌법을 제정함.
· 制憲(제헌) : 헌법을 제정함.

| 險 | 험할 험:
阜(阝), 총16획 | 了 了 阝 阝 阝 阝 阝 阾 阾 阾 阾 阾 陯 陯
險 險
음흉하다, 높다, 어렵다 |

險
· 險難(험난) : 위험하고 어려움.
· 險談(험담) : 남을 헐뜯어서 말함.
· 險路(험로) : 험한 길.
· 險惡(험악) : 험하고 사나움.
· 探險(탐험) : 위험을 무릅쓰고 찾아다니며 살핌.

革	가죽 혁	一 十 廿 廿 芦 芦 古 苔 革
	革, 총9획	피부, 고치다, 투구

- 음
- 유
- 상
- 성

- 革帶(혁대) : 가죽띠.
- 革命(혁명) : 급격한 변혁이 일어나는 일.
- 革新(혁신) : 고쳐서 새롭게 함.
- 改革(개혁) : 새롭게 뜯어고침.
- 變革(변혁) : 급격하게 바꾸어 아주 달라지게 함.

顯	나타날 현:	⌐ 顯 顯 顯 顯 顯 顯 顯
	頁, 총23획	높다, 귀하다, 밝다, 드러내다

- 음 顕
- 유 現(나타날 현)
- 상 隱(숨을 은), 密(빽빽할/비밀로할 밀)
- 성

- 顯考(현고) : 신주 등에서 '죽은 아버지'를 일컫는 말.
- 顯官(현관) : 높은 관리.
- 顯達(현달) : 지위와 이름이 함께 높아서 드러남.
- 顯現(현현) : 뚜렷이 나타나거나 나타냄.
- 隱顯/隱現(은현) : 숨었다 나타났다 함.

刑	형벌 형	一 二 于 开 开 刑
	刀(刂), 총6획	꼴, 법, 본받다, 형벌하다

- 음
- 유
- 상 罰(벌할 벌), 罪(허물 죄)
- 성

- 刑罰(형벌) : 죄 지은 사람에게 주는 벌.
- 減刑(감형) : 형벌을 덜어줌.
- 死刑(사형) : 목숨을 끊는 형벌.
- 重刑(중형) : 무거운 형벌.
- 處刑(처형) : 형벌에 처함.

或	혹 혹	一 一 一 一 一 或 或 或
	戈, 총8획	

- 或是(혹시) : 만일에.
- 或如(혹여) : 혹시.
- 或者(혹자) : 어떠한 사람.
- 間或(간혹) : 어쩌다가. 간간이.
- 設或(설혹) : 가정해서 말하여.

婚	혼인할 혼	𝄂 𝄂 女 女 𰀁 𰀁 𰀂 婚 婚 婚 婚
	女, 총11획	

- 結婚(결혼) : 정식으로 부부 관계를 맺음.
- 離婚(이혼) : 부부가 혼인 관계를 끊는 일.
- 未婚(미혼) : 아직 결혼하지 않음.
- 請婚(청혼) : 결혼하기를 청함.
- 華婚(화혼) : 남의 '결혼'을 아름답게 이르는 말.

362

混	섞을 혼:	丶 丶 氵 氵 𣱶 𣱶 混 混 混 混 混
	水(氵), 총11획	합하다, 혼탁하다, 맞추다

- 混食(혼식) : 섞어서 먹음.
- 混用(혼용) : 섞어서 씀.
- 混入(혼입) : 한데 섞어 넣음.
- 混雜(혼잡) : 여럿이 한데 뒤섞여 어수선함.
- 混合(혼합) : 뒤섞어서 한데 합함.

紅	붉을 홍 糸, 총9획	⺌ ⺌ ⺌ ⺌ ⺌ 糸 糸 糸 紅 紅

🔵음
🔵유 朱(붉을 주)
🔵상
🔵형

· 紅旗(홍기) : 붉은 빛깔의 기.
· 紅葉(홍엽) : 붉은 잎.
· 紅衣(홍의) : 붉은 빛깔의 옷.
· 紅花(홍화) : 붉은 꽃.
· 鮮紅(선홍) : 산뜻한 다홍빛.

1 2 3 3Ⅱ 4 4Ⅱ 5 6 7 8

華	빛날 화 艸(艹), 총12획	⼀ ⼀ ⼗ ⺌ 莊 莊 莊 莊 莊 莊 華 華 ※ 艹의 한국어문회 권장 필순은 ⼀ ⼀ 艹 艹 임 빛, 꽃, 꽃이 피다

🔵음
🔵유
🔵상
🔵형

· 華年(화년) : 예순한 살. 또는 젊은 시절의 꽃다운 나이.
· 華麗(화려) : 빛나고 아름다움.
· 華美(화미) : 화려함.
· 繁華(번화) : 번창하고 화려함.
· 榮華(영화) : 세상에 드러나는 영광.

歡	기쁠 환 欠, 총22획	⼀ ⼀ ⼗ ⺌ 莊 莊 莊 莊 莊 莊 莊 莊 莊 莊 莊 莊 華 雚 雚 歡 歡 歡 ※ 艹의 한국어문회 권장 필순은 ⼀ ⼀ 艹 艹 임

🔵음 欢
🔵유 喜(기쁠 희)
🔵상 悲(슬플 비), 哀(슬플 애, 3Ⅱ),
悼(슬퍼할 도, 2)
🔵형

· 歡談(환담) : 즐겁게 이야기함.
· 歡送(환송) : 기꺼이 보냄.
· 歡樂(환락) : 기쁘고 즐거움.
· 歡呼聲(환호성) : 기뻐서 부르짖는 소리.
· 歡喜(환희) : 매우 즐거움.

環	고리 환(:)	一 二 Ŧ Ŧ Ŧ Ŧ′ Ŧ′ Ŧ″ Ŧ″ Ŧ″ Ŧ″ 環 環 環 環 環 環 環
	玉, 총17획	돌다, 두르다

- **環境**(환경) : 생활하는 주위의 상태.
- **環狀**(환상) : 고리처럼 속이 비고 둥글게 된 꼴.
- **環形**(환형) : 둥근 모양.
- **一環**(일환) : 가까운 관계에 있는 사물의 한 부분.
- **花環**(화환) : 조화나 생화를 고리 모양으로 만든 것.

衆人環視(중인환시)

況	상황 황:	丶 丶 氵 氵 氵 沪 沪 況
	水(氵), 총8획	하물며, 더구나, 비유하다, 견주다, 형편

- **近況**(근황) : 요즈음의 형편.
- **盛況**(성황) : 성대한 상황.
- **實況**(실황) : 실제의 상황.
- **狀況**(상황) : 형편.
- **情況**(정황) : 그 당시의 환경이나 상태.

灰	재 회	一 ナ 广 圧 圧 灰
	火, 총6획	

- **灰白色**(회백색) 잿빛을 띤 흰빛.
- **灰壁**(회벽) : 석회를 반죽하여 바름. 또는 그 벽.
- **灰色**(회색) : 잿빛.
- **石灰**(석회) : 생석회와 소석회를 통틀어 이르는 말.
- **洋灰**(양회) : 시멘트.

候	기후 후:	ノ イ 亻 亻 亻 亻 亻 仟 仟 侯 候 候
	人(亻), 총10획	철, 조짐, 묻다, 기다리다

· 氣候(기후) : 어느 지역의 평균적인 기상 상태.
· 惡天候(악천후) : 궂은 날씨.
· 節候(절후) : 절기節氣.
· 好天候(호천후) : 매우 좋은 날씨.

厚	두터울 후:	一 厂 厂 厂 厂 厚 厚 厚 厚
	厂, 총9획	두껍다, 싫나, 두께

薄(엷을 박, 3Ⅱ)
利用厚生(이용후생)

· 厚待(후대) : 두터운 대접.
· 厚德(후덕) : 두터운 심덕.
· 厚謝(후사) : 두둑하게 사례함.
· 厚意(후의) : 두텁게 쓰는 마음.
· 溫厚(온후) : 부드럽고 무던함.

揮	휘두를 휘	一 十 扌 扌 扩 挧 挿 挿 挿 挿 揮 揮
	手(扌), 총12획	지휘하다, 뿌리다, 떨치다

· 揮發油(휘발유) : 가솔린.
· 揮手(휘수) : 손짓하여 거절하는 뜻을 보임. 손짓하여 어떤 낌새를 채게 함.
· 發揮(발휘) : 재능이나 힘 따위를 떨쳐서 드러냄.
· 指揮(지휘) : 단체를 이끌어 행동을 통솔함.
· 指揮官(지휘관) : 지휘·통솔의 권한을 가진 사람.

喜	기쁠 희	一 十 士 吉 吉 吉 吉 吉 喜 喜 喜 喜
	口, 총12획	좋아하다, 즐겁다, 좋다, 기쁨

약

유 歡(기쁠 환)

상 怒(성낼 노), 悼(슬퍼할 도, 2),
悲(슬플 비), 哀(슬플 애, 3Ⅱ)

용 一喜一悲(일희일비),
喜喜樂樂(희희낙락)

· 喜劇(희극) : 코미디.
· 喜悲(희비) : 기쁨과 슬픔.
· 喜色(희색) : 기뻐하는 얼굴빛.
· 喜雨(희우) : 가뭄 끝에 반갑게 오는 비.
· 大喜(대희) : 크게 기뻐함.

1
2
3
3Ⅱ
4
4Ⅱ
5
6
7
8

ㄱ

家家戶戶(가가호호) │ 家 집 가(7), 戶 집 호(4Ⅱ)
각 집. 집집마다. 모든 집.

刻骨痛恨(각골통한) │ 刻 새길 각(4), 骨 뼈 골(4), 痛 아플 통(4), 恨 한할 한(4)
뼈에 사무치도록 마음속 깊이 맺힌 원한.

各樣各色(각양각색) │ 各 각각 각(6), 樣 모양 양(4), 色 빛 색(7)
여러 가지. 가지가지. 각기 다 다름.

各自圖生(각자도생) │ 各 각각 각(6), 自 스스로 자(7), 圖 그림 도(6), 生 날 생(8)
제각기 살아갈 방법을 도모함.

角者無齒(각자무치) │ 角 뿔 각(6), 者 놈 자(6), 無 없을 무(5), 齒 이 치(4Ⅱ)
뿔이 있는 놈은 이가 없다는 뜻으로, 한 사람이 모든 복을 겸하지는 못한다
는 말.

敢不生心(감불생심) │ 敢 감히 감(4), 不 아닐 불/부(7), 生 날 생(8), 心 마음 심(7)
힘이 부치어 감히 마음먹지 못함. 조금도 마음에 두지 않음.

甘言利說(감언이설) │ 甘 달 감(4), 言 말씀 언(6), 利 이로울 리(6), 說 말씀 설(5)
달콤한 말과 이로운 이야기라는 뜻으로, 남의 비위에 맞도록 꾸민 달콤한
말과 이로운 조건을 내세워 남을 꾀는 말.

江湖煙波(강호연파) │ 江 강 강(7), 湖 호수 호(5), 煙 연기 연(4Ⅱ), 波 물결 파(4Ⅱ)
강이나 호수 위에 안개처럼 보얗게 이는 잔물결. 산수山水의 좋은 경치.

拒門不納(거문불납) │ 拒 막을 거(4), 門 문 문(8), 不 아닐 불/부(7), 納 들일 납(4)
문에서 물리쳐 안으로 들이지 않음.

居安思危(거안사위) | 居 살 거(4), 安 편안 안(7), 思 생각 사(5), 危 위태할 위(4)
  평안할 때도 위험과 곤란이 닥칠 것을 생각하며 잊지 말고 미리 대비해야 한다는 말.

去者必反(거자필반) | 去 갈 거(5), 者 놈 자(6), 必 반드시 필(5), 反 돌이킬 반(6)
  떠난 사람은 반드시 돌아옴.

格物致知(격물치지) | 格 격식 격(5), 物 물건 물(7), 致 이를 치(5), 知 알 지(5)
  실제 사물의 이치를 깊이 연구하여 지식을 완전하게 함.

激化一路(격화일로) | 激 격할 격(4), 化 될 화(5), 一 한 일(8), 路 길 로(6)
  자꾸 격렬해져 감.

見利思義(견리사의) | 見 볼 견(5), 利 이로울 리(6), 思 생각 사(5), 義 옳을 의(4Ⅱ)
  눈앞에 이익이 보이거든, 먼저 그것을 취하는 것이 의리에 합당한지를 생각해야 함.

見物生心(견물생심) | 見 볼 견(5), 物 물건 물(7), 生 날 생(8), 心 마음 심(7)
  물건을 보면 그것을 가지고 싶은 욕심이 생긴다는 뜻.

堅如金石(견여금석) | 堅 굳을 견(4), 如 같을 여(4Ⅱ), 金 쇠 금(8), 石 돌 석(6)
  굳기가 금이나 돌과 같음.

見危授命(견위수명) | 見 볼 견(5), 危 위태할 위(4), 授 줄 수(4Ⅱ), 命 목숨 명(7)
  위험을 보면 목숨을 바친다는 뜻으로, 나라의 위태로운 지경을 보고 목숨을 바쳐 나라를 위해 싸우는 것을 말함.

結草報恩(결초보은) | 結 맺을 결(5), 草 풀 초(7), 報 갚을 보(4Ⅱ), 恩 은혜 은(4Ⅱ)
  풀을 묶어서 은혜를 갚는다는 뜻으로, 죽어 혼이 되더라도 입은 은혜를 잊지 않고 갚음. 은혜를 입은 사람이 혼령이 되어, 풀을 묶어놓아 적이 걸려 넘어지게 함으로써, 은인을 구해주었다는 고사에서 유래함.

經明行修(경명행수) | 經 글 경(4Ⅱ), 明 밝을 명(6), 行 다닐 행(6), 修 닦을 수(4Ⅱ)
  경학經學에 밝고 행실이 착함.

經世濟民(경세제민) │ 經 글 경(4Ⅱ), 世 세대 세(7), 濟 건널 제(4Ⅱ), 民 백성 민(8)

세상을 잘 다스려 어려움에 처해 있는 백성을 구제함. '경국제세經國濟世'라고도 하며, '경제經濟'는 이것의 준말.

敬天勤民(경천근민) │ 敬 공경 경(5), 天 하늘 천(7), 勤 부지런할 근(4), 民 백성 민(8)

하늘을 공경하고 백성을 다스리는 데 부지런히 함.

驚天動地(경천동지) │ 驚 놀랄 경(4), 天 하늘 천(7), 動 움직일 동(7), 地 땅 지(7)

하늘을 놀라게 하고 땅을 움직이게 한다는 뜻으로, 세상을 매우 놀라게 함을 이르는 말.

敬天愛人(경천애인) │ 敬 공경 경(5), 天 하늘 천(7), 愛 사랑 애(6), 人 사람 인(8)

하늘을 공경하고 사람을 사랑함.

鷄口牛後(계구우후) │ 鷄 닭 계(4), 口 입 구(/), 牛 소 우(5), 後 뒤 후(7)

소의 꼬리보다는 닭의 부리가 되라는 뜻으로, 큰 단체의 꼴찌보다는 작은 단체의 우두머리가 되는 편이 낫다는 말.

鷄卵有骨(계란유골) │ 鷄 닭 계(4), 卵 알 란(4), 有 있을 유(7), 骨 뼈 골(4)

계란에도 뼈가 있다는 속담으로, 늘 일이 잘 안 되는 사람이 모처럼 좋은 기회를 만났으나 역시 잘 안 될 때를 이르는 말.

孤立無援(고립무원) │ 孤 외로울 고(4), 立 설 립(7), 無 없을 무(5), 援 도울 원(4)

외톨이가 되어 도움을 받을 데가 없음.

苦盡甘來(고진감래) │ 苦 괴로울 고(6), 盡 다할 진(4), 甘 달 감(4), 來 올 래(7)

쓴 것이 다하면 단 것이 온다는 뜻으로, 고생 끝에 낙이 온다는 말.

骨肉相殘(골육상잔) │ 骨 뼈 골(4), 肉 고기 육(4Ⅱ), 相 서로 상(5), 殘 남을 잔(4)

부자父子나 형제 등 혈연관계에 있는 사람 또는 같은 민족끼리 서로 해치며 싸우는 일. 골육상쟁骨肉相爭.

空理空論(공리공론) │ 空 빌 공(7), 理 다스릴 리(6), 空 빌 공(7), 論 논할 론(4Ⅱ)

헛된 이치와 논의.

空前絶後(공전절후) │ 空 빌 공(7), 前 앞 전(7), 絕 끊을 절(4Ⅱ), 後 뒤 후(7)

전에도 없었고 앞으로도 없음. 비교할 만한 것이 이전에도 없고 이후에도

없음. 전무후무前無後無.

公平無私(공평무사) │ 公 공평할 공(6), 平 평평할 평(7), 無 없을 무(5), 私 사사로울 사(4)

어느 쪽에도 치우치지 않아 공평하고 사사로움이 없음.

觀風察俗(관풍찰속) │ 觀 볼 관(5), 風 바람 풍(6), 察 살필 찰(4Ⅱ), 俗 풍속 속(4Ⅱ)

풍속을 자세히 살펴봄.

交友以信(교우이신) │ 交 사귈 교(6), 友 벗 우(5), 以 써 이(5), 信 믿을 신(6)

믿음으로써 벗을 사귀는 일.

教學相長(교학상장) │ 教 가르칠 교(8), 學 배울 학(8), 相 서로 상(5), 長 긴 장(8)

사람에게 가르쳐주거나 스승에게 배우거나 모두 나의 학업을 증진시킴.

救國干城(구국간성) │ 救 구원할 구(5), 國 나라 국(8), 干 방패 간(4), 城 재 성(4Ⅱ)

나라를 구하여 지키는 믿음직한 군인이나 인물.

九年面壁(구년면벽) │ 九 아홉 구(8), 年 해 년(8), 面 낯 면(7), 壁 벽 벽(4Ⅱ)

달마 대사가 숭산 소림굴에서 벽을 향해 9년 동안 참선하여 도를 깨달았다

는 옛일을 일컬음.

九死一生(구사일생) │ 九 아홉 구(8), 死 죽을 사(6), 一 한 일(8), 生 날 생(8)

여러 차례 죽을 고비를 겪고 간신히 목숨을 건짐.

九牛一毛(구우일모) │ 九 아홉 구(8), 牛 소 우(5), 一 한 일(8), 毛 터럭 모(4Ⅱ)

아홉 마리의 소 가운데 박힌 하나의 털이란 뜻으로, 매우 많은 것 가운데 섞

인 아주 적은 것을 비유하여 이르는 말.

九折羊腸(구절양장) │ 九 아홉 구(8), 折 꺾을 절(4), 羊 양 양(4Ⅱ), 腸 창자 장(4)

아홉 번 꼬부라진 양의 창자라는 뜻으로, 산길이나 세상살이가 몹시 험하게

꼬불꼬불한 것을 이르는 말.

君臣有義(군신유의) │ 君 임금 군(4), 臣 신하 신(5), 有 있을 유(7), 義 옳을 의(4Ⅱ)
　임금과 신하 사이에 의리가 있어야 함.

君子不器(군자불기) │ 君 임금 군(4), 子 아들 자(7), 不 아닐 불/부(7), 器 그릇 기(4Ⅱ)
　군자君子는 일정한 용도로 쓰이는 그릇과 같지 않다는 뜻으로, 군자는 한 가
지 재능에만 얽매이지 않고 두루 살피고 원만하다는 말.

權不十年(권불십년) │ 權 권세 권(4Ⅱ), 不 아닐 불/부(7), 十 열 십(8), 年 해 년(8)
　권세는 10년을 넘지 못한다는 뜻으로, 권력은 오래가지 못한다는 말.

極惡無道(극악무도) │ 極 다할 극(4Ⅱ), 惡 악할 악(5), 無 없을 무(5), 道 길 도(7)
　더없이 악하고 도의심道義心이 없음.

近朱者赤(근주자적) │ 近 가까울 근(6), 朱 붉을 주(4), 者 놈 자(6), 赤 붉을 적(5)
　붉은 빛을 가까이하면 반드시 붉게 된다는 뜻.

金科玉條(금과옥조) │ 金 쇠 금(8), 科 과목 과(6), 玉 구슬 옥(4Ⅱ), 條 가지 조(4)
　금이나 옥과 같은 법률이란 뜻으로, 소중히 여기고 지켜야 할 규칙이나 교
훈을 말함.

今始初聞(금시초문) │ 今 이제 금(6), 始 비로소 시(6), 初 처음 초(5), 聞 들을 문(6)
　듣느니 처음. 이제야 비로소 처음 들음.

急轉直下(급전직하) │ 急 급할 급(6), 轉 구를 전(4), 直 곧을 직(7), 下 아래 하(7)
　사태가 돌연히 바뀌어 결정적인 형국으로 치달음.

奇奇妙妙(기기묘묘) │ 奇 기이할 기(4), 妙 묘할 묘(4)
　매우 기이하고 오묘함.

起死回生(기사회생) │ 起 일어날 기(4Ⅱ), 死 죽을 사(6), 回 돌아올 회(4Ⅱ), 生 날 생(8)
　죽을 뻔하다가 다시 살아남.

奇想天外(기상천외) │ 奇 기이할 기(4), 想 생각 상(4Ⅱ), 天 하늘 천(7), 外 바깥 외(8)
　보통 사람으로는 짐작도 할 수 없을 만큼 생각이 기발하고 엉뚱함.

落落長松(낙락장송) │ 落 떨어질 락(5), 長 긴 장(8), 松 소나무 송(4)
 가지가 아래로 축축 늘어진 키가 큰 소나무.

落木寒天(낙목한천) │ 落 떨어질 락(5), 木 나무 목(8), 寒 찰 한(5), 天 하늘 천(7)
 나뭇잎이 다 떨어진 겨울의 춥고 쓸쓸한 풍경, 또는 그러한 계절을 이르는 말.

落花流水(낙화유수) │ 落 떨어질 락(5), 花 꽃 화(7), 流 흐를 류(5), 水 물 수(8)
 ①떨어지는 꽃과 흐르는 물이라는 뜻으로, 가는 봄의 경치 또는 쇠하여 몰락함을 비유하는 말. ②떨어지는 꽃에 정이 있으면 물에도 정이 있어 그것을 띄워 흐를 것이라는 뜻으로, 남녀 사이에 서로 사모하는 마음이 있음을 비유하는 말.

難攻不落(난공불락) │ 難 어려울 난(4Ⅱ), 攻 칠 공(4), 不 아닐 불/부(7), 落 떨어질 락(5)
 공격하기 어려워 좀처럼 함락되지 않음.

亂臣賊子(난신적자) │ 亂 어지러울 란(4), 臣 신하 신(5), 賊 도둑 적(4), 子 아들 자(7)
 나라를 어지럽게 하는 신하와 어버이를 해치는 자식.

難兄難弟(난형난제) │ 難 어려울 난(4Ⅱ), 兄 형 형(8), 難 어려울 난(4Ⅱ), 弟 아우 제(8)
 누구를 형이라 해야 하고 누구를 아우라 해야 할지 분간하기 어렵다는 뜻으로, 누가 더 낫다고 할 수 없을 정도로 둘이 서로 비슷함.

老當益壯(노당익장) │ 老 늙을 로(7), 當 마땅 당(5), 益 더할 익(4Ⅱ), 壯 장할 장(4)
 늙어도 원기가 더욱 씩씩함. 노익장老益壯.

怒發大發(노발대발) │ 怒 성낼 노(4Ⅱ), 發 필 발(6), 大 큰 대(8)
 몹시 크게 성을 냄.

老士宿儒(노사숙유) │ 老 늙을 로(7), 士 선비 사(5), 宿 잘 숙(5), 儒 선비 유(4)
　나이가 많고 학식이 풍부한 선비.

老少異糧(노소이량) │ 老 늙을 로(7), 少 적을 소(7), 異 다를 이(4), 糧 양식 량(4)
　늙은이와 젊은이의 식사가 다름. 음식을 대접할 때 노인과 젊은이를 구별하여 각자에게 적합한 것으로 해야 한다는 말.

論功行賞(논공행상) │ 論 논할 론(4Ⅱ), 功 공 공(6), 行 다닐 행(6), 賞 상줄 상(5)
　공을 평가하여 상을 주거나 표창함.

能小能大(능소능대) │ 能 능할 능(5), 小 작을 소(8), 大 큰 대(8)
　①큰 일이나 작은 일이나 두루 잘 처리함. ②남들과 사귀는 수완이 아주 능함.

多多益善(다다익선) │ 多 많을 다(6), 益 더할 익(4Ⅱ), 善 착할 선(5)
　많으면 많을수록 더욱 좋음.

多事多難(다사다난) │ 多 많을 다(6), 事 일 사(7), 難 어려울 난(4Ⅱ)
　여러 가지로 일도 많고 어려움도 많음.

多才多能(다재다능) │ 多 많을 다(6), 才 재주 재(6), 能 능할 능(5)
　재주와 능력이 많음.

多種多樣(다종다양) │ 多 많을 다(6), 種 씨 종(5), 樣 모양 양(4)
　종류가 많고 그 양식이나 모양이 여러 가지임.

檀君紀元(단군기원) │ 檀 박달나무 단(4Ⅱ), 君 임금 군(4), 紀 벼리 기(4), 元 으뜸 원(5)
　단군檀君이 즉위한 해의 기원전 2333년을 원년으로 치는 우리나라의 기원.

檀君王儉(단군왕검) │ 檀 박달나무 단(4Ⅱ), 君 임금 군(4), 王 임금 왕(8), 儉 검소할 검(4)
우리 겨레의 시조로 받드는 태초의 임금.

檀君朝鮮(단군조선) │ 檀 박달나무 단(4Ⅱ), 君 임금 군(4), 朝 아침 조(6), 鮮 고울 선(5)
단군이 기원전 2333년에 아사달에 도읍하고 건국한 고조선.

黨利黨略(당리당략) │ 黨 무리 당(4Ⅱ), 利 이로울 리(6), 略 간략할 략(4)
당의 이익과 당파의 계략.

大驚失色(대경실색) │ 大 큰 대(8), 驚 놀랄 경(4), 失 잃을 실(6), 色 빛 색(7)
몹시 놀라 얼굴빛이 하얗게 변하는 것을 이르는 말.

大同小異(대동소이) │ 大 큰 대(8), 同 한가지 동(7), 小 작을 소(8), 異 다를 이(4)
거의 같고 조금 다름. 비슷비슷함.

大義名分(대의명분) │ 大 큰 대(8), 義 옳을 의(4Ⅱ), 名 이름 명(7), 分 나눌 분(6)
사람으로서 응당 지켜야 할 도리나 본분, 또는 떳떳한 명목.

德業相勸(덕업상권) │ 德 큰 덕(5), 業 업 업(6), 相 서로 상(5), 勸 권할 권(4)
향약鄕約의 네 강목 가운데 하나. 좋은 행실은 서로 권장할 것.

獨不將軍(독불장군) │ 獨 홀로 독(5), 不 아닐 불/부(7), 將 장수 장(4Ⅱ), 軍 군사 군(8)
혼자서는 장군을 못한다는 뜻으로, 남의 의견을 무시하고 혼자 모든 일을
처리하는 사람, 또는 혼자 잘난 체하다가 따돌림을 받는 사람을 비유함.

讀書亡羊(독서망양) │ 讀 읽을 독(6), 書 글 서(6), 亡 망할 망(5), 羊 양 양(4Ⅱ)
책을 읽느라 양을 잃어버렸다는 뜻으로, 마음이 밖에 있어 도리를 잃어버리
는 것, 또는 다른 일에 정신을 뺏겨 중요한 일을 소홀히 하는 것을 말함.

讀書三到(독서삼도) │ 讀 읽을 독(6), 書 글 서(6), 三 석 삼(8), 到 이를 도(5)
독서법의 세 가지인 구도口到 · 안도眼到 · 심도心到. 즉 입으로 다른 말을 하
지 않고, 눈으로 딴 것을 보지 않고, 마음을 하나로 가다듬어야 함.

讀書三餘(독서삼여) │ 讀 읽을 독(6), 書 글 서(6), 三 석 삼(8), 餘 남을 여(4Ⅱ)
독서하기에 적당한 세 여가. 곧 겨울과 밤과 비가 내릴 때를 이름.

讀破萬卷(독파만권) │ 읽을 독(6), 破 깨뜨릴 파(4Ⅱ), 萬 일만 만(8), 卷 책 권(4)
 만 권의 책을 막힘 없이 읽음.

同苦同樂(동고동락) │ 同 한가지 동(7), 苦 괴로울 고(6), 樂 즐길 락(6)
 괴로움과 즐거움을 함께한다는 뜻으로, 같이 고생하고 같이 즐김.

銅頭鐵額(동두철액) │ 銅 구리 동(4Ⅱ), 頭 머리 두(6), 鐵 쇠 철(5), 額 이마 액(4)
 구리로 만든 머리와 쇠로 만든 이마라는 뜻으로, 성질이 모질고 거만한 사람을 비유해 이르는 말.

東問西答(동문서답) │ 東 동녘 동(8), 問 물을 문(7), 西 서녘 서(8), 答 대답 답(7)
 동쪽을 묻는데 서쪽을 대답한다는 뜻으로, 묻는 말에 대한 전혀 엉뚱한 대답을 말함.

同姓同本(동성동본) │ 同 한가지 동(7), 姓 성 성(7), 本 근본 본(6)
 같은 성에다 같은 관향貫鄕. 성도 같고 본도 같음.

同聲相應(동성상응) │ 同 한가지 동(7), 聲 소리 성(4Ⅱ), 相 서로 상(5), 應 응할 응(4Ⅱ)
 같은 소리는 서로 응대한다는 뜻으로, 의견을 같이하면 자연히 서로 통하여 친해짐.

得意滿面(득의만면) │ 得 얻을 득(4Ⅱ), 意 뜻 의(6), 滿 찰 만(4Ⅱ), 面 낯 면(7)
 뜻한 바를 이루어서 기쁜 표정이 얼굴에 가득 참.

燈下不明(등하불명) │ 燈 등불 등(4Ⅱ), 下 아래 하(7), 不 아닐 불/부(7), 明 밝을 명(6)
 등잔 밑이 어둡다는 뜻으로, 가까이 있는 것을 알기 어려움, 또는 남의 일은 잘 알 수 있으나 제 일은 자기가 잘 모른다는 말.

燈火可親(등화가친) │ 燈 등불 등(4Ⅱ), 火 불 화(8), 可 옳을 가(5), 親 친할 친(6)
 등불을 가까이할 수 있다는 뜻으로, 가을밤은 서늘하므로 등불을 가까이하여 글읽기에 좋다는 말.

馬耳東風(마이동풍) │ 馬 말 마(5), 耳 귀 이(5), 東 동녘 동(8), 風 바람 풍(6)

  말의 귀에 동풍이 불어도 말은 아랑곳하지 않는다는 뜻으로, 남의 의견이나 충고를 귀담아듣지 않고 흘려버린다는 말.

萬古不變(만고불변) │ 萬 일만 만(8), 古 예 고(6), 不 아닐 불/부(7), 變 변할 변(5)

  오랜 세월을 두고 변하지 않음.

萬里長舌(만리장설) │ 萬 일만 만(8), 里 마을 리(7), 長 긴 장(8), 舌 혀 설(4)

  매우 장황하게 늘어놓는 말.

滿場一致(만장일치) │ 滿 찰 만(4Ⅱ), 場 마당 장(7), 一 한 일(8), 致 이를 치(5)

  그 자리에 모인 사람의 뜻이 완전히 일치함.

明鏡止水(명경지수) │ 明 밝을 명(6), 鏡 거울 경(4), 止 그칠 지(5), 水 물 수(8)

  맑은 거울과 고요한 물이라는 뜻으로, 맑고 고요한 심경心境을 이르는 말.

目不識丁(목불식정) │ 目 눈 목(6), 不 아닐 불/부(7), 識 알 식(5), 丁 고무래 정(4)

  고무래를 보고도 그것이 丁(고무래 정) 자인 줄 모른다는 뜻으로, 글자를 전혀 모름, 또는 그러한 사람을 비유하는 말.

木人石心(목인석심) │ 木 나무 목(8), 人 사람 인(8), 石 돌 석(6), 心 마음 심(7)

  나무 인형에 돌 같은 마음이라는 뜻으로, 감정이 전혀 없는 사람을 비유하는 말.

妙技百出(묘기백출) │ 妙 묘할 묘(4), 技 재주 기(5), 百 일백 백(7), 出 날 출(7)

  교묘한 기술과 재주가 여러 가지 모양으로 나옴.

無念無想(무념무상) │ 無 없을 무(5), 念 생각 념(5), 想 생각 상(4Ⅱ)

  일체의 생각이 없다는 뜻으로, 무아無我의 경지에 이르러 일체의 상념이 없음을 이르는 말.

無不通知(무불통지) | 無 없을 무(5), 不 아닐 불/부(7), 通 통할 통(6), 知 알 지(5)
  무엇이든지 환히 통하여 모르는 것이 없음.

無所不知(무소부지) | 無 없을 무(5), 所 바 소(7), 不 아닐 부/불(7), 知 알 지(5)
  알지 못하는 바가 없다는 뜻으로, 매우 박학다식博學多識함.

無所不爲(무소불위) | 無 없을 무(5), 所 바 소(7), 不 아닐 불/부(7), 爲 할 위(4Ⅱ)
  못 할 일이 없음.

無爲徒食(무위도식) | 無 없을 무(5), 爲 할 위(4Ⅱ), 徒 무리 도(4), 食 먹을 식(7)
  하는 일 없이 헛되이 먹기만 함. 게으르거나 능력이 없는 사람.

文房四友(문방사우) | 文 글월 문(7), 房 방 방(4Ⅱ), 四 넉 사(8), 友 벗 우(5)
  서재에 꼭 있어야 할 네 벗, 즉 종이 · 붓 · 먹 · 벼루를 말함.

門外出送(문외출송) | 門 문 문(8), 外 바깥 외(8), 出 날 출(7), 送 보낼 송(4Ⅱ)
  조선시대에 죄 지은 자의 관작을 빼앗고 한양 밖으로 추방하던 형벌.

聞一知十(문일지십) | 聞 들을 문(6), 一 한 일(8), 知 알 지(5), 十 열 십(8)
  한 가지를 들으면 열 가지를 미루어 안다는 뜻으로, 총명함을 이르는 말.

門前成市(문전성시) | 門 문 문(8), 前 앞 전(7), 成 이룰 성(6), 市 저자 시(7)
  대문 앞에 저자를 이룬다는 뜻으로, 세도가나 부잣집 문 앞이 많은 방문객
  으로 저자를 이루다시피 함을 이르는 말.

美辭麗句(미사여구) | 美 아름다울 미(6), 辭 말씀 사(4), 麗 고울 려(4Ⅱ), 句 글귀 구(4Ⅱ)
  아름다운 말과 글귀라는 뜻으로, 아름다운 문장이나 아름다운 말로 꾸민 듣
  기 좋은 글귀를 말함.

美風良俗(미풍양속) | 美 아름다울 미(6), 風 바람 풍(6), 良 어질 량(5), 俗 풍속 속(4Ⅱ)
  아름답고 좋은 풍속이나 기풍.

民族自決(민족자결) | 民 백성 민(8), 族 겨레 족(6), 自 스스로 자(7), 決 결단할 결(5)
  어떤 민족이 자신의 일을 스스로 결정하는 일.

博覽強記(박람강기) │ 博 넓을 박(4Ⅱ), 覽 볼 람(4), 強 강할 강(6), 記 기록할 기(7)

　동서고금東西古今의 서적을 널리 읽고, 그 내용을 잘 기억하고 있음.

博學多識(박학다식) │ 博 넓을 박(4Ⅱ), 學 배울 학(8), 多 많을 다(6), 識 알 식(5)

　학문이 넓고 식견이 많음.

半信半疑(반신반의) │ 半 반 반(6), 信 믿을 신(6), 疑 의심할 의(4)

　반은 믿고 반은 의심함. 믿으면서도 한편으로는 의심함.

半凶半吉(반흉반길) │ 半 반 반(6), 凶 흉할 흉(5), 吉 길할 길(5)

　한편으로는 길하기도 하고 한편으로는 흉하기도 함, 또는 그런 일.

百家爭鳴(백가쟁명) │ 百 일백 백(7), 家 집 가(7), 爭 다툴 쟁(5), 鳴 울 명(4)

　여러 사람이 서로 자기 주장을 내세우는 일. 많은 학자들의 활발한 논쟁.

百年大計(백년대계) │ 百 일백 백(7), 年 해 년(8), 大 큰 대(8), 計 셀 계(6)

　먼 앞날까지 내다보고 먼 뒷날까지 걸쳐 세우는 큰 계획.

百年河淸(백년하청) │ 百 일백 백(7), 年 해 년(8), 河 물 하(5), 淸 맑을 청(6)

　백 년을 기다린다 해도 황하黃河의 흐린 물은 맑아지지 않는다는 뜻으로, 오랫동안 기다려도 바라는 것이 이루어질 수 없음을 이르는 말.

白面書生(백면서생) │ 白 흰 백(8), 面 낯 면(7), 書 글 서(6), 生 날 생(8)

　희고 고운 얼굴에 글만 읽는 사람이란 뜻으로, 세상일에 조금도 경험이 없는 사람을 이르는 말.

百無一取(백무일취) │ 百 일백 백(7), 無 없을 무(5), 一 한 일(8), 取 취할 취(4Ⅱ)

　많은 것 가운데 하나도 쓸 만한 것이 없음.

百發百中(백발백중) │ 百 일백 백(7), 發 필 발(6), 中 가운데 중(8)

　백 번 쏘아 백 번 맞춘다는 뜻으로, 쏘기만 하면 명중함, 또는 계획이 예정대로 들어맞음을 이르는 말.

百戰老將(백전노장) | 百 일백 백(7), 戰 싸움 전(6), 老 늙을 로(7), 將 장수 장(4Ⅱ)
 많은 전투를 치른 노련한 장수란 뜻으로, 세상일에 경험이 많아 여러 가지
로 능란한 사람을 이르는 말.

百戰百勝(백전백승) | 百 일백 백(7), 戰 싸움 전(6), 百 일백 백(7), 勝 이길 승(6)
 백 번 싸워 백 번 이긴다는 뜻으로, 싸울 때마다 번번이 이김.

百折不屈(백절불굴) | 百 일백 백(7), 折 꺾을 절(4), 不 아닐 불/부(7), 屈 굽을 굴(4)
 백 번을 꺾어도 굴하지 않음. 어떤 어려움에도 굽히지 않음.

白紙狀態(백지상태) | 白 흰 백(8), 紙 종이 지(7), 狀 형상 상(4Ⅱ), 態 모습 태(4Ⅱ)
 종이에 아무것도 쓰지 않은 상태. 어떤 사물에 대해 아무것도 모르는 상태.
어떤 사물에 대해 아무런 선입견이 없는 상태.

百害無益(백해무익) | 百 일백 백(7), 害 해로울 해(5), 無 없을 무(5), 益 더할 익(4Ⅱ)
 해롭기만 하고 하나도 이로울 것이 없음.

變化難測(변화난측) | 變 변할 변(5), 化 될 화(5), 難 어려울 난(4Ⅱ), 測 잴 측(4Ⅱ)
 변화가 심하여 이루 다 헤아리기 어려움.

步武堂堂(보무당당) | 步 걸음 보(4Ⅱ), 武 호반 무(4Ⅱ), 堂 집 당(6)
 걸음걸이가 씩씩하고 위엄이 있음.

伏地不動(복지부동) | 伏 엎드릴 복(4), 地 땅 지(7), 不 아닐 부/불(7), 動 움직일 동(7)
 땅에 엎드려 움직이지 않는다는 뜻으로, 마땅히 해야 할 일을 하지 않고 몸
을 사람을 비유하는 말.

富貴在天(부귀재천) | 富 부자 부(4Ⅱ), 貴 귀할 귀(5), 在 있을 재(6), 天 하늘 천(7)
 부귀는 하늘이 부여하는 것이라 사람의 힘으로는 어찌할 수 없음을 이르
는 말.

夫婦有別(부부유별) | 夫 남편 부(7), 婦 며느리 부(4Ⅱ), 有 있을 유(7), 別 다를 별(6)
 오륜五倫의 하나. 남편과 아내 사이에는 엄격히 지켜야 할 인륜의 구별이

있음.

父傳子傳(부전자전) | 父 아비 부(8), 傳 전할 전(5), 子 아들 자(7)

대대로 아버지가 아들에게 전함.

北窓三友(북창삼우) | 北 북녘 북(8), 窓 창 창(6), 三 석 삼(8), 友 벗 우(5)

백거이白居易의 「북창삼우」 시에서 유래한 말로, 거문고와 술과 시를 이르는 말.

不可思議(불가사의) | 不 아닐 불/부(7), 可 옳을 가(5), 思 생각 사(5), 議 의논할 의(4Ⅱ)

사람의 생각으로는 미루어 헤아릴 수 없다는 뜻으로, 사람의 힘이 미치지 못하고 상상조차 할 수 없는 오묘한 것.

不攻自破(불공자파) | 不 아닐 불/부(7), 攻 칠 공(4), 自 스스로 자(7), 破 깨뜨릴 파(4Ⅱ)

적의 진지나 성 따위가 치지 아니하여도 스스로 깨어짐.

不立文字(불립문자) | 不 아닐 불/부(7), 立 설 립(7), 文 글월 문(7), 字 글자 자(7)

문자로 세우지 않는다는 뜻으로, 불도佛道의 깨달음은 마음에서 마음으로 전해지는 것이지, 문자나 말로 전해지는 것이 아니라는 말.

不問可知(불문가지) | 不 아닐 불/부(7), 問 물을 문(7), 可 옳을 가(5), 知 알 지(5)

묻지 않아도 뻔히 알 수 있음.

不問曲直(불문곡직) | 不 아닐 불/부(7), 問 물을 문(7), 曲 굽을 곡(5), 直 곧을 직(7)

굽음과 곧음을 묻지 않는다는 뜻으로, 옳고 그름을 가리지 않고 함부로 일을 처리함, 또는 잘잘못을 묻지 않고 함부로 행함.

不言可想(불언가상) | 不 아닐 불/부(7), 言 말씀 언(6), 可 옳을 가(5), 想 생각 상(4Ⅱ)

말을 하지 않아도 능히 짐작할 수 있음.

不遠千里(불원천리) | 不 아닐 불/부(7), 遠 멀 원(6), 千 일천 천(7), 里 마을 리(7)

천릿길도 멀다 하지 않는다는 뜻으로, 먼길을 열심히 달려가는 것을 형용하여 이르는 말.

不學無識(불학무식) │ 不 아닐 불/부(7), 學 배울 학(8), 無 없을 무(5), 識 알 식(5)
　배우지도 못하고 아는 것이 없음.

飛流直下(비류직하) │ 飛 날 비(4Ⅱ), 流 흐를 류(5), 直 곧을 직(7), 下 아래 하(7)
　(폭포 따위가) 곧바로 흘러 떨어짐.

非一非再(비일비재) │ 非 아닐 비(4Ⅱ), 一 한 일(8), 再 다시 재(5)
　같은 일이 한두 번이나 하나 둘이 아님.

貧者一燈(빈자일등) │ 貧 가난할 빈(4Ⅱ), 者 놈 자(6), 一 한 일(8), 燈 등불 등(4Ⅱ)
　가난한 사람이 밝힌 등불 하나라는 뜻으로, 가난 속에서도 보인 작은 성의
　가 부귀한 사람들의 많은 보시보다도 가치가 큼을 이르는 말.

士農工商(사농공상) │ 士 선비 사(5), 農 농사 농(7), 工 장인 공(7), 商 장사 상(5)
　선비·농부·장인匠人·상인商人의 네 가지 신분을 아울러 이르던 말.

事不如意(사불여의) │ 事 일 사(7), 不 아닐 불/부(7), 如 같을 여(4Ⅱ), 意 뜻 의(6)
　일이 뜻대로 안 됨.

死生決斷(사생결단) │ 死 죽을 사(6), 生 날 생(8), 決 결단할 결(5), 斷 끊을 단(4Ⅱ)
　죽고 사는 것을 가리지 않고 끝장을 내려고 덤벼듦.

事親以孝(사친이효) │ 事 일 사(7), 親 친할 친(6), 以 써 이(5), 孝 효도 효(7)
　세속오계의 한 가지. 어버이를 섬김에 효도孝道로써 함.

四通八達(사통팔달) │ 四 넉 사(8), 通 통할 통(6), 八 여덟 팔(8), 達 통달할 달(4Ⅱ)
　길이 사방팔방四方八方으로 통해 있음.

事必歸正(사필귀정) │ 事 일 사(7), 必 반드시 필(5), 歸 돌아갈 귀(4), 正 바를 정(7)
　처음에는 시비곡직을 가리지 못하여 그릇되더라도 모든 일이 결국에 가서

는 반드시 정리正理로 돌아감.

山戰水戰(산전수전) │ 山 메 산(8), 戰 싸움 전(6), 水 물 수(8)

산에서의 싸움과 물에서의 싸움이라는 뜻으로, 세상의 온갖 고난을 다 겪어 세상일에 경험이 많음을 이르는 말.

山川草木(산천초목) │ 山 메 산(8), 川 내 천(7), 草 풀 초(7), 木 나무 목(8)

산과 물과 나무와 풀이라는 뜻으로, 자연을 일컫는 말.

山海珍味(산해진미) │ 山 메 산(8), 海 바다 해(7), 珍 보배 진(4), 味 맛 미(4Ⅱ)

산과 바다에서 나는 온갖 귀한 물건으로 차린 맛이 좋은 음식.

殺身成仁(살신성인) │ 殺 죽일 살(4Ⅱ), 身 몸 신(6), 成 이룰 성(6), 仁 어질 인(4)

자신의 몸을 죽여 인仁을 이룬다는 뜻으로, 자기의 몸을 희생하여 옳은 도리를 행함.

三三五五(삼삼오오) │ 三 석 삼(8), 五 다섯 오(8)

서너 명 또는 대여섯 명이 떼를 지은 모양. 여기 저기 몇몇씩 흩어져 있는 모양.

傷風敗俗(상풍패속) │ 傷 다칠 상(4), 風 바람 풍(6), 敗 패할 패(5), 俗 풍속 속(4Ⅱ)

풍속을 상하게 하고 썩게 한다는 뜻으로, 풍속을 문란하게 함, 또는 부패하고 어지러워진 풍속을 이름.

生老病死(생로병사) │ 生 날 생(8), 老 늙을 로(7), 病 병 병(6), 死 죽을 사(6)

불교에서 이르는 네 가지 고통. 태어나고, 늙고, 병들고, 죽는 일.

生不如死(생불여사) │ 生 날 생(8), 不 아닐 불/부(7), 如 같을 여(4Ⅱ), 死 죽을 사(6)

몹시 곤란한 지경에 빠져 삶이 차라리 죽음만 같지 못하다는 뜻.

先公後私(선공후사) │ 先 먼저 선(8), 公 공평할 공(6), 後 뒤 후(7), 私 사사로울 사(4)

사私보다 공公을 앞세움이란 뜻으로, 사사로운 일이나 이익보다 공익을 앞세움.

先禮後學(선례후학) │ 先 먼저 선(8), 禮 예도 례(6), 後 뒤 후(7), 學 배울 학(8)
먼저 예의를 배우고 나중에 학문을 배우라는 말. 곧 예의가 첫째라는 뜻.

宣戰布告(선전포고) │ 宣 베풀 선(4), 戰 싸움 전(6), 布 베 포(4Ⅱ), 告 고할 고(5)
상대국에 대하여 전쟁 개시 의사를 선언하는 일.

先則制人(선즉제인) │ 先 먼저 선(8), 則 곧 즉(5), 制 절제할 제(4Ⅱ), 人 사람 인(8)
남보다 앞서 일을 도모하면 능히 남을 누를 수 있다는 뜻으로, 아무도 하지
않는 일을 남보다 앞서 하면 유리하다는 말.

說往說來(설왕설래) │ 說 말씀 설(5), 往 갈 왕(4Ⅱ), 來 올 래(7)
서로 변론을 주고받으며 옥신각신함.

勢窮力盡(세궁역진) │ 勢 형세 세(4Ⅱ), 窮 다할 궁(4), 力 힘 력(7), 盡 다할 진(4)
형세가 궁하고, 힘이 다함.

勢不兩立(세불양립) │ 勢 형세 세(4Ⅱ), 不 아닐 불/부(7), 兩 두 량(4Ⅱ), 立 설 립(7)
비슷한 두 세력은 공존할 수 없다는 뜻으로, 자웅을 겨루는 두 세력 사이에
화친이 있을 수 없음을 이르는 말.

世上萬事(세상만사) │ 世 인간 세(7), 上 윗 상(7), 萬 일만 만(8), 事 일 사(7)
세상에서 일어나는 모든 일.

歲時風俗(세시풍속) │ 歲 해 세(5), 時 때 시(7), 風 바람 풍(6), 俗 풍속 속(4Ⅱ)
예로부터 해마다 관례로 행해지는 전승적 행사.

歲寒三友(세한삼우) │ 歲 해 세(5), 寒 찰 한(5), 三 석 삼(8), 友 벗 우(5)
추운 겨울의 세 벗이라는 뜻으로, 소나무 · 대나무 · 매화나무를 일컫는 말.

所願成就(소원성취) │ 所 바 소(7), 願 원할 원(5), 成 이룰 성(6), 就 나아갈 취(4)
원하던 바를 이룸.

掃地無餘(소지무여) │ 掃 쓸 소(4Ⅱ), 地 땅 지(7), 無 없을 무(5), 餘 남을 여(4Ⅱ)
싹 쓸어낸 듯이 아무것도 없다는 뜻으로, 남은 물건이 전혀 없음을 이르는 말.

損上益下(손상익하) │ 損 덜 손(4), 上 윗 상(7), 益 더할 익(4Ⅱ), 下 아래 하(7)

윗사람에게 해를 끼침으로써 아랫사람을 이롭게 함.

送舊迎新(송구영신) │ 送 보낼 송(4Ⅱ), 舊 예 구(5), 迎 맞을 영(4), 新 새 신(6)

묵은해를 보내고 새해를 맞이함.

守眞志滿(수진지만) │ 守 지킬 수(4Ⅱ), 眞 참 진(4Ⅱ), 志 뜻 지(4Ⅱ), 滿 찰 만(4Ⅱ)

참되고 거짓이 없는 도를 지키면 의지가 충만해진다는 말.

純一無雜(순일무잡) │ 純 순수할 순(4Ⅱ), 一 한 일(8), 無 없을 무(5), 雜 섞일 잡(4)

전혀 섞인 것이 없음. 꾸밈이나 간사스러운 생각이 없는 상태.

崇德廣業(숭덕광업) │ 崇 높을 숭(4), 德 큰 덕(5), 廣 넓을 광(5), 業 업 업(6)

높은 덕과 큰 사업. 덕을 높이고 업을 넓힘.

承上接下(승상접하) │ 承 이을 승(4Ⅱ), 上 윗 상(7), 接 이을 접(4Ⅱ), 下 아래 하(7)

윗사람을 받들고 아랫사람을 잘 거느려서 둘 사이를 잘 주선함.

是非曲直(시비곡직) │ 是 옳을 시(4Ⅱ), 非 아닐 비(4Ⅱ), 曲 굽을 곡(5), 直 곧을 직(7)

옳고 그르고, 굽고 곧음. 도리에 맞는 것과 어긋나는 것.

視死如歸(시사여귀) │ 視 볼 시(4Ⅱ), 死 죽을 사(6), 如 같을 여(4Ⅱ), 歸 돌아갈 귀(4)

죽음을 고향에 돌아가는 것처럼 여긴다는 뜻으로, 죽음을 조금도 두려워하
지 않는다는 말.

是是非非(시시비비) │ 是 옳을 시(4Ⅱ), 非 아닐 비(4Ⅱ)

옳은 것은 옳다 하고 그른 것은 그르다고 하는 일.

始終如一(시종여일) │ 始 비로소 시(6), 終 마칠 종(5), 如 같을 여(4Ⅱ), 一 한 일(8)

처음이나 나중이 한결같아서 변함이 없음.

信賞必罰(신상필벌) │ 信 믿을 신(6), 賞 상줄 상(5), 必 반드시 필(5), 罰 벌할 벌(4Ⅱ)

상을 줄 만한 사람에게는 꼭 상을 주고 벌을 줄 만한 사람에게는 꼭 벌을 준
다는 뜻으로, 상벌을 규정대로 분명하게 함을 이르는 말.

身言書判(신언서판) │ 身 몸 신(6), 言 말씀 언(6), 書 글 서(6), 判 판단할 판(4)

　당나라 때 관리를 뽑는 시험에서 인물의 평가 기준으로 삼았던, 몸(체모)·
말씨(언변)·글씨(필적)·판단(문리)을 이르는 말.

實事求是(실사구시) │ 實 열매 실(5), 事 일 사(7), 求 구할 구(4Ⅱ), 是 옳을 시(4Ⅱ)

　실제로 있는 일에서 진리를 구함. 곧, 공리空理나 공론空論을 떠나서 정확한
고증에 따라 과학적으로 밝히려던 청나라 고증학의 학문 태도로서, 조선 후
기 실학파의 학문에 큰 영향을 주었음.

心機一轉(심기일전) │ 心 마음 심(7), 機 틀 기(4), 一 한 일(8), 轉 구를 전(4)

　어떠한 동기에 의하여 이제까지의 먹었던 마음을 바꿈.

心心相印(심심상인) │ 心 마음 심(7), 相 서로 상(5), 印 도장 인(4Ⅱ)

　마음에서 마음으로 전한다는 뜻으로, 묵묵한 가운데 서로 마음이 통함.

十目所視(십목소시) │ 十 열 십(8), 目 눈 목(6), 所 바 소(7), 視 볼 시(4Ⅱ)

　열 사람의 눈이 보고 있다는 뜻으로, 세상 사람을 속일 수 없음을 비유해 이
르는 말.

十中八九(십중팔구) │ 十 열 십(8), 中 가운데 중(8), 八 여덟 팔(8), 九 아홉 구(8)

　열 가운데 여덟이나 아홉이 그러하다는 뜻으로, 거의 예외 없이 그러할 것
이라는 추측을 나타내는 말.

惡戰苦鬪(악전고투) │ 惡 악할 악(5), 戰 싸움 전(6), 苦 쓸 고(6), 鬪 싸움 투(4)

　어려운 싸움과 괴로운 다툼이라는 뜻으로, 몹시 어려운 조건으로 고생스럽
게 싸우는 것을 말함.

眼明手快(안명수쾌) │ 眼 눈 안(4Ⅱ), 明 밝을 명(6), 手 손 수(7), 快 쾌할 쾌(4Ⅱ)
눈치가 빠르고 하는 일이 시원시원함. 눈썰미가 있고, 손놀림이 매우 빠름.

安分知足(안분지족) │ 安 편안 안(7), 分 나눌 분(6), 知 알 지(5), 足 발 족(7)
자기 분수에 만족하여 다른 데 마음을 두지 않음.

安貧樂道(안빈낙도) │ 安 편안 안(7), 貧 가난할 빈(4Ⅱ), 樂 즐길 락(6), 道 길 도(7)
가난한 처지에서도 평안한 마음으로 도를 지켜 즐김.

安心立命(안심입명) │ 安 편안 안(7), 心 마음 심(7), 立 설 립(7), 命 목숨 명(7)
모든 의혹과 번뇌를 버려 마음이 안정되고, 모든 것을 천명에 맡김.

眼下無人(안하무인) │ 眼 눈 안(4Ⅱ), 下 아래 하(7), 無 없을 무(5), 人 사람 인(8)
눈 아래 사람이 없다는 뜻으로, 사람됨이 교만하여 남을 업신여김을 이르는 말.

暗黑天地(암흑천지) │ 暗 어두울 암(4Ⅱ), 黑 검을 흑(5), 天 하늘 천(7), 地 땅 지(7)
어두운 천지. 암담하고 비참한 사회.

愛人如己(애인여기) │ 愛 사랑 애(6), 人 사람 인(8), 如 같을 여(4Ⅱ), 己 몸 기(5)
남을 자기 몸같이 사랑함.

夜光明月(야광명월) │ 夜 밤 야(6), 光 빛 광(6), 明 밝을 명(6), 月 달 월(8)
밤에 세상을 밝혀주는 밝은 달.

夜半逃走(야반도주) │ 夜 밤 야(6), 半 반 반(6), 逃 도망할 도(4), 走 달릴 주(4Ⅱ)
한밤중에 도망함.

藥房甘草(약방감초) │ 藥 약 약(6), 房 방 방(4Ⅱ), 甘 달 감(4), 草 풀 초(7)
어떤 일에나 빠짐없이 참석하는 사람과 꼭 있어야 할 물건을 비유하는 말.

弱肉強食(약육강식) │ 弱 약할 약(6), 肉 고기 육(4Ⅱ), 強 강할 강(6), 食 먹을 식(7)
약한 자는 강한 자에게 먹힌다는 뜻으로, 생존경쟁의 살벌함을 말함.

良藥苦口(양약고구) │ 良 어질 량(5), 藥 약 약(6), 苦 쓸 고(6), 口 입 구(7)
좋은 약은 입에 쓰다는 뜻으로, 충언忠言은 귀에 거슬린다는 말.

魚東肉西(어동육서) │ 魚 물고기 어(5), 東 동녘 동(8), 肉 고기 육(4Ⅱ), 西 서녘 서(8)
　제사상을 차릴 때 어찬은 동쪽에, 육찬은 서쪽에 놓음.

魚變成龍(어변성룡) │ 魚 물고기 어(5), 變 변할 변(5), 成 이룰 성(6), 龍 용 룡(4)
　물고기가 변하여 용이 되었다는 뜻으로, 어릴 때는 신통치 못하던 사람이
자란 뒤에 훌륭하게 되거나, 아주 곤궁하던 사람이 부귀하게 됨을 이름.

語不成說(어불성설) │ 語 말씀 어(7), 不 아닐 불/부(7), 成 이룰 성(6), 說 말씀 설(5)
　말이 조금도 사리에 맞지 않음. 말이 되지 않음.

言語道斷(언어도단) │ 言 말씀 언(6), 語 말씀 어(7), 道 길 도(7), 斷 끊을 단(4Ⅱ)
　말할 길이 끊어졌다는 뜻으로, 너무나 엄청나거나 기가 막혀서 말로 나타낼
수가 없음.

言中有骨(언중유골) │ 言 말씀 언(6), 中 가운데 중(8), 有 있을 유(7), 骨 뼈 골(4)
　말 가운데 뼈가 있다는 뜻으로, 말이 겉으로는 순한 듯하나 단단한 속뜻이
들어 있다는 말.

言行一致(언행일치) │ 言 말씀 언(6), 行 다닐 행(6), 一 한 일(8), 致 이룰 치(5)
　말과 행동이 같음. 말한 대로 행동함.

嚴正中立(엄정중립) │ 嚴 엄할 엄(4), 正 바를 정(7), 中 가운데 중(8), 立 설 립(7)
　어느 쪽으로도 치우치지 않고 중립의 위치를 굳게 지키는 일.

餘無可論(여무가론) │ 餘 남을 여(4Ⅱ), 無 없을 무(5), 可 옳을 가(5), 論 논할 론(4Ⅱ)
　대체가 이미 결정되었으므로 나머지는 의논할 여지가 없음.

與民同樂(여민동락) │ 與 더불 여(4), 民 백성 민(8), 同 한가지 동(7), 樂 즐길 락(6)
　왕이 백성과 더불어 즐거움을 함께 나눔.

餘不備禮(여불비례) │ 餘 남을 여(4Ⅱ), 不 아닐 불/부(7), 備 갖출 비(4Ⅱ), 禮 예도 례(6)
　나머지는 예를 갖추지 못한다는 뜻으로, 편지 끝에 쓰는 말.

與世推移(여세추이) │ 與 더불 여(4), 世 인간 세(7), 推 밀 추(4), 移 옮길 이(4Ⅱ)
　세상의 변화에 따라 함께 변함.

如出一口(여출일구) │ 如 같을 여(4Ⅱ), 出 날 출(7), 一 한 일(8), 口 입 구(7)
여러 사람의 말이 한 입에서 나오는 것처럼 한결같음을 이르는 말.

女必從夫(여필종부) │ 女 계집 녀(8), 必 반드시 필(5), 從 좇을 종(4), 夫 지아비 부(7)
아내는 반드시 남편의 뜻을 좇아야 한다는 말.

緣木求魚(연목구어) │ 緣 인연 연(4), 木 나무 목(8), 求 구할 구(4Ⅱ), 魚 물고기 어(5)
나무에 올라가 물고기를 구한다는 뜻으로, 도저히 불가능한 일을 굳이 하려
함을 비유하는 말.

連戰連勝(연전연승) │ 連 이을 련(4Ⅱ), 戰 싸움 전(6), 勝 이길 승(6)
싸울 때마다 빈번이 이김.

五穀百果(오곡백과) │ 五 다섯 오(8), 穀 곡식 곡(4), 百 일백 백(7), 果 실과 과(6)
온갖 곡식과 과일.

五風十雨(오풍십우) │ 五 다섯 오(8), 風 바람 풍(6), 十 열 십(8), 雨 비 우(5)
닷새에 한 번씩 바람이 불고 열흘에 한번씩 비가 온다는 뜻으로, 기후가 순
조로움을 이르는 말. 또는 정치가 잘 되어 세월이 태평함을 비유하는 말.

玉骨仙風(옥골선풍) │ 玉 구슬 옥(4Ⅱ), 骨 뼈 골(4), 仙 신선 선(5), 風 바람 풍(6)
살빛이 희고 고결하여 신선과 같은 풍채.

溫故知新(온고지신) │ 溫 따뜻할 온(6), 故 연고 고(4Ⅱ), 知 알 지(5), 新 새 신(6)
옛것을 연구하여 거기서 새로운 지식이나 도리를 찾아내는 일.

樂山樂水(요산요수) │ 樂 좋아할 요/즐길 락(6), 山 메 산(8), 水 물 수(8)
산을 좋아하고 물을 좋아한다는 뜻으로, 산수山水의 경치를 좋아함을 이르는
말. 어진 자는 의리에 밝고 산처럼 중후하여 변하지 않으므로 산을 좋아하고,
지혜로운 자는 사리에 통달하여 물처럼 막힘이 없으므로 물을 좋아한다는 말.

雨順風調(우순풍조) │ 雨 비 우(5), 順 순할 순(5), 風 바람 풍(6), 調 고를 조(5)
비 오고 바람 부는 것의 때와 분량이 알맞다는 뜻으로, 기후가 순조로움을
이르는 말.

右往左往(우왕좌왕) | 右 오른 우(7), 往 갈 왕(4Ⅱ), 左 왼 좌(7)

오른쪽으로 갔다 왼쪽으로 갔다 한다는 뜻으로, 이리저리 오락가락하며 일이나 나아갈 방향을 결정 짓지 못하고 망설임을 말함.

牛耳讀經(우이독경) | 牛 소 우(5), 耳 귀 이(5), 讀 읽을 독(6), 經 글 경(4Ⅱ)

쇠귀에 경 읽기란 뜻으로, 우둔한 사람은 아무리 가르치고 일러주어도 알아듣지 못함을 비유하는 말.

雨天順延(우천순연) | 雨 비 우(5), 天 하늘 천(7), 順 순할 순(5), 延 늘일 연(4)

어떤 모임이나 행사를 알릴 때, 이미 정한 날에 비가 오면 다음 날로 연기한다는 뜻으로 쓰는 말.

雄才大略(웅재대략) | 雄 수컷 웅(5), 才 재주 재(6), 大 큰 대(8), 略 간략할 략(4)

크고 뛰어난 재능과 원대한 지략. 또는 그런 것을 지닌 사람.

元利合計(원리합계) | 元 으뜸 원(5), 利 이로울 리(6), 合 합할 합(6), 計 셀 계(6)

원금과 이자의 합계.

月下老人(월하노인) | 月 달 월(8), 下 아래 하(7), 老 늙을 로(7), 人 사람 인(8)

혼인을 중매하는 사람을 이르는 말.

危機一髮(위기일발) | 危 위태할 위(4), 機 틀 기(4), 一 한 일(8), 髮 터럭 발(4)

머리털 하나로 무거운 물건을 끌어당긴다는 뜻으로, 당장이라도 끊어질 듯한 위험한 순간을 비유하는 말.

威風堂堂(위풍당당) | 威 위엄 위(4), 風 바람 풍(6), 堂 집 당(6)

위엄이 있어 풍채가 당당함.

有口無言(유구무언) | 有 있을 유(7), 口 입 구(7), 無 없을 무(5), 言 말씀 언(6)

입은 있으나 말이 없다는 뜻으로, 변명할 말이 없음.

類萬不同(유만부동) | 類 무리 류(5), 萬 일만 만(8), 不 아닐 부/불(7), 同 한가지 동(7)

비슷한 것들이 수만 가지 있어도 같지는 않다는 뜻으로, 모든 것이 서로 같지 않음을 뜻하는 말. 또는 정도에 넘침, 분수에 맞지 않음을 이르는 말.

有名無實(유명무실) │ 有 있을 유(7), 名 이름 명(7), 無 없을 무(5), 實 열매 실(5)

　이름만 있고 실상은 없음.

有備無患(유비무환) │ 有 있을 유(7), 備 갖출 비(4Ⅱ), 無 없을 무(5), 患 근심 환(5)

　미리 준비가 되어 있으면 우환을 당하지 않음. 또는 뒷걱정이 없다는 뜻.

類類相從(유유상종) │ 類 무리 류(5), 相 서로 상(5), 從 좇을 종(4)

　사물은 같은 무리끼리 따르고, 같은 사람은 서로 찾아 모인다는 뜻.

遺風餘俗(유풍여속) │ 遺 남길 유(4), 風 바람 풍(6), 餘 남을 여(4Ⅱ), 俗 풍속 속(4Ⅱ)

　예로부터 전하여져 오늘에 이른 풍속.

陰德陽報(음덕양보) │ 陰 그늘 음(4Ⅱ), 德 큰 덕(5), 陽 볕 양(6), 報 갚을 보(4Ⅱ)

　남이 모르게 덕행을 쌓은 사람에게 반드시 그 보답이 있음을 이르는 말.

意氣投合(의기투합) │ 意 뜻 의(6), 氣 기운 기(7), 投 던질 투(4), 合 합할 합(6)

　서로의 마음이 맞음.

異口同聲(이구동성) │ 異 다를 이(4), 口 입 구(7), 同 한가지 동(7), 聲 소리 성(4Ⅱ)

　입은 다르지만 하는 말은 같다는 뜻으로, 여러 사람의 말이 한결같음을 이르는 말.

以卵擊石(이란격석) │ 以 써 이(5), 卵 알 란(4), 擊 칠 격(4), 石 돌 석(6)

　달걀로 돌을 친다는 뜻으로, 턱없이 약한 것으로 엄청나게 강한 것을 당해내려는 어리석음을 비유하는 말.

以心傳心(이심전심) │ 以 써 이(5), 心 마음 심(7), 傳 전할 전(5)

　말이나 글을 쓰지 않고 마음에서 마음으로 서로 뜻을 전함.

以熱治熱(이열치열) │ 以 써 이(5), 熱 더울 열(5), 治 다스릴 치(4Ⅱ)

　열은 열로써 다스린다는 뜻으로, 힘에는 힘으로 또는 강한 것에는 강한 것으로 상대함을 이르는 말.

利用厚生(이용후생) │ 利 이로울 리(6), 用 쓸 용(6), 厚 두터울 후(4), 生 날 생(8)

　기구를 편리하게 쓰고 먹을 것 입을 것을 넉넉하게 하여 백성의 생활을 나아지게 함.

二律背反(이율배반) | 二 두 이(8), 律 법칙 률(4Ⅱ), 背 등 배(4Ⅱ), 反 돌이킬 반(6)
 두 가지 규율이 서로 반대된다는 뜻으로, 서로 모순 · 대립하는 두 명제가
동등한 타당성을 가지고 주장되는 일.

異體同心(이체동심) | 異 다를 이(4), 體 몸 체(6), 同 한가지 동(7), 心 마음 심(7)
 몸은 다르나 마음은 같다는 뜻으로, 서로 극히 친밀함을 이르는 말.

移風易俗(이풍역속) | 移 옮길 이(4Ⅱ), 風 바람 풍(6), 易 바꿀 역(4), 俗 풍속 속(4Ⅱ)
 나쁜 풍속이 좋은 쪽으로 바뀜.

離合集散(이합집산) | 離 떠날 리(4), 合 합할 합(6), 集 모을 집(6), 散 흩을 산(4)
 헤어졌다가 모였다가 하는 일.

利害得失(이해득실) | 利 이로울 리(6), 害 해할 해(5), 得 얻을 득(4Ⅱ), 失 잃을 실(6)
 이로움과 해로움. 얻음과 잃음.

益者三友(익자삼우) | 益 더할 익(4Ⅱ), 者 놈 자(6), 三 석 삼(8), 友 벗 우(5)
 사귀어 유익한 세 부류의 벗이라는 뜻으로, 정직한 사람 · 친구의 도리를 지
키는 사람 · 지식이 있는 사람을 이르는 말.

因果應報(인과응보) | 因 인할 인(5), 果 실과 과(6), 應 응할 응(4Ⅱ), 報 갚을 보(4Ⅱ)
 원인과 결과는 서로 물고 물린다는 뜻으로, 과거 또는 전생에 쌓은 선악의
인연에 따라 뒷날 길흉과 화복의 갚음을 받게 됨을 이르는 말.

人命在天(인명재천) | 人 사람 인(8), 命 목숨 명(7), 在 있을 재(6), 天 하늘 천(7)
 사람이 오래 살고 일찍 죽음은 다 하늘에 매여 있음.

人事不省(인사불성) | 人 사람 인(8), 事 일 사(7), 不 아닐 불/부(7), 省 살필 성(6)
 정신을 잃고 의식을 모름이란 뜻으로, 사람으로서의 예절을 차릴 줄 모름.
또는 의식을 잃어서 사람의 일을 알아차리지 못함.

人死留名(인사유명) | 人 사람 인(8), 死 죽을 사(6), 留 머무를 류(4Ⅱ), 名 이름 명(7)
 사람은 죽어도 이름은 남겨진다는 뜻으로, 그 삶이 헛되지 않으면 이름이

길이 남는다는 말.

人山人海(인산인해) │ 人 사람 인(8), 山 메 산(8), 海 바다 해(7)
 사람의 산과 사람의 바다라는 뜻으로, 사람이 헤아릴 수 없이 많이 모인
모양.

人生無常(인생무상) │ 人 사람 인(8), 生 날 생(8), 無 없을 무(5), 常 떳떳할 상(4Ⅱ)
 인생이 덧없음을 이르는 말.

引受引繼(인수인계) │ 引 끌 인(4Ⅱ), 受 받을 수(4Ⅱ), 繼 이을 계(4)
 업무 따위를 넘겨받고 물려줌.

人身攻擊(인신공격) │ 人 사람 인(8), 身 몸 신(6), 攻 칠 공(4), 擊 칠 격(4)
 남의 신상에 관한 일을 들어 비난함.

仁者無敵(인자무적) │ 仁 어질 인(4), 者 놈 자(6), 無 없을 무(5), 敵 대적할 적(4Ⅱ)
 어진 사람은 널리 사람을 사랑하므로 천하에 적대할 사람이 없음.

仁者樂山(인자요산) │ 仁 어질 인(4), 者 놈 자(6), 樂 좋아할 요/즐길 락(6), 山 메 산(8)
 어진 사람은 산을 좋아함. 어진 사람의 행동은 신중하기가 산과 같다는 말.

人情世態(인정세태) │ 人 사람 인(8), 情 뜻 정(5), 世 인간 세(7), 態 모습 태(4Ⅱ)
 세상을 살아가며 느끼는 사람들의 정의와 세상의 형편.

一刻千金(일각천금) │ 一 한 일(8), 刻 새길 각(4), 千 일천 천(7), 金 쇠 금(8)
 매우 짧은 시간이라도 천금과 같이 귀중함을 이르는 말.

一擧兩得(일거양득) │ 一 한 일(8), 擧 들 거(5), 兩 두 량(4Ⅱ), 得 얻을 득(4Ⅱ)
 한 가지 일로써 두 가지 이익을 얻는다는 뜻.

一口二言(일구이언) │ 一 한 일(8), 口 입 구(7), 二 두 이(8), 言 말씀 언(6)
 한 입으로 두 말을 한다는 뜻으로, 말을 이랬다 저랬다 함을 이르는 말.

一動一靜(일동일정) │ 一 한 일(8), 動 움직일 동(7), 靜 고요할 정(4)
 때로는 움직이고, 때로는 조용히 함.

一脈相通(일맥상통) │ 一 한 일(8), 脈 줄기 맥(4Ⅱ), 相 서로 상(5), 通 통할 통(6)
 생각 · 성질 · 처지 등이 어느 면에서 한 가지로 서로 통함, 서로 비슷함.

一罰百戒(일벌백계) │ 一 한 일(8), 罰 벌할 벌(4Ⅱ), 百 일백 백(7), 戒 경계할 계(4)
 한 가지 죄와 또는 한 사람을 벌줌으로써 여러 사람의 경각심을 불러일으킴.

一絲不亂(일사불란) │ 一 한 일(8), 絲 실 사(4), 不 아닐 불/부(7), 亂 어지러울 란(4)
 한 오라기의 실도 흐트러지지 않았다는 뜻으로, 질서나 체계 따위가 정연하
 여 조금도 흐트러지거나 어지러운 데가 없다는 말.

一石二鳥(일석이조) │ 一 한 일(8), 石 돌 석(6), 二 두 이(8), 鳥 새 조(4Ⅱ)
 한 개의 돌을 던져 두 마리의 새를 맞추어 떨어뜨린다는 뜻으로, 한 가지 일
 을 해서 두 가지 이익을 얻음을 이르는 말.

一言半句(일언반구) │ 一 한 일(8), 言 말씀 언(6), 半 반 반(6), 句 글귀 구(4Ⅱ)
 한 마디의 말과 한 구절의 반이라는 뜻으로, 아주 짧은 말을 이름.

一衣帶水(일의대수) │ 一 한 일(8), 衣 옷 의(6), 帶 띠 대(4Ⅱ), 水 물 수(8)
 한 가닥의 띠와 같은 좁은 냇물이나 바닷물, 또는 그것을 사이에 둔 관계.

一日三秋(일일삼추) │ 一 한 일(8), 日 날 일(8), 三 석 삼(8), 秋 가을 추(7)
 하루가 삼 년 같다는 뜻으로, 매우 지리하거나 몹시 애태우며 기다리는 것
 을 비유함.

一長一短(일장일단) │ 一 한 일(8), 長 긴 장(8), 短 짧을 단(6)
 장점도 있고 단점도 있음.

一朝一夕(일조일석) │ 一 한 일(8), 朝 아침 조(6), 夕 저녁 석(7)
 하루 아침 하루 저녁이란 뜻으로, 대단히 짧은 시간을 말함.

一進一退(일진일퇴) │ 一 한 일(8), 進 나아갈 진(4Ⅱ), 退 물러날 퇴(4Ⅱ)
 한 번 나아감과 한 번 물러섬. 나아갔다가 물러섬. 좋아졌다 나빠졌다 함.

一寸光陰(일촌광음) │ 一 한 일(8), 寸 마디 촌(8), 光 빛 광(6), 陰 그늘 음(4Ⅱ)
 매우 짧은 시간.

日就月將(일취월장) │ 日 날 일(8), 就 나아갈 취(4), 月 달 월(8), 將 장수 장(4Ⅱ)

날마다 달마다 성장하고 발전한다는 뜻으로, 학업이나 기예가 날이 가고 달이 갈수록 진보함을 이름.

一波萬波(일파만파) │ 一 한 일(8), 波 물결 파(4Ⅱ), 萬 일만 만(8)

한 사건이 그 사건에 그치지 않고 잇달아 많은 사건으로 번짐.

一喜一悲(일희일비) │ 一 한 일(8), 喜 기쁠 희(4), 悲 슬플 비(4Ⅱ)

기쁜 일과 슬픈 일이 번갈아 일어남. 한편으론 기쁘고 한편으론 슬픔.

立春大吉(입춘대길) │ 立 설 립(7), 春 봄 춘(7), 大 큰 대(8), 吉 길할 길(5)

입춘을 맞이하여 길운을 기원하는 글.

自強不息(자강불식) │ 自 스스로 자(7), 強 강할 강(6), 不 아닐 불/부(7), 息 쉴 식(4Ⅱ)

스스로 힘을 쓰고 가다듬어 쉬지 않음.

自給自足(자급자족) │ 自 스스로 자(7), 給 줄 급(5), 足 발 족(7)

자기가 필요한 것을 스스로 생산하여 충당함.

自問自答(자문자답) │ 自 스스로 자(7), 問 물을 문(7), 答 대답 답(7)

스스로 묻고 스스로 대답한다는 뜻으로, 마음속으로 대화함을 이르는 말.

子孫萬代(자손만대) │ 子 아들 자(7), 孫 손자 손(6), 萬 일만 만(8), 代 대신 대(6)

자자손손子子孫孫의 썩 많은 세대.

自手成家(자수성가) │ 自 스스로 자(7), 手 손 수(7), 成 이룰 성(6), 家 집 가(7)

물려받은 재산 없이 제 혼자 힘으로 집안을 일으키고 재산을 모음.

自業自得(자업자득) │ 自 스스로 자(7), 業 업 업(6), 得 얻을 득(4Ⅱ)

제가 저지른 일로 인하여 스스로 그 결과를 받음.

自初至終(자초지종) │ 自 스스로 자(7), 初 처음 초(5), 至 이를 지(4Ⅱ), 終 마칠 종(5)
처음부터 끝까지의 동안이나 과정.

自畫自讚(자화자찬) │ 自 스스로 자(7), 畫 그림 화(6), 讚 기릴 찬(4)
자기가 그린 그림을 스스로 칭찬한다는 뜻으로, 자기가 한 일을 자기 스스로 자랑함을 이르는 말.

作心三日(작심삼일) │ 作 지을 작(6), 心 마음 심(7), 三 석 삼(8), 日 날 일(8)
품은 마음이 사흘을 못 간다는 뜻으로, 결심이 굳지 못함을 빗대어 이르는 말.

長林深處(장림심처) │ 長 긴 장(8), 林 수풀 림(7), 深 깊을 심(4Ⅱ), 處 곳 처(4Ⅱ)
길게 뻗친 숲의 깊은 곳.

張三李四(장삼이시) │ 張 베풀 장(4), 三 석 삼(8), 李 오얏 리(6), 四 넉 사(8)
장씨의 셋째 아들과 이씨의 넷째 아들이라는 말로, 성명이나 신분을 똑똑히 알 수 없는 평범한 사람들을 가리키는 말.

積小成大(적소성대) │ 積 쌓을 적(4), 小 작을 소(8), 成 이룰 성(6), 大 큰 대(8)
작은 것도 쌓이면 크게 됨. 적은 것도 쌓이면 많아짐.

適者生存(적자생존) │ 適 맞을 적(4), 者 놈 자(6), 生 날 생(8), 存 있을 존(4)
생존 경쟁의 세계에서, 외계의 상태나 변화에 적합하거나 잘 적응하는 것만이 살아남고, 그렇지 못한 것은 멸망하는 일.

適材適所(적재적소) │ 適 맞을 적(4), 材 재목 재(5), 所 바 소(7)
어떤 일에 적당한 재능을 가진 사람에게 적합한 지위나 임무를 맡김.

積土成山(적토성산) │ 積 쌓을 적(4), 土 흙 토(8), 成 이룰 성(6), 山 메 산(8)
흙이 쌓여 산이 된다는 말로, 작은 것도 많이 모이면 커진다는 말.

電光石火(전광석화) │ 電 번개 전(7), 光 빛 광(6), 石 돌 석(6), 火 불 화(8)
번갯불이나 부싯돌의 불이 번쩍이는 것처럼, 몹시 짧은 시간이나 매우 재빠른 동작을 비유하여 이르는 말.

前代未聞(전대미문) | 前 앞 전(7), 代 대신 대(6), 未 아닐 미(4Ⅱ), 聞 들을 문(6)

  지난 시대에는 들어본 적이 없다는 뜻으로, 매우 놀랍거나 새로운 일을 이르는 말.

前無後無(전무후무) | 前 앞 전(7), 無 없을 무(5), 後 뒤 후(7)

  전에도 없었고 앞으로도 있을 수 없음.

專心致志(전심치지) | 專 오로지 전(4), 心 마음 심(7), 致 이를 치(5), 志 뜻 지(4Ⅱ)

  다른 생각은 하지 않고 오로지 한 일에만 마음을 써서 뜻한 바를 이룸.

絶體絶命(절체절명) | 絶 끊을 절(4Ⅱ), 體 몸 체(6), 命 목숨 명(7)

  몸도 목숨도 다 되었다는 뜻으로, 궁지에 몰려 살아날 길이 없게 된 막다른 처지를 이르는 말.

絶海孤島(절해고도) | 絶 끊을 절(4Ⅱ), 海 바다 해(7), 孤 외로울 고(4), 島 섬 도(5)

  육지에서 아주 멀리 떨어져 있는 외로운 섬.

點鐵成金(점철성금) | 點 점 점(4), 鐵 쇠 철(5), 成 이룰 성(6), 金 쇠 금(8)

  쇳덩이를 다루어 황금을 만든다는 뜻으로, 나쁜 것을 고쳐서 좋은 것으로 만드는 것을 비유하는 말.

精金美玉(정금미옥) | 精 정할 정(4Ⅱ), 金 쇠 금(8), 美 아름다울 미(6), 玉 구슬 옥(4Ⅱ)

  순수한 금과 아름다운 구슬이라는 뜻으로, 인품이나 시문이 깔끔하고 아름다움을 비유하여 이르는 말.

朝變夕改(조변석개) | 朝 아침 조(6), 變 변할 변(5), 夕 저녁 석(7), 改 고칠 개(5)

  아침저녁으로 뜯어고친다는 뜻으로, 계획이나 결정 따위를 자주 고치는 것을 이르는 말. 조개모변朝改暮變.

種豆得豆(종두득두) | 種 씨 종(5), 豆 콩 두(4Ⅱ), 得 얻을 득(4Ⅱ)

  콩 심은 데 콩 난다는 뜻으로, 원인에 따라 결과가 생긴다는 말.

終無消息(종무소식) | 終 마칠 종(5), 無 없을 무(5), 消 사라질 소(6), 息 쉴 식(4Ⅱ)

  끝내 소식이 없음.

主客一體(주객일체) | 主 주인 주(7), 客 손 객(5), 一 한 일(8), 體 몸 체(6)

　나와 대상이 일체가 됨.

走馬看山(주마간산) | 走 달릴 주(4Ⅱ), 馬 말 마(5), 看 볼 간(4), 山 메 산(8)

　말을 타고 달리면서 산을 바라본다는 뜻으로, 바빠서 자세히 살펴보지 않고 대강 보고 지나감을 이름.

晝夜不息(주야불식) | 晝 낮 주(6), 夜 밤 야(6), 不 아닐 불/부(7), 息 쉴 식(4Ⅱ)

　밤낮으로 쉬지 않고 매우 열심히 함.

竹馬故友(죽마고우) | 竹 대 죽(4Ⅱ), 馬 말 마(5), 故 연고 고(4Ⅱ), 友 벗 우(5)

　대말(죽마竹馬)을 타고 놀던 옛 친구라는 뜻으로, 어릴 때부터 가까이 지내며 자란 친구를 이르는 말.

衆口難防(중구난방) | 衆 무리 중(4Ⅱ), 口 입 구(7), 難 어려울 난(4Ⅱ), 防 막을 방(4Ⅱ)

　여러 사람의 입을 막기 어렵다는 뜻으로, 많은 사람들이 함부로 떠들어대는 것은 감당하기 어려우니 행동을 조심해야 함을 이르는 말.

重言復言(중언부언) | 重 무거울 중(7), 言 말씀 언(6), 復 다시 부(4Ⅱ)

　한 말을 자꾸 되풀이함.

衆人環視(중인환시) | 衆 무리 중(4Ⅱ), 人 사람 인(8), 環 고리 환(4), 視 볼 시(4Ⅱ)

　많은 사람들이 둘러서서 봄.

至公無私(지공무사) | 至 이를 지(4Ⅱ), 公 공평할 공(6), 無 없을 무(5), 私 사사로울 사(4)

　지극히 공평하여 조금도 사사로움이 없음.

至上命令(지상명령) | 至 이를 지(4Ⅱ), 上 윗 상(7), 命 목숨 명(7), 令 하여금 령(5)

　절대로 복종해야 할 명령.

至誠感天(지성감천) | 至 이를 지(4Ⅱ), 誠 정성 성(4Ⅱ), 感 느낄 감(6), 天 하늘 천(7)

　지극한 정성에는 하늘도 감동한다는 뜻으로, 무엇이든 정성껏 하면 하늘을 감동시켜 좋은 결과를 맺는다는 말.

盡忠報國(진충보국) │ 盡 다할 진(4), 忠 충성 충(4Ⅱ), 報 갚을 보(4Ⅱ), 國 나라 국(8)
충성을 다하여 나라에 보답함.

進退兩難(진퇴양난) │ 進 나아갈 진(4Ⅱ), 退 물러날 퇴(4Ⅱ), 兩 두 량(4Ⅱ), 難 어려울 난(4Ⅱ)
나아갈 수도 물러설 수도 없는 궁지에 빠짐.

千客萬來(천객만래) │ 千 일천 천(7), 客 손 객(5), 萬 일만 만(8), 來 올 래(7)
썩 많은 손님이 번갈아 찾아옴.

千慮一得(천려일득) │ 千 일천 천(7), 慮 생각할 려(4), 一 한 일(8), 得 얻을 득(4Ⅱ)
천 번 생각하면 한 가지는 얻는다는 뜻으로, 바보도 한 가지쯤은 좋은 생각
이 있다는 뜻으로도 쓰임.

千慮一失(천려일실) │ 千 일천 천(7), 慮 생각할 려(4), 一 한 일(8), 失 잃을 실(6)
천 가지 생각 가운데 한 가지 실책이란 뜻으로, 지혜로운 사람이라도 많은
생각을 하다 보면 하나쯤은 실수가 있을 수 있음, 또는 여러 번 생각하여 신
중하고 조심스럽게 한 일에도 때로는 실수가 있음.

千變萬化(천변만화) │ 千 일천 천(7), 變 변할 변(5), 萬 일만 만(8), 化 될 화(5)
천만 가지로 변화한다는 뜻으로, 장면·사태·모양 등이 한없이 변화해감
을 이르는 말.

千思萬慮(천사만려) │ 千 일천 천(7), 思 생각 사(5), 萬 일만 만(8), 慮 생각할 려(4)
여러 가지로 생각하는 것, 갖가지로 사려함.

天生緣分(천생연분) │ 天 하늘 천(7), 生 날 생(8), 緣 인연 연(4), 分 나눌 분(6)
하늘이 마련해준 연분.

天人共怒(천인공노) │ 天 하늘 천(7), 人 사람 인(8), 共 한가지 공(6), 怒 성낼 노(4Ⅱ)
 하늘과 사람이 함께 분노한다는 뜻으로, 누구나 분노할 만큼 증오스러움, 또는 도저히 용납될 수 없음을 비유함.

千差萬別(천차만별) │ 千 일천 천(7), 差 다를 차(4), 萬 일만 만(8), 別 다를 별(6)
 여러 사물이 모두 차이가 있고 구별이 있음.

千態萬象(천태만상) │ 千 일천 천(7), 態 모습 태(4Ⅱ), 萬 일만 만(8), 象 코끼리 상(4)
 천차만별의 상태, 곧 모든 사물이 제각기 다른 모습을 하고 있음을 이르는 말.

千篇一律(천편일률) │ 千 일천 천(7), 篇 책 편(4), 一 한 일(8), 律 법칙 률(4Ⅱ)
 시문의 격조가 비슷비슷하다는 뜻으로, 사물이 모두 판에 박은 듯함을 이르는 말.

天下大勢(천하대세) │ 天 하늘 천(7), 下 아래 하(7), 大 큰 대(8), 勢 기세 세(4Ⅱ)
 세상이 돌아가는 추세.

天下第一(천하제일) │ 天 하늘 천(7), 下 아래 하(7), 第 차례 제(6), 一 한 일(8)
 세상에서 견줄 만한 것이 없음.

鐵血政略(철혈정략) │ 鐵 쇠 철(5), 血 피 혈(4Ⅱ), 政 정사 정(4Ⅱ), 略 간략할 략(4)
 군사력을 강화함으로써 국권을 신장시키려는 정략.

淸風明月(청풍명월) │ 淸 맑을 청(6), 風 바람 풍(6), 明 밝을 명(6), 月 달 월(8)
 맑은 바람과 밝은 달이라는 뜻으로, 결백하고 온건한 성격을 평하여 이르는 말.

寸鐵殺人(촌철살인) │ 寸 마디 촌(8), 鐵 쇠 철(5), 殺 죽일 살(4Ⅱ), 人 사람 인(8)
 한 치밖에 안 되는 칼로 사람을 죽인다는 뜻으로, 간단한 경구나 단어로 사람을 감동시킬 수 있다는 말.

秋風落葉(추풍낙엽) │ 秋 가을 추(7), 風 바람 풍(6), 落 떨어질 락(5), 葉 잎 엽(5)
 가을 바람에 떨어지는 낙엽이라는 뜻으로, 세력 따위가 갑자기 기울거나 시둘을 이르는 말.

出將入相(출장입상) │ 出 날 출(7), 將 장수 장(4Ⅱ), 入 들 입(7), 相 서로 상(5)

 나가서는 장수요 들어와서는 재상이란 뜻으로, 문무를 겸비하여 장상將相의
벼슬을 두루 지냄을 이르는 말.

忠言逆耳(충언역이) │ 忠 충성 충(4Ⅱ), 言 말씀 언(6), 逆 거스를 역(4Ⅱ), 耳 귀 이(5)

 바른 말은 귀에 거슬린다는 뜻으로, 바르게 타이르는 말일수록 듣기 싫어함
을 이르는 말.

治國安民(치국안민) │ 治 다스릴 치(4Ⅱ), 國 나라 국(8), 安 편안 안(7), 民 백성 민(8)

 나라를 다스리고 백성을 편안하게 함.

他人所視(타인소시) │ 他 다를 타(5), 人 사람 인(8), 所 바 소(7), 視 볼 시(4Ⅱ)

 남이 보는 바라 숨길 수 없음.

卓上空論(탁상공론) │ 卓 높을 탁(5), 上 윗 상(7), 空 빌 공(7), 論 논할 론(4Ⅱ)

 탁자 위에서만 펼치는 헛된 논설이란 뜻으로, 실현성이 없는 헛된 이론을
일컬음.

八方美人(팔방미인) │ 八 여덟 팔(8), 方 모 방(7), 美 아름다울 미(6), 人 사람 인(8)

 ①어느 모로 보나 아름다운 미인. ②누구에게나 두루 곱게 보이도록 처세하
는 사람. ③여러 방면의 일에 능통한 사람. ④아무 일에나 조금씩 손대는 사람.

敗家亡身(패가망신) | 敗 패할 패(5), 家 집 가(7), 亡 망할 망(5), 身 몸 신(6)
 가산을 탕진하고 몸을 망침.

平地落傷(평지낙상) | 平 평평할 평(7), 地 땅 지(7), 落 떨어질 락(5), 傷 다칠 상(4)
 평지에서 넘어져 다친다는 뜻으로, 뜻밖에 불행한 일을 당함을 비유하는 말.

風前燈火(풍전등화) | 風 바람 풍(6), 前 앞 전(7), 燈 등불 등(4Ⅱ), 火 불 화(8)
 바람 앞의 등불이란 뜻으로, 몹시 위급한 상태나 처지를 비유하는 말.

風前細柳(풍전세류) | 風 바람 풍(6), 前 앞 전(7), 細 가늘 세(4Ⅱ), 柳 버들 류(4)
 바람 앞에 나부끼는 세버들이란 뜻으로, 부드럽고 영리한 사람의 성격을
 평한 말.

漢江投石(한강투석) | 漢 한수 한(7), 江 강 강(7), 投 던질 투(4), 石 돌 석(6)
 한강에 돌을 던진다는 뜻으로, 아무리 해도 헛될 일을 하는 어리석은 행동
을 이르는 말.

行動擧止(행동거지) | 行 다닐 행(6), 動 움직일 동(7), 擧 들 거(5), 止 그칠 지(5)
 몸으로 움직이는 모든 것.

虛張聲勢(허장성세) | 虛 빌 허(4Ⅱ), 張 베풀 장(4), 聲 소리 성(4Ⅱ), 勢 형세 세(4Ⅱ)
 헛되이 목소리만 높인다는 뜻으로, 실력이 없으면서도 허세로만 떠벌림.

虛虛實實(허허실실) | 虛 빌 허(4Ⅱ), 實 열매 실(5)
 허를 찌르고 실을 꾀하는 계책으로 싸우는 모양. 계략을 써서 서로 상대방
의 약점을 비난하여 싸움. 허실을 살펴 상대방의 동정을 알아냄.

血氣方壯(혈기방장) | 血 피 혈(4Ⅱ), 氣 기운 기(7), 方 모 방(7), 壯 장할 장(4)
 혈기가 한창 씩씩함.

形形色色(형형색색) │ 形 모양 형(6), 色 빛 색(7)

　모양이나 종류가 다른 가지각색의 것.

好衣好食(호의호식) │ 好 좋을 호(4Ⅱ), 衣 옷 의(6), 食 먹을 식(7)

　좋은 옷과 좋은 음식. 잘 입고 잘 먹음.

呼兄呼弟(호형호제) │ 呼 부를 호(4Ⅱ), 兄 형 형(8), 弟 아우 제(8)

　썩 가까운 벗 사이에 형이니 아우니 하고 서로 부름.

化民成俗(화민성속) │ 化 될 화(5), 民 백성 민(8), 成 이룰 성(6), 俗 풍속 속(4Ⅱ)

　백성을 교화하여 아름다운 풍속을 이룸.

花容月態(화용월태) │ 花 꽃 화(7), 容 얼굴 용(4Ⅱ), 月 달 월(8), 態 모습 태(4Ⅱ)

　꽃다운 얼굴과 달 같은 자태라는 뜻으로, 아름다운 여자의 고운 자태를 이르는 말.

花朝月夕(화조월석) │ 花 꽃 화(7), 朝 아침 조(6), 月 달 월(8), 夕 저녁 석(7)

　꽃이 핀 아침과 달이 뜨는 저녁이란 뜻으로, 경치가 좋은 시절을 이르는 말.

花鳥風月(화조풍월) │ 花 꽃 화(7), 鳥 새 조(4Ⅱ), 風 바람 풍(6), 月 달 월(8)

　꽃과 새와 바람과 달이라는 뜻으로, 자연의 아름다운 경치를 이르는 말.

會者定離(회자정리) │ 會 모일 회(6), 者 놈 자(6), 定 정할 정(6), 離 떠날 리(4)

　만난 사람은 반드시 헤어진다는 뜻으로, 인생의 무상無常함을 이르는 말.

興國強兵(흥국강병) │ 興 일어날 흥(4Ⅱ), 國 나라 국(8), 強 강할 강(6), 兵 병사 병(5)

　나라를 일으키고 군사를 강하게 함.

興盡悲來(흥진비래) │ 興 일어날 흥(4Ⅱ), 盡 다할 진(4), 悲 슬플 비(4Ⅱ), 來 올 래(7)

　즐거운 일이 지나가면 슬픈 일이 닥쳐온다는 뜻으로, 세상의 일이 순환됨을 가리키는 말.

喜喜樂樂(희희낙락) │ 喜 기쁠 희(4), 樂 즐길 락(6)

　매우 기뻐하고 즐거워함.

漢字	漢字	단어	해당 급수
加(더할 가, 5)	減(덜 감, 4Ⅱ)	加減(가감)	4Ⅱ
可(옳을 가, 5)	否(아닐 부, 4)	可否(가부)	4
加(더할 가, 5)	除(덜 제, 4Ⅱ)	加除(가제)	4Ⅱ
干(방패/마를 간, 4)	滿(찰 만, 4Ⅱ)	干滿(간만)	4
甘(달 감, 4)	苦(쓸 고, 6)	甘苦(감고)	4
江(강 강, 7)	山(메 산, 8)	江山(강산)	7
強(강할 강, 6)	弱(약할 약, 6)	強弱(강약)	6
開(열 개, 6)	閉(닫을 폐, 4)	開閉(개폐)	4
去(갈 거, 5)	來(올 래, 7)	去來(거래)	5
去(갈 거, 5)	留(머무를 류, 4Ⅱ)	去留(거류)	4Ⅱ
巨(클 거, 4)	細(가늘 세, 4Ⅱ)	巨細(거세)	4
輕(가벼울 경, 5)	重(무거울 중, 7)	輕重(경중)	5
京(서울 경, 6)	鄕(시골 향, 4Ⅱ)	京鄕(경향)	4Ⅱ
古(예 고, 6)	今(이제 금, 6)	古今(고금)	6
苦(쓸/괴로울 고, 6)	樂(즐거울 락, 6)	苦樂(고락)	6
高(높을 고, 6)	低(낮을 저, 4Ⅱ)	高低(고저)	4Ⅱ
高(높을 고, 6)	下(아래 하, 7)	高下(고하)	6
曲(굽을 곡, 5)	直(곧을 직, 7)	曲直(곡직)	5
骨(뼈 골, 4)	肉(고기/살 육, 4Ⅱ)	骨肉(골육)	4

부록

405

漢字	漢字	단어	해당 급수
功(공 공, 6)	過(지날/허물 과, 5)	功過(공과)	5
攻(칠 공, 4)	防(막을 방, 4Ⅱ)	攻防(공방)	4
公(공평할/공변될 공, 6)	私(사사로울 사, 4)	公私(공사)	4
攻(칠 공, 4)	守(지킬 수, 4Ⅱ)	攻守(공수)	4
官(벼슬 관, 4Ⅱ)	民(백성 민, 8)	官民(관민)	4Ⅱ
敎(가르칠 교, 8)	學(배울 학, 8)	敎學(교학)	8
君(임금 군, 4)	民(백성 민, 8)	君民(군민)	4
君(임금 군, 4)	臣(신하 신, 5)	君臣(군신)	4
近(가까울 근, 6)	古(예 고, 6)	近古(근고)	6
今(이제 금, 6)	古(예 고, 6)	今古(금고)	6
起(일어날 기, 4Ⅱ)	結(맺을 결, 5)	起結(기결)	4Ⅱ
起(일어날 기, 4Ⅱ)	伏(엎드릴 복, 4)	起伏(기복)	4
起(일어날 기, 4Ⅱ)	寢(잘 침, 4)	起寢(기침)	4
吉(길할 길, 5)	凶(흉할 흉, 5)	吉凶(길흉)	5
難(어려울 난, 4Ⅱ)	易(쉬울 이, 4)	難易(난이)	4
男(사내 남, 7)	女(계집 녀, 8)	男女(남녀)	7
南(남녘 남, 8)	北(북녘 북, 8)	南北(남북)	8
來(올 래, 7)	往(갈 왕, 4Ⅱ)	來往(내왕)	4Ⅱ
內(안 내, 7)	外(바깥 외, 8)	內外(내외)	7
冷(찰 랭, 5)	熱(더울 열, 5)	冷熱(냉열)	5
冷(찰 랭, 5)	溫(따뜻할 온, 6)	冷溫(냉온)	5
勞(일할 로, 5)	使(하여금/부릴 사, 6)	勞使(노사)	5

漢字	漢字	단어	해당 급수
老(늙을 로, 7)	少(적을/젊을 소, 7)	老少(노소)	7
多(많을 다, 6)	少(적을 소, 7)	多少(다소)	6
單(홑 단, 4Ⅱ)	複(겹칠 복, 4)	單複(단복)	4
斷(끊을 단, 4Ⅱ)	續(이을 속, 4Ⅱ)	斷續(단속)	4Ⅱ
短(짧을 단, 6)	長(긴 장, 8)	短長(단장)	6
當(마땅 당, 5)	落(떨어질 락, 5)	當落(당락)	5
當(마땅 당, 5)	否(아닐 부, 4)	當否(당부)	4
大(큰 대, 8)	小(작을 소, 8)	大小(대소)	8
都(도읍 도, 5)	農(농사 농, 7)	都農(도농)	5
東(동녘 동, 8)	西(서녘 서, 8)	東西(동서)	8
同(한가지 동, 7)	異(다를 이, 4)	同異(동이)	4
動(움직일 동, 7)	靜(고요할 정, 4)	動靜(동정)	4
動(움직일 동, 7)	止(그칠 지, 5)	動止(동지)	5
得(얻을 득, 4Ⅱ)	失(잃을 실, 6)	得失(득실)	4Ⅱ
賣(팔 매, 5)	買(살 매, 5)	賣買(매매)	5
明(밝을 명, 6)	暗(어두울 매, 4Ⅱ)	明暗(명암)	4Ⅱ
問(물을 문, 7)	答(대답 답, 7)	問答(문답)	7
文(글월 문, 7)	武(호반 무, 4Ⅱ)	文武(문무)	4Ⅱ
物(물건/사물 물, 7)	心(마음 심, 7)	物心(물심)	7
班(나눌/양반 반, 6)	常(떳떳할/상민 상, 4Ⅱ)	班常(반상)	4Ⅱ
發(필/떠날 발, 6)	着(붙을/다다를 착, 5)	發着(발착)	5
方(모 방, 7)	圓(둥글 원, 4Ⅱ)	方圓(방원)	4Ⅱ

漢字	漢字	단어	해당 급수
白(흰 백, 8)	黑(검을 흑, 5)	白黑(백흑)	5
本(근본 본, 6)	末(끝 말, 5)	本末(본말)	5
父(아비 부, 8)	母(어미 모, 8)	父母(부모)	8
夫(지아비 부, 7)	婦(며느리/아내 부, 4Ⅱ)	夫婦(부부)	4Ⅱ
父(아비 부, 8)	子(아들 자, 7)	父子(부자)	7
分(나눌 분, 6)	合(합할 합, 6)	分合(분합)	6
貧(가난할 빈, 4Ⅱ)	富(부자/부유할 부, 4Ⅱ)	貧富(빈부)	4Ⅱ
氷(얼음 빙, 5)	炭(숯 탄, 5)	氷炭(빙탄)	5
死(죽을 사, 6)	命(목숨 명, 7)	死命(사명)	6
士(선비 사, 5)	民(백성 민, 8)	士民(사민)	5
死(죽을 사, 6)	産(낳을 산, 5)	死産(사산)	5
死(죽을 사, 6)	生(날 생, 8)	死生(사생)	6
辭(말씀/사양할 사, 4)	任(맡길 임, 5)	辭任(사임)	4
師(스승 사, 4Ⅱ)	弟(아우/제자 제, 8)	師弟(사제)	4Ⅱ
死(죽을 사, 6)	活(살 활, 7)	死活(사활)	6
山(메 산, 8)	野(들 야, 6)	山野(산야)	6
山(메 산, 8)	川(내 천, 7)	山川(산천)	7
山(메 산, 8)	河(물 하, 5)	山河(산하)	5
殺(죽일 살, 4Ⅱ)	活(살 활, 7)	殺活(살활)	4Ⅱ
賞(상줄 상, 5)	罰(벌할 벌, 4Ⅱ)	賞罰(상벌)	4Ⅱ
上(윗 상, 7)	下(아래 하, 7)	上下(상하)	7
生(날 생, 8)	死(죽을 사, 6)	生死(생사)	6

漢字	漢字	단어	해당 급수
生(날 생, 8)	殺(죽일 살, 4Ⅱ)	生殺(생살)	4Ⅱ
善(착할 선, 5)	惡(악할 악, 5)	善惡(선악)	5
先(먼저 선, 8)	後(뒤 후, 7)	先後(선후)	7
細(가늘 세, 4Ⅱ)	大(큰 대, 8)	細大(세대)	4Ⅱ
損(덜 손, 4)	得(얻을 득, 4Ⅱ)	損得(손득)	4
損(덜 손, 4)	益(더할 익, 4Ⅱ)	損益(손익)	4
送(보낼 송, 4Ⅱ)	受(받을 수, 4Ⅱ)	送受(송수)	4Ⅱ
送(보낼 송, 4Ⅱ)	迎(맞을 영, 4)	送迎(송영)	4
收(거둘 수, 4Ⅱ)	給(줄 급, 5)	收給(수급)	4Ⅱ
水(물 수, 8)	陸(뭍 륙, 5)	水陸(수륙)	5
授(줄 수, 4Ⅱ)	受(받을 수, 4Ⅱ)	授受(수수)	4Ⅱ
手(손 수, 7)	足(발 족, 7)	手足(수족)	7
收(거둘 수, 4Ⅱ)	支(지탱할/지출할 지, 4Ⅱ)	收支(수지)	4Ⅱ
水(물 수, 8)	火(불 화, 8)	水火(수화)	8
順(순할 순, 5)	逆(거스를 역, 4Ⅱ)	順逆(순역)	4Ⅱ
勝(이길 승, 6)	負(질 부, 4)	勝負(승부)	4
勝(이길 승, 6)	敗(패할 패, 5)	勝敗(승패)	5
始(비로소 시, 6)	末(끝 말, 5)	始末(시말)	5
是(옳을 시, 4Ⅱ)	非(아닐/그를 비, 4Ⅱ)	是非(시비)	4Ⅱ
始(비로소 시, 6)	終(마칠 종, 5)	始終(시종)	5
新(새 신, 6)	古(예 고, 6)	新古(신고)	6
新(새 신, 6)	舊(예 구, 5)	新舊(신구)	5

漢字	漢字	단어	해당 급수
實(열매 실, 5)	否(아닐 부, 4)	實否(실부)	4
心(마음 심, 7)	身(몸 신, 6)	心身(심신)	6
安(편안 안, 7)	否(아닐 부, 4)	安否(안부)	4
安(편안 안, 7)	危(위태할 위, 4)	安危(안위)	4
愛(사랑 애, 6)	惡(미워할 오, 5)	愛惡(애오)	5
良(어질 량, 5)	否(아닐 부, 4)	良否(양부)	4
言(말씀 언, 6)	行(다닐/행할 행, 6)	言行(언행)	6
與(더불/(여당) 여, 4)	野(들/(야당) 야, 6)	與野(여야)	4
迎(맞을 영, 4)	送(보낼 송, 4Ⅱ)	迎送(영송)	4
豫(미리 예, 4)	決(결단할/결정할 결, 5)	豫決(예결)	4
玉(구슬 옥, 4Ⅱ)	石(돌 석, 6)	玉石(옥석)	4Ⅱ
往(갈 왕, 4Ⅱ)	來(올 래, 7)	往來(왕래)	4Ⅱ
往(갈 왕, 4Ⅱ)	復(회복할/돌아올 복, 4Ⅱ)	往復(왕복)	4Ⅱ
遠(멀 원, 6)	近(가까울 근, 6)	遠近(원근)	6
月(달 월, 8)	日(날 일, 8)	月日(월일)	8
有(있을 유, 7)	無(없을 무, 5)	有無(유무)	5
陸(물 륙, 5)	空(빌/하늘 공, 7)	陸空(육공)	5
陸(물 륙, 5)	海(바다 해, 7)	陸海(육해)	5
隱(숨을 은, 4)	見(볼 견, 5)	隱見(은견)	4
恩(은혜 은, 4Ⅱ)	怨(원망할 원, 4)	恩怨(은원)	4
隱(숨을 은, 4)	現(나타날 현, 6)	隱現(은현)	4
隱(숨을 은, 4)	顯(나타날 현, 4)	隱顯(은현)	4

漢字	漢字	단어	해당 급수
陰(그늘 음, 4Ⅱ)	陽(볕 양, 6)	陰陽(음양)	4Ⅱ
音(소리 음, 6)	義(옳을/뜻 의, 4Ⅱ)	音義(음의)	4Ⅱ
音(소리 음, 6)	訓(가르칠/뜻 훈, 6)	音訓(음훈)	6
異(다를 이, 4)	同(한가지 동, 7)	異同(이동)	4
離(떠날 리, 4)	合(합할 합, 6)	離合(이합)	4
利(이로울 리, 6)	害(해할 해, 5)	利害(이해)	5
因(인할/원인 인, 5)	果(실과/결과 과, 6)	因果(인과)	5
日(날 일, 8)	月(달 월, 8)	日月(일월)	8
入(늘/합격힐 입, 7)	落(떨어질 락, 5)	入落(입락)	5
入(들 입, 7)	出(날 출, 7)	入出(입출)	7
子(아들 자, 7)	女(계집/딸 녀, 8)	子女(자녀)	7
姉(손위누이 자, 4)	妹(손아래누이 매, 4)	姉妹(자매)	4
子(아들 자, 7)	母(어미 모, 8)	子母(자모)	7
自(스스로/자기 자, 7)	他(다를/남 타, 5)	自他(자타)	5
昨(어제 작, 6)	今(이제 금, 6)	昨今(작금)	6
長(긴 장, 8)	短(짧을 단, 6)	長短(장단)	6
將(장수 장, 4Ⅱ)	兵(병사 병, 5)	將兵(장병)	4Ⅱ
將(장수 장, 4Ⅱ)	卒(마칠/군사 졸, 5)	將卒(장졸)	4Ⅱ
前(앞 전, 7)	後(뒤 후, 7)	前後(전후)	7
正(바를 정, 7)	反(돌이킬/반대할 반, 6)	正反(정반)	6
正(바를/본 정, 7)	副(버금/다음 부, 4Ⅱ)	正副(정부)	4Ⅱ
正(바를 정, 7)	誤(그르칠 오, 4Ⅱ)	正誤(정오)	4Ⅱ

漢字	漢字	단어	해당 급수
朝(아침 조, 6)	夕(저녁 석, 7)	朝夕(조석)	6
祖(할아비 조, 7)	孫(손자 손, 6)	祖孫(조손)	6
存(있을 존, 4)	亡(망할 망, 5)	存亡(존망)	4
終(마칠 종, 5)	始(비로소 시, 6)	終始(종시)	5
左(왼 좌, 7)	右(오른 우, 7)	左右(좌우)	7
罪(허물 죄, 5)	罰(벌할 벌, 4Ⅱ)	罪罰(죄벌)	4Ⅱ
罪(허물 죄, 5)	刑(형벌 형, 4)	罪刑(죄형)	4
主(주인 주, 7)	客(손 객, 5)	主客(주객)	5
晝(낮 주, 6)	夜(밤 야, 6)	晝夜(주야)	6
中(가운데/안 중, 8)	外(바깥 외, 8)	中外(중외)	8
增(더할 증, 4Ⅱ)	減(덜 감, 4Ⅱ)	增減(증감)	4Ⅱ
增(더할 증, 4Ⅱ)	損(덜 손, 4)	增損(증손)	4
知(알 지, 5)	行(다닐/행할 행, 6)	知行(지행)	5
進(나아갈 진, 4Ⅱ)	退(물러날 퇴, 4Ⅱ)	進退(진퇴)	4Ⅱ
眞(참 진, 4Ⅱ)	假(거짓 가, 4Ⅱ)	眞假(진가)	4Ⅱ
集(모을 집, 6)	配(나눌 배, 4Ⅱ)	集配(집배)	4Ⅱ
集(모을 집, 6)	散(흩을 산, 4)	集散(집산)	4
着(붙을/다다를 착, 5)	發(필/떠날 발, 6)	着發(착발)	5
天(하늘 천, 7)	人(사람 인, 8)	天人(천인)	7
初(처음 초, 5)	終(마칠 종, 5)	初終(초종)	5
春(봄 춘, 7)	秋(가을 추, 7)	春秋(춘추)	7
出(날 출, 7)	缺(이지러질/빠질 결, 4Ⅱ)	出缺(출결)	4Ⅱ

漢字	漢字	단어	해당 급수
出(날 출, 7)	納(들일 납, 4)	出納(출납)	4
出(날 출, 7)	入(들 입, 7)	出入(출입)	7
忠(충성 충, 4Ⅱ)	逆(거스를 역, 4Ⅱ)	忠逆(충역)	4Ⅱ
層(층 층, 4)	折(꺾을 절, 4)	層折(층절)	4
治(다스릴 치, 4Ⅱ)	亂(어지러울 란, 4)	治亂(치란)	4
投(던질 투, 4)	打(칠 타, 5)	投打(투타)	4
品(물건/품성 품, 5)	行(다닐/행할 행, 6)	品行(품행)	5
豊(풍년 풍, 4Ⅱ)	凶(흉할 흉, 5)	豊凶(풍흉)	4Ⅱ
夏(여름 하, 7)	冬(겨울 동, 7)	夏冬(하동)	7
學(배울 학, 8)	問(물을 문, 7)	學問(학문)	7
寒(찰 한, 5)	暖(따뜻할 난, 4Ⅱ)	寒暖(한난)	4Ⅱ
寒(찰 한, 5)	溫(따뜻할 온, 6)	寒溫(한온)	5
海(바다 해, 7)	空(빌/하늘 공, 7)	海空(해공)	7
海(바다 해, 7)	陸(뭍 륙, 5)	海陸(해륙)	5
向(향할 향, 6)	背(등/등질 배, 4Ⅱ)	向背(향배)	4Ⅱ
虛(빌 허, 4Ⅱ)	實(열매/찰 실, 5)	虛實(허실)	4Ⅱ
顯(나타날 현, 4)	密(빽빽할/비밀로할 밀, 4Ⅱ)	顯密(현밀)	4
血(피 혈, 4Ⅱ)	肉(고기/살 육, 4Ⅱ)	血肉(혈육)	4Ⅱ
刑(형벌 형, 4)	罰(벌할 벌, 4Ⅱ)	刑罰(형벌)	4
兄(형 형, 8)	弟(아우 제, 8)	兄弟(형제)	8
好(좋을 호, 4Ⅱ)	惡(미워할 오, 5)	好惡(호오)	4Ⅱ
呼(부를 호, 4Ⅱ)	應(응할 응, 4Ⅱ)	呼應(호응)	4Ⅱ

漢字	漢字	단어	해당 급수
呼(부를/숨내쉴 호, 4Ⅱ)	吸(마실/숨들이쉴 흡, 4Ⅱ)	呼吸(호흡)	4Ⅱ
和(화할 화, 6)	戰(싸움 전, 6)	和戰(화전)	6
活(살 활, 7)	殺(죽일 살, 4Ⅱ)	活殺(활살)	4Ⅱ
黑(검을 흑, 5)	白(흰 백, 8)	黑白(흑백)	5
興(일/흥할 흥, 4Ⅱ)	亡(망할 망, 5)	興亡(흥망)	4Ⅱ
興(일/흥할 흥, 4Ⅱ)	敗(패할 패, 5)	興敗(흥패)	4Ⅱ
喜(기쁠 희, 4)	怒(성낼 노, 4Ⅱ)	喜怒(희노)	4
喜(기쁠 희, 4)	悲(슬플 비, 4Ⅱ)	喜悲(희비)	4

漢字語(音, 급수)	漢字語(音, 급수)	해당 급수
可決(가결, 5/5)	否決(부결, 4/5)	4
加入(가입, 5/7)	脫退(탈퇴, 4/4Ⅱ)	4
感性(감성, 6/5)	理性(이성, 6/6)	5
感情(감정, 6/5)	理性(이성, 6/6)	5
個別(개별, 4Ⅱ/6)	全體(전체, 7/6)	4Ⅱ
開會(개회, 6/6)	閉會(폐회, 4/6)	4
巨富(거부, 4/4Ⅱ)	極貧(극빈, 4Ⅱ/4Ⅱ)	4Ⅱ
結合(결합, 5/6)	分離(분리, 6/4)	4
輕減(경감, 5/4Ⅱ)	加重(가중, 5/7)	4Ⅱ
輕視(경시, 5/4Ⅱ)	重視(중시, 7/4Ⅱ)	4Ⅱ
高潔(고결, 6/4Ⅱ)	低俗(저속, 4Ⅱ/4Ⅱ)	4Ⅱ
固定(고정, 5/6)	流動(유동, 5/7)	5
高調(고조, 6/5)	低調(저조, 4Ⅱ/5)	4Ⅱ
困難(곤란, 4/4Ⅱ)	容易(용이, 4Ⅱ/4)	4
空想(공상, 7/4Ⅱ)	現實(현실, 6/5)	4Ⅱ
公的(공적, 6/5)	私的(사적, 4/5)	4
求心(구심, 4Ⅱ/7)	遠心(원심, 6/7)	4Ⅱ
君子(군자, 4/7)	小人(소인, 8/8)	4
樂觀(낙관, 6/5)	悲觀(비관, 4Ⅱ/5)	4Ⅱ

漢字語(音, 급수)	漢字語(音, 급수)	해당 급수
暖流(난류, 4Ⅱ/5)	寒流(한류, 5/5)	4Ⅱ
內容(내용, 7/4Ⅱ)	形式(형식, 6/6)	4Ⅱ
內在律(내재율, 7/6/4Ⅱ)	外在律(외재율, 8/6/4Ⅱ)	4Ⅱ
冷水(냉수, 5/8)	溫水(온수, 6/8)	5
單獨(단독, 4Ⅱ/5)	共同(공동, 6/7)	4Ⅱ
單純(단순, 4Ⅱ/4Ⅱ)	複雜(복잡, 4/4)	4
單式(단식, 4Ⅱ/6)	複式(복식, 4/6)	4
短縮(단축, 6/4)	延長(연장, 4/8)	4
短篇(단편, 6/4)	長篇(장편, 8/4)	4
獨唱(독창, 5/5)	合唱(합창, 6/5)	5
動機(동기, 7/4)	結果(결과, 5/6)	4
登校(등교, 7/8)	下校(하교, 7/8)	7
登山(등산, 7/8)	下山(하산, 7/8)	7
登場(등장, 7/7)	退場(퇴장, 4Ⅱ/7)	4Ⅱ
無能(무능, 5/5)	有能(유능, 7/5)	5
門外漢(문외한, 8/8/7)	專門家(전문가, 4/8/7)	4
物質(물질, 7/5)	精神(정신, 4Ⅱ/6)	4Ⅱ
密集(밀집, 4Ⅱ/6)	散在(산재, 4/6)	4
背恩(배은, 4Ⅱ/4Ⅱ)	報恩(보은, 4Ⅱ/4Ⅱ)	4Ⅱ
放心(방심, 6/7)	操心(조심, 5/7)	5
別居(별거, 6/4)	同居(동거, 7/4)	4
服從(복종, 6/4)	反抗(반항, 6/4)	4

漢字語(音, 급수)	漢字語(音, 급수)	해당 급수
本業(본업, 6/6)	副業(부업, 4Ⅱ/6)	4Ⅱ
否認(부인, 4/4Ⅱ)	是認(시인, 4Ⅱ/4Ⅱ)	4
分離(분리, 6/4)	統合(통합, 4Ⅱ/6)	4
不運(불운, 7/6)	幸運(행운, 6/6)	6
非番(비번, 4Ⅱ/6)	當番(당번, 5/6)	4Ⅱ
死後(사후, 6/7)	生前(생전, 8/7)	6
生家(생가, 8/7)	養家(양가, 5/7)	5
生食(생식, 8/7)	火食(화식, 8/7)	7
序論(서론, 5/4Ⅱ)	結論(결론, 5/4Ⅱ)	4Ⅱ
先天(선천, 8/7)	後天(후천, 7/7)	7
成功(성공, 6/6)	失敗(실패, 6/5)	5
消極(소극, 6/4Ⅱ)	積極(적극, 4/4Ⅱ)	4
消費(소비, 6/5)	生産(생산, 8/5)	5
收入(수입, 4Ⅱ/7)	支出(지출, 4Ⅱ/7)	4Ⅱ
始作(시작, 6/6)	終末(종말, 5/5)	5
安全(안전, 7/7)	危險(위험, 4/4)	4
暗黑(암흑, 4Ⅱ/5)	光明(광명, 6/6)	4Ⅱ
與黨(여당, 4/4Ⅱ)	野黨(야당, 6/4Ⅱ)	4
逆行(역행, 4Ⅱ/6)	順行(순행, 5/6)	4Ⅱ
連結(연결, 4Ⅱ/5)	斷絕(단절, 4Ⅱ/4Ⅱ)	4Ⅱ
連敗(연패, 4Ⅱ/5)	連勝(연승, 4Ⅱ/6)	4Ⅱ
誤解(오해, 4Ⅱ/4Ⅱ)	理解(이해, 6/4Ⅱ)	4Ⅱ

漢字語(音, 급수)	漢字語(音, 급수)	해당 급수
溫情(온정, 6/5)	冷情(냉정, 5/5)	5
遠交(원교, 6/6)	近攻(근공, 6/4)	4
原因(원인, 5/5)	結果(결과, 5/6)	5
恩惠(은혜, 4Ⅱ/4Ⅱ)	怨恨(원한, 4/4)	4
義務(의무, 4Ⅱ/4Ⅱ)	權利(권리, 4Ⅱ/6)	4Ⅱ
依他(의타, 4/5)	自立(자립, 7/7)	4
利己(이기, 6/5)	利他(이타, 6/5)	5
利益(이익, 6/4Ⅱ)	損失(손실, 4/6)	4
所得(소득, 7/4Ⅱ)	損失(손실, 4/6)	4
人爲(인위, 8/4Ⅱ)	自然(자연, 7/7)	4Ⅱ
自動(자동, 7/7)	他動(타동, 5/7)	5
自動(자동, 7/7)	手動(수동, 7/7)	7
自立(자립, 7/7)	依存(의존, 4/4)	4
自律(자율, 7/4Ⅱ)	他律(타율, 5/4Ⅱ)	4Ⅱ
自意(자의, 7/6)	他意(타의, 5/6)	5
低速(저속, 4Ⅱ/6)	高速(고속, 6/6)	4Ⅱ
貯蓄(저축, 5/4Ⅱ)	消費(소비, 6/5)	4Ⅱ
長點(장점, 8/4)	短點(단점, 6/4)	4
敵對(적대, 4Ⅱ/6)	友好(우호, 5/4Ⅱ)	4Ⅱ
赤貧(적빈, 5/4Ⅱ)	甲富(갑부, 4/4Ⅱ)	4
絕對(절대, 4Ⅱ/6)	相對(상대, 5/6)	4Ⅱ
正當(정당, 7/5)	不當(부당, 7/5)	5

漢字語(音, 급수)	漢字語(音, 급수)	해당 급수
正午(정오, 7/7)	子正(자정, 7/7)	7
正統(정통, 7/4Ⅱ)	異端(이단, 4/4Ⅱ)	4
助長(조장, 4Ⅱ/8)	抑制(억제, 4Ⅱ/4Ⅱ)	4Ⅱ
晝間(주간, 6/7)	夜間(야간, 6/7)	6
主觀(주관, 7/5)	客觀(객관, 5/5)	5
主體(주체, 7/6)	客體(객체, 5/6)	5
增進(증진, 4Ⅱ/4Ⅱ)	減退(감퇴, 4Ⅱ/4Ⅱ)	4Ⅱ
直接(직접, 7/4Ⅱ)	間接(간접, 7/4Ⅱ)	4Ⅱ
進步(진보, 4Ⅱ/4Ⅱ)	保守(보수, 4Ⅱ/4Ⅱ)	4Ⅱ
進化(진화, 4Ⅱ/5)	退化(퇴화, 4Ⅱ/5)	4Ⅱ
質疑(질의, 5/4)	應答(응답, 4Ⅱ/7)	4
最小(최소, 5/8)	最大(최대, 5/8)	5
最初(최초, 5/5)	最終(최종, 5/5)	5
出發(출발, 7/6)	到着(도착, 5/5)	5
出席(출석, 7/6)	缺席(결석, 4Ⅱ/6)	4Ⅱ
充足(충족, 5/7)	不足(부족, 7/7)	5
快樂(쾌락, 4Ⅱ/6)	苦痛(고통, 6/4)	4
敗北(패배, 5/8)	勝利(승리, 6/6)	5
平面(평면, 7/7)	立體(입체, 6/7)	6
豐年(풍년, 4Ⅱ/8)	凶年(흉년, 5/8)	4Ⅱ
合法(합법, 6/5)	不法(불법, 7/5)	5
兄弟(형제, 8/8)	姉妹(자매, 4/4)	4

漢字語(音, 급수)	漢字語(音, 급수)	해당 급수
好材(호재, 4Ⅱ/5)	惡材(악재, 5/5)	4Ⅱ
好轉(호전, 4Ⅱ/4)	逆轉(역전, 4Ⅱ/4)	4
好況(호황, 4Ⅱ/4)	不況(불황, 7/4)	4
後退(후퇴, 7/4Ⅱ)	前進(전진, 7/4Ⅱ)	4Ⅱ
休職(휴직, 7/4Ⅱ)	復職(복직, 4Ⅱ/4Ⅱ)	4Ⅱ

漢字	漢字	단어	해당 급수
歌(노래 가, 7)	曲(굽을/악곡 곡, 5)	歌曲(가곡)	5
歌(노래 가, 7)	謠(노래 요, 4Ⅱ)	歌謠(가요)	4Ⅱ
家(집 가, 7)	室(집 실, 8)	家室(가실)	7
家(집 가, 7)	屋(집 옥, 5)	家屋(가옥)	5
家(집 가, 7)	宅(집 택, 5)	家宅(가택)	5
監(볼 감, 4Ⅱ)	視(볼 시, 4Ⅱ)	監視(감시)	4Ⅱ
康(편안 강, 4Ⅱ)	健(굳셀 건, 5)	康健(강건)	4Ⅱ
改(고칠 개, 5)	變(변할 변, 5)	改變(개변)	5
巨(클 거, 4)	大(큰 대, 8)	巨大(거대)	4
居(살 거, 4)	住(살 주, 7)	居住(거주)	4
健(굳셀 건, 5)	康(편안 강, 4Ⅱ)	健康(건강)	4Ⅱ
建(세울 건, 5)	立(설 립, 7)	建立(건립)	5
堅(굳을 견, 4)	固(굳을 고, 5)	堅固(견고)	4
境(지경 경, 4Ⅱ)	界(지경 계, 6)	境界(경계)	4Ⅱ
警(깨우칠 경, 4Ⅱ)	戒(경계할 계, 4)	警戒(경계)	4
競(다툴 경, 5)	爭(다툴 쟁, 5)	競爭(경쟁)	5
階(섬돌 계, 4)	段(층계 단, 4)	階段(계단)	4
計(셀 계, 6)	算(셈 산, 7)	計算(계산)	6
繼(이을 계, 4)	續(이을 속, 4Ⅱ)	繼續(계속)	4

漢字	漢字	단어	해당 급수
繼(이을 계, 4)	承(이을 승, 4Ⅱ)	繼承(계승)	4
階(섬돌 계, 4)	層(층 층, 4)	階層(계층)	4
孤(외로울 고, 4)	獨(홀로 독, 5)	孤獨(고독)	4
考(생각할 고, 5)	慮(생각할 려, 4)	考慮(고려)	4
攻(칠 공, 4)	擊(칠 격, 4)	攻擊(공격)	4
共(한가지 공, 6)	同(한가지 동, 7)	共同(공동)	6
過(지날 과, 5)	去(갈 거, 5)	過去(과거)	5
果(실과 과, 6)	實(열매 실, 5)	果實(과실)	5
過(지날/허물 과, 5)	失(잃을 실, 6)	過失(과실)	5
過(지날/허물 과, 5)	誤(그르칠 오, 4Ⅱ)	過誤(과오)	4Ⅱ
觀(볼 관, 5)	覽(볼 람, 4)	觀覽(관람)	4
觀(볼 관, 5)	望(바랄/바라볼 망, 5)	觀望(관망)	5
光(빛 광, 6)	景(볕 경, 5)	光景(광경)	5
區(구분할/나눌 구, 6)	分(나눌 분, 6)	區分(구분)	6
救(구원할 구, 5)	援(도울/구원할 원, 4)	救援(구원)	4
救(구원할 구, 5)	濟(건널/구제할 제, 4Ⅱ)	救濟(구제)	4Ⅱ
構(얽을 구, 4)	造(지을 조, 4Ⅱ)	構造(구조)	4
群(무리 군, 4)	黨(무리 당, 4Ⅱ)	群黨(군당)	4
屈(굽힐 굴, 4)	曲(굽을 곡, 5)	屈曲(굴곡)	4
窮(다할 궁, 4)	極(극진할/다할 극, 4Ⅱ)	窮極(궁극)	4
勸(권할 권, 4)	獎(장려할 장, 4)	勸獎(권장)	4
規(법 규, 5)	律(법 률, 4Ⅱ)	規律(규율)	4Ⅱ

漢字	漢字	단어	해당 급수
規(법 규, 5)	則(법 칙, 5)	規則(규칙)	5
極(극진할/다할 극, 4Ⅱ)	盡(다할 진, 4)	極盡(극진)	4
近(가까울 근, 6)	接(이을 접, 4Ⅱ)	近接(근접)	4Ⅱ
根(뿌리 근, 6)	本(근본 본, 6)	根本(근본)	6
急(급할 급, 6)	速(빠를 속, 6)	急速(급속)	6
記(기록할 기, 7)	錄(기록할 록, 4Ⅱ)	記錄(기록)	4Ⅱ
技(재주 기, 5)	術(재주 술, 6)	技術(기술)	5
技(재주 기, 5)	藝(재주 예, 4Ⅱ)	技藝(기예)	4Ⅱ
羅(벌일 라, 4Ⅱ)	列(벌일 렬, 4Ⅱ)	羅列(나열)	4Ⅱ
段(층계 단, 4)	階(섬돌 계, 4)	段階(단계)	4
單(홑 단, 4Ⅱ)	獨(홀로 독, 5)	單獨(단독)	4Ⅱ
斷(끊을 단, 4Ⅱ)	絶(끊을 절, 4Ⅱ)	斷絶(단절)	4Ⅱ
達(통달할 달, 4Ⅱ)	通(통할 통, 6)	達通(달통)	4Ⅱ
擔(멜/맡을 담, 4Ⅱ)	任(맡길 임, 5)	擔任(담임)	4Ⅱ
到(이를 도, 5)	達(통달할/이를 달, 4Ⅱ)	到達(도달)	4Ⅱ
徒(무리 도, 4)	黨(무리 당, 4Ⅱ)	徒黨(도당)	4
道(길 도, 7)	路(길 로, 6)	道路(도로)	6
逃(도망할 도, 4)	亡(망할/달아날 망, 5)	逃亡(도망)	4
盜(도둑 도, 4)	賊(도둑 적, 4)	盜賊(도적)	4
到(이를 도, 5)	着(붙을/다다를 착, 5)	到着(도착)	5
逃(도망할 도, 4)	避(피할 피, 4)	逃避(도피)	4
同(한가지 동, 7)	等(무리/같을 등, 6)	同等(동등)	6

漢字	漢字	단어	해당 급수
末(끝 말, 5)	端(끝 단, 4Ⅱ)	末端(말단)	4Ⅱ
毛(털 모, 4Ⅱ)	髮(터럭 발, 4)	毛髮(모발)	4
模(본뜰 모, 4)	範(법/본보기 범, 4)	模範(모범)	4
文(글월 문, 7)	章(글 장, 6)	文章(문장)	6
法(법 법, 5)	規(법 규, 5)	法規(법규)	5
法(법 법, 5)	律(법칙 률, 4Ⅱ)	法律(법률)	4Ⅱ
法(법 법, 5)	式(법 식, 6)	法式(법식)	5
法(법 법, 5)	典(법 전, 5)	法典(법전)	5
法(법 법, 5)	則(법칙 칙, 5)	法則(법칙)	5
變(변할 변, 5)	易(바꿀 역, 4)	變易(변역)	4
兵(병사 병, 5)	士(선비/병사 사, 5)	兵士(병사)	5
兵(병사 병, 5)	卒(마칠/군사 졸, 5)	兵卒(병졸)	5
報(갚을/알릴 보, 4Ⅱ)	告(아뢸 고, 5)	報告(보고)	4Ⅱ
保(지킬 보, 4Ⅱ)	守(지킬 수, 4Ⅱ)	保守(보수)	4Ⅱ
副(버금 부, 4Ⅱ)	次(버금 차, 4Ⅱ)	副次(부차)	4Ⅱ
分(나눌 분, 6)	別(다를/나눌 별, 6)	分別(분별)	6
佛(부처 불, 4Ⅱ)	寺(절 사, 4Ⅱ)	佛寺(불사)	4Ⅱ
批(비평할 비, 4)	評(평할 평, 4)	批評(비평)	4
貧(가난할 빈, 4Ⅱ)	窮(다할/가난할 궁, 4Ⅱ)	貧窮(빈궁)	4Ⅱ
思(생각 사, 5)	考(생각할 고, 5)	思考(사고)	5
思(생각 사, 5)	念(생각 념, 5)	思念(사념)	5
思(생각 사, 5)	慮(생각할 려, 4)	思慮(사려)	4

漢字	漢字	단어	해당 급수
思(생각 사, 5)	想(생각 상, 4Ⅱ)	思想(사상)	4Ⅱ
辭(말씀 사, 4)	說(말씀 설, 5)	辭說(사설)	4
事(일 사, 7)	業(업/일 업, 6)	事業(사업)	6
舍(집 사, 4Ⅱ)	屋(집 옥, 5)	舍屋(사옥)	4Ⅱ
舍(집 사, 4Ⅱ)	宅(집 택, 5)	舍宅(사택)	4Ⅱ
想(생각 상, 4Ⅱ)	念(생각 념, 5)	想念(상념)	4Ⅱ
想(생각 상, 4Ⅱ)	思(생각 사, 5)	想思(상사)	4Ⅱ
狀(형상 상, 4Ⅱ)	態(모습 태, 4Ⅱ)	狀態(상태)	4Ⅱ
書(글 서, 6)	籍(문서/서적 적, 4)	書籍(서적)	4
書(글 서, 6)	册(책 책, 4)	書册(서책)	4
選(가릴 선, 5)	別(다를/분별할 별, 6)	選別(선별)	5
選(가릴 선, 5)	擇(가릴 택, 4)	選擇(선택)	4
聲(소리 성, 4Ⅱ)	音(소리 음, 6)	聲音(성음)	4Ⅱ
省(살필 성, 6)	察(살필 찰, 4Ⅱ)	省察(성찰)	4Ⅱ
成(이룰 성, 6)	就(나아갈/이룰 취, 4)	成就(성취)	4
素(본디/질박할 소, 4Ⅱ)	朴(성/순박할 박, 6)	素朴(소박)	4Ⅱ
素(본디 소, 4Ⅱ)	質(바탕 질, 5)	素質(소질)	4Ⅱ
損(덜/상할 손, 4)	傷(다칠 상, 4)	損傷(손상)	4
損(덜/잃을 손, 4)	失(잃을 실, 6)	損失(손실)	4
首(머리 수, 5)	頭(머리 두, 6)	首頭(수두)	5
樹(나무 수, 6)	林(수풀 림, 7)	樹林(수림)	6
樹(나무 수, 6)	木(나무 목, 8)	樹木(수목)	6

漢字	漢字	단어	해당 급수
授(줄 수, 4II)	與(더불/줄 여, 4)	授與(수여)	4
守(지킬 수, 4II)	衛(지킬 위, 4II)	守衛(수위)	4II
純(순수할 순, 4II)	潔(깨끗할 결, 4II)	純潔(순결)	4II
崇(높을 숭, 4)	高(높을 고, 6)	崇高(숭고)	4
承(이을 승, 4II)	繼(이을 계, 4)	承繼(승계)	4
承(이을/받들 승, 4II)	奉(받들 봉, 5)	承奉(승봉)	4II
時(때 시, 7)	期(기약할/기간 기, 5)	時期(시기)	5
施(베풀 시, 4II)	設(베풀 설, 4II)	施設(시설)	4II
始(비로소/처음 시, 6)	初(처음 초, 5)	始初(시초)	5
申(납/알릴 신, 4II)	告(고할 고, 5)	申告(신고)	4II
身(몸 신, 6)	體(몸 체, 6)	身體(신체)	6
實(열매 실, 5)	果(실과 과, 6)	實果(실과)	5
兒(아이 아, 5)	童(아이 동, 6)	兒童(아동)	5
眼(눈 안, 4II)	目(눈 목, 6)	眼目(안목)	4II
安(편안 안, 7)	康(편안 강, 4II)	安康(안강)	4II
樣(모양 양, 4)	態(모습 태, 4II)	樣態(양태)	4
語(말씀 어, 7)	辭(말씀 사, 4)	語辭(어사)	4
言(말씀 언, 6)	談(말씀 담, 5)	言談(언담)	5
言(말씀 언, 6)	辭(말씀 사, 4)	言辭(언사)	4
言(말씀 언, 6)	語(말씀 어, 7)	言語(언어)	6
嚴(엄할 엄, 4)	肅(엄숙할 숙, 4)	嚴肅(엄숙)	4
連(이을 련, 4II)	結(맺을 결, 5)	連結(연결)	4II

漢字	漢字	단어	해당 급수
研(갈/연구할 연, 4Ⅱ)	究(연구할 구, 4Ⅱ)	研究(연구)	4Ⅱ
年(해 년, 8)	歲(해 세, 5)	年歲(연세)	5
連(이을 련, 4Ⅱ)	續(이을 속, 4Ⅱ)	連續(연속)	4Ⅱ
研(갈 연, 4Ⅱ)	修(닦을 수, 4Ⅱ)	研修(연수)	4Ⅱ
念(생각 념, 5)	慮(생각할 려, 4)	念慮(염려)	4
領(거느릴/받을 령, 5)	受(받을 수, 4Ⅱ)	領受(영수)	4Ⅱ
永(길/오랠 영, 6)	遠(멀 원, 6)	永遠(영원)	6
英(꽃부리/뛰어날 영, 6)	特(특별할 특, 6)	英特(영특)	6
藝(재주 예, 4Ⅱ)	術(재주 술, 6)	藝術(예술)	4Ⅱ
溫(따뜻할 온, 6)	暖(따뜻할 난, 4Ⅱ)	溫暖(온난)	4Ⅱ
完(완전할 완, 5)	全(온전 전, 7)	完全(완전)	5
要(요긴할/구할 요, 5)	求(구할 구, 4Ⅱ)	要求(요구)	4Ⅱ
運(옮길/움직일 운, 6)	動(움직일 동, 7)	運動(운동)	6
怨(원망할 원, 4)	恨(한할 한, 4)	怨恨(원한)	4
偉(클 위, 5)	大(큰 대, 8)	偉大(위대)	5
肉(고기/몸 육, 4Ⅱ)	身(몸 신, 6)	肉身(육신)	4Ⅱ
陸(뭍 륙, 5)	地(땅 지, 7)	陸地(육지)	5
肉(고기/몸 육, 4Ⅱ)	體(몸 체, 6)	肉體(육체)	4Ⅱ
律(법칙 률, 4Ⅱ)	法(법 법, 5)	律法(율법)	4Ⅱ
音(소리 음, 6)	聲(소리 성, 4Ⅱ)	音聲(음성)	4Ⅱ
議(의논할 의, 4Ⅱ)	論(논할 론, 4Ⅱ)	議論(의논)	4Ⅱ
衣(옷 의, 6)	服(옷 복, 6)	衣服(의복)	6

漢字	漢字	단어	해당 급수
意(뜻/생각 의, 6)	思(생각 사, 5)	意思(의사)	5
意(뜻 의, 6)	志(뜻 지, 4Ⅱ)	意志(의지)	4Ⅱ
移(옮길 이, 4Ⅱ)	轉(구를/옮길 전, 4)	移轉(이전)	4
引(끌 인, 4Ⅱ)	導(이끌 도, 4Ⅱ)	引導(인도)	4Ⅱ
認(알 인, 4Ⅱ)	識(알 식, 5)	認識(인식)	4Ⅱ
認(알 인, 4Ⅱ)	知(알 지, 5)	認知(인지)	4Ⅱ
因(인할 인, 5)	緣(인연 연, 4)	因緣(인연)	4
資(재물 자, 4)	財(재물 재, 5)	資財(자재)	4
資(재물/바탕 자, 4)	質(바탕 질, 5)	資質(자질)	4
殘(남을 잔, 4)	餘(남을 여, 4Ⅱ)	殘餘(잔여)	4
貯(쌓을 저, 5)	蓄(쌓을 축, 4Ⅱ)	貯蓄(저축)	4Ⅱ
轉(구를/옮길 전, 4)	移(옮길 이, 4Ⅱ)	轉移(전이)	4
戰(싸움 전, 6)	爭(다툴 쟁, 5)	戰爭(전쟁)	5
典(법/책 전, 5)	籍(문서/서적 적, 4)	典籍(전적)	4
戰(싸움 전, 6)	鬪(싸움 투, 4)	戰鬪(전투)	4
絕(끊을 절, 4Ⅱ)	斷(끊을 단, 4Ⅱ)	絕斷(절단)	4Ⅱ
接(이을 접, 4Ⅱ)	近(가까울 근, 6)	接近(접근)	4Ⅱ
接(이을 접, 4Ⅱ)	續(이을 속, 4Ⅱ)	接續(접속)	4Ⅱ
停(머무를/멈출 정, 5)	止(그칠 지, 5)	停止(정지)	5
帝(임금 제, 4)	王(임금 왕, 8)	帝王(제왕)	4
製(지을 제, 4Ⅱ)	作(지을 작, 6)	製作(제작)	4Ⅱ
製(지을 제, 4Ⅱ)	造(지을 조, 4Ⅱ)	製造(제조)	4Ⅱ

漢字	漢字	단어	해당 급수
造(지을 조, 4Ⅱ)	作(지을 작, 6)	造作(조작)	4Ⅱ
組(짤 조, 4)	織(짤 직, 4)	組織(조직)	4
尊(높을 존, 4Ⅱ)	貴(귀할 귀, 5)	尊貴(존귀)	4Ⅱ
尊(높을 존, 4Ⅱ)	崇(높을 숭, 4)	尊崇(존숭)	4
存(있을 존, 4)	在(있을 재, 6)	存在(존재)	4
終(마칠 종, 5)	結(맺을/마칠 결, 5)	終結(종결)	5
終(마칠 종, 5)	末(끝 말, 5)	終末(종말)	5
終(마칠 종, 5)	止(그칠 지, 5)	終止(종지)	5
座(자리 좌, 4)	席(자리 석, 6)	座席(좌석)	4
住(살 주, 7)	居(살 거, 4)	住居(주거)	4
周(두루/둘레 주, 4)	圍(에워쌀/둘레 위, 4)	周圍(주위)	4
增(더할 증, 4Ⅱ)	加(더할 가, 5)	增加(증가)	4Ⅱ
知(알 지, 5)	識(알 식, 5)	知識(지식)	5
眞(참 진, 4Ⅱ)	實(열매/실제 실, 5)	眞實(진실)	4Ⅱ
集(모을 집, 6)	團(둥글/모일 단, 5)	集團(집단)	5
差(다를 차, 4)	異(다를 이, 4)	差異(차이)	4
參(참여할 참, 5)	與(더불/참여할 여, 4)	參與(참여)	4
採(캘/가릴 채, 4)	擇(가릴 택, 4)	採擇(채택)	4
責(꾸짖을/책임 책, 5)	任(맡길 임, 5)	責任(책임)	5
處(곳 처, 4Ⅱ)	所(바 소, 7)	處所(처소)	4Ⅱ
聽(들을 청, 4)	聞(들을 문, 6)	聽聞(청문)	4
淸(맑을 청, 6)	潔(깨끗할 결, 4Ⅱ)	淸潔(청결)	4Ⅱ

漢字	漢字	단어	해당 급수
初(처음 초, 5)	創(비롯할 창, 4Ⅱ)	初創(초창)	4Ⅱ
村(마을 촌, 7)	落(떨어질 락, 5)	村落(촌락)	5
推(밀/옮길 추, 4)	移(옮길 이, 4Ⅱ)	推移(추이)	4
蓄(모을 축, 4Ⅱ)	積(쌓을 적, 4)	蓄積(축적)	4
充(채울 충, 5)	滿(찰 만, 4Ⅱ)	充滿(충만)	4Ⅱ
趣(뜻 취, 4)	意(뜻 의, 6)	趣意(취의)	4
層(층 층, 4)	階(섬돌 계, 4)	層階(층계)	4
侵(침노할 침, 4Ⅱ)	犯(범할 범, 4)	侵犯(침범)	4
稱(일컬을/칭찬할 칭, 4)	頌(칭송할 송, 4)	稱頌(칭송)	4
打(칠 타, 5)	擊(칠 격, 4)	打擊(타격)	4
討(칠 토, 4)	伐(칠 벌, 4Ⅱ)	討伐(토벌)	4
土(흙 토, 8)	地(땅 지, 7)	土地(토지)	7
通(통할 통, 6)	達(통달할 달, 4Ⅱ)	通達(통달)	4Ⅱ
統(거느릴/합칠 통, 4Ⅱ)	合(합할 합, 6)	統合(통합)	4Ⅱ
退(물러날 퇴, 4Ⅱ)	去(갈 거, 5)	退去(퇴거)	4Ⅱ
鬪(싸움 투, 4)	爭(다툴 쟁, 5)	鬪爭(투쟁)	4
特(특별할 특, 6)	異(다를 이, 4)	特異(특이)	4
特(특별할 특, 6)	別(다를 별, 6)	特別(특별)	6
便(편할 편, 7)	安(편안 안, 7)	便安(편안)	7
平(평평할 평, 7)	均(고를 균, 4)	平均(평균)	4
平(평평할 평, 7)	安(편안 안, 7)	平安(평안)	7
包(쌀/용납할 포, 4Ⅱ)	容(얼굴/용납할 용, 4Ⅱ)	包容(포용)	4

漢字	漢字	단어	해당 급수
包(쌀 포, 4Ⅱ)	圍(에워쌀 위, 4)	包圍(포위)	4
疲(피곤할 피, 4)	困(곤할 곤, 4)	疲困(피곤)	4
河(물 하, 5)	川(내 천, 7)	河川(하천)	5
河(물 하, 5)	海(바다 해, 7)	河海(하해)	5
寒(찰 한, 5)	冷(찰 랭, 5)	寒冷(한랭)	5
恨(한할 한, 4)	歎(탄식할 탄, 4)	恨歎(한탄)	4
解(풀 해, 4Ⅱ)	放(놓을 방, 6)	解放(해방)	4Ⅱ
幸(다행 행, 6)	福(복 복, 5)	幸福(행복)	5
虛(빌 허, 4Ⅱ)	空(빌 공, 7)	虛空(허공)	4Ⅱ
顯(나타날 현, 4)	現(나타날 현, 6)	顯現(현현)	4
協(화할 협, 4Ⅱ)	和(화할 화, 6)	協和(협화)	4Ⅱ
歡(기쁠 환, 4)	喜(기쁠 희, 4)	歡喜(환희)	4
希(바랄 희, 4Ⅱ)	望(바랄 망, 5)	希望(희망)	4Ⅱ
希(바랄 희, 4Ⅱ)	願(바랄 원, 5)	希願(희원)	4Ⅱ

漢字語(音, 급수)	漢字語(音, 급수)	해당 급수
季節(계절, 4/5)	四季(사계, 8/4)	4
九泉(구천, 8/4)	黃泉(황천, 6/4)	4
事例(사례, 7/6)	實例(실례, 5/6)	5
時刻(시각, 7/4)	時間(시간, 7/7)	4
視界(시계, 4Ⅱ/6)	視野(시야, 4Ⅱ/6)	4Ⅱ
視界(시계, 4Ⅱ/6)	眼界(안계, 4Ⅱ/6)	4Ⅱ
始祖(시조, 6/7)	鼻祖(비조, 5/7)	5
年歲(연세, 8/5)	春秋(춘추, 7/7)	5
陸地(육지, 5/7)	大陸(대륙, 8/5)	5
淸掃(청소, 6/4Ⅱ)	掃除(소제, 4Ⅱ/4Ⅱ)	4Ⅱ
招請(초청, 4/4Ⅱ)	招待(초대, 4/6)	4
海外(해외, 7/8)	異域(이역, 4/4)	4
形象(형상, 6/4)	形態(형태, 6/4Ⅱ)	4

부록

慶(경사 경:, 4Ⅱ) · 200	孤(외로울 고, 4) · 293	關(관계할 관, 5) · 135
敬(공경 경:, 5) · 131	故(연고 고(:), 4Ⅱ) · 202	光(빛 광, 6) · 78
景(볕 경(:), 5) · 132	考(생각할 고(:), 5) · 133	廣(넓을 광:, 5) · 135
更(고칠 경, 4) · 290	苦(쓸 고, 6) · 76	鑛(쇳돌 광:, 4) · 295
競(다툴 경:, 5) · 132	高(높을 고, 6) · 76	交(사귈 교, 6) · 78
經(지날 경, 4Ⅱ) · 201	曲(굽을 곡, 5) · 134	教(가르칠 교:, 8) · 15
警(깨우칠 경:, 4Ⅱ) · 201	穀(곡식 곡, 4) · 293	校(학교 교:, 8) · 15
輕(가벼울 경, 5) · 132	困(곤할 곤:, 4) · 294	橋(다리 교, 5) · 136
鏡(거울 경:, 4) · 290	骨(뼈 골, 4) · 294	覺(깰 교, 4) · 283
驚(놀랄 경, 4) · 290	公(공평할 공, 6) · 76	九(아홉 구, 8) · 15
係(맬 계:, 4Ⅱ) · 201	共(한가지 공:, 6) · 77	具(갖출 구(:), 5) · 136
季(계절 계:, 4) · 291	功(공 공, 6) · 77	區(구분할 구, 6) · 79
戒(경계할 계:, 4) · 291	孔(구멍 공:, 4) · 294	口(입 구(:), 7) · 37
界(지경 계:, 6) · 75	工(장인 공, 7) · 36	句(글귀 구, 4Ⅱ) · 202
系(이어맬 계:, 4) · 291	攻(칠 공:, 4) · 295	救(구원할 구:, 5) · 136
繼(이을 계:, 4) · 292	空(빌 공, 7) · 37	構(얽을 구, 4) · 296
計(셀 계:, 6) · 75	果(실과 과:, 6) · 77	求(구할 구, 4Ⅱ) · 203
階(섬돌 계, 4) · 292	科(과목 과, 6) · 78	球(공 구, 6) · 79
鷄(닭 계, 4) · 292	課(공부할 과(:), 5) · 134	究(연구할 구, 4Ⅱ) · 203
庫(곳집 고, 4) · 293	過(지날 과:, 5) · 134	舊(예 구:, 5) · 137
古(예 고:, 6) · 75	官(벼슬 관, 4Ⅱ) · 202	國(나라 국, 8) · 16
告(고할 고:, 5) · 133	管(대롱 관, 4) · 295	局(판 국, 5) · 137
固(굳을 고, 5) · 133	觀(볼 관, 5) · 135	君(임금 군, 4) · 296

부록

438

441

부록

444

446